FRANÇOISE SAGAN

Le tourbillon d'une vie

DU MÊME AUTEUR

Albums

Nadar, Encre
Les Chirac : Un Album de Famille, Éditions de l'Archipel
Marilyn Monroe : de l'autre côté du miroir, Timée Éditions

Biographies

Grace, Librairie Académique Perrin
Buckingham Story, Librairie Académique Perrin
Les Dames de l'Élysée, Librairie Académique Perrin
Les Monaco, Plon
La Vie quotidienne à Buckingham Palace, Hachette
Charles, portrait d'un prince, Hachette
Juan Carlos, roi d'Espagne, Hachette (Prix des Trois-Couronnes)
La Princesse Margaret, Librairie Académique Perrin
Caroline de Monaco, Librairie Académique Perrin
Lady Mountbatten, Bartillat
La Véritable Jackie Kennedy, Pygmalion
Bernadette Chirac, Librairie Académique Perrin
La Véritable Grace de Monaco, Pygmalion
La Véritable Audrey Hepburn, Pygmalion
La Véritable Margaret d'Angleterre, Pygmalion
La Véritable Melina Mercouri, Pygmalion
La Véritable Duchesse de Windsor, Pygmalion
La Véritable Ingrid Bergman, Pygmalion
La Véritable Princesse Soraya, Pygmalion
Noureev, Payot
La Véritable Sophia Loren, Pygmalion
La Véritable Marilyn Monroe, Pygmalion
La Véritable Elizabeth Taylor, Pygmalion
Juan Carlos et Sophie, Payot
La Véritable Greta Garbo, Pygmalion
James Dean, Payot
John John, le roman de JFK Junior, Pygmalion
La Véritable Gala Dali, Pygmalion
Sir Elton John, Payot
La Véritable Diana, Pygmalion

(suite en fin d'ouvrage)

BERTRAND MEYER-STABLEY

FRANÇOISE SAGAN

Le tourbillon d'une vie

Pygmalion

Sur simple demande adressée à
Pygmalion, 87 quai Panhard et Levassor 75647 Paris Cedex 13,
vous recevrez gratuitement notre catalogue
qui vous tiendra au courant de nos dernières publications.

© 2014, Pygmalion, département de Flammarion
ISBN 978-2-7564-0537-7

Le Code de la propriété intellectuelle n'autorisant, aux termes de l'article L. 122-5 (2° et 3° a), d'une part, que les « copies ou reproductions strictement réservées à l'usage privé du copiste et non destinées à une utilisation collective » et, d'autre part, que les analyses et les courtes citations dans un but d'exemple et d'illustration, « toute représentation ou reproduction intégrale ou partielle faite sans le consentement de l'auteur ou de ses ayants droit ou ayants cause est illicite » (art. L. 122-4).
Cette représentation ou reproduction, par quelque procédé que ce soit, constituerait donc une contrefaçon sanctionnée par les articles L. 335-2 et suivants du Code de la propriété intellectuelle.

À Charles F. Dupêchez

INTRODUCTION

Elle fut une héroïne de Scott Fitzgerald et un personnage à la Tennessee Williams. Elle connut la gloire en pleine jeunesse, les passions grisantes, les paradis artificiels et la solitude, la ruine tragique et absolue. En soixante-neuf années mouvementées, l'existence de Françoise Sagan ressemble à une course permanente, une vie-bolide à toute allure, entre stress et adulation, opulence et jeu, alcool et folie douce, excentricités et mots d'esprit, night-clubbing et parasites, best-sellers et mémorables fours. Elle fut l'égérie d'une époque, l'idole de l'après-guerre, ce personnage unique des lettres françaises au nom de plume proustien : Sagan !

Quel monstre sacré à sa manière, elle qui ne fut que modestie sincère et fit preuve de la plus extrême gentillesse jamais feinte. Elle porta donc sa légende comme on porte une voilette, avec élégance, brio et un rien d'obstination. Elle connut mieux que quiconque la passion de se perdre et les morsures douces du soleil, les unes de magazines et la solitude des petits matins, le bruit des tôles froissées et le murmure feutré des tapis verts, le continuo des amitiés et les coups de foudre, les ciels normands et les plages de Saint-Tropez, la fiesta joyeuse et le cortège des huissiers, l'insolence des briseuses de tabous et le charme discret de la bourgeoisie, la bonne fortune et la descente aux enfers, les amants épisodiques et les maîtresses de choix, les raccourcis et les faux-fuyants, l'excès et la dèche... Étourderies, étourdissements, démêlés divers et variés. Bonheur, impair et passe... Rien ne va plus ! Mais pouvait-il vraiment en être autrement dans cette sarabande folle où la chamade rythmait les excès d'une vie à la gloire de cocagne qui finit par s'écrire à l'encre d'un roman noir ?

La route tumultueuse de Françoise Sagan s'est finalement arrêtée là, par un bel après-midi du mercredi 29 septembre 2004, entre Figeac et Saint-Cirq-Lapopie, au poétique cimetière de Seuzac, à quatre kilomètres de Cajarc, au cœur de ce Lot natal qu'elle aimait tant. C'est un petit enclos en pente orné de cyprès et d'un tilleul, autour de rustiques champs de maïs, qu'un écheveau de roses et de touffes de buis cerne de ses guirlandes parfumées. On y entre en déroulant une longue chaîne rouillée.

Près de la tombe qui attend l'écrivain et qui est déjà celle de son second mari, Robert James Westhoff (1930-1990), et face au caveau de famille des Laubard (du nom de sa mère), une stèle identique mais presque anonyme, vermoulue autant que la première est polie. Sous la pierre repose la discrète, la fidèle compagne, Peggy Roche. Tout autour de la tendre complice sont enterrés les proches de Françoise, ses chers parents, Pierre et Marie, son frère Jacques, ses grands-parents, Édouard et Madeleine, des oncles et quelques cousins. Il fait beau et l'on aperçoit paisibles les toits pentus du hameau de Seuzac tandis que des chênes truffiers dessinent leurs silhouettes massives sur la craie dans la lumière oblique de ce début d'automne.

Introduction

Cent cinquante personnes sont là : inévitables photographes et curieux, quelques journalistes avides, plusieurs vieux voisins, deux ministres potiches qui auront le bon goût de se taire, des fans de la première heure et des amis de toujours. Lorsque le sombre corbillard arrive enfin devant la porte du cimetière, ses intimes le suivent dans l'allée centrale. Son fils Denis et sa compagne mènent dignement le triste cortège avec Suzanne, la sœur de Françoise, ses enfants et son ami. Puis viennent la rebelle Juliette Gréco, flanquée de sa sœur Charlotte, le complice Bernard Frank, en imperméable kaki avec une canne assortie, l'impérial Pierre Bergé, Florence Malraux, la plus vieille copine, l'avisée Nicole Wisniak, le fanfaron Jean-Paul Scarpitta et la fragile Annick Geille, au bord des larmes derrière ses lunettes noires... Tous semblent étouffés de douleur, le chagrin habite chacun. Partout des fleurs colorées ornées d'émouvantes banderoles de satin, des couronnes d'adieu au parfum entêtant, des gerbes de tendre au revoir. L'une d'elles dit simplement : « À ma jumelle. » Brigitte Bardot en est l'auteur.

Un prêtre donne une bénédiction de circonstance, simple et rapide, pour elle qui ne croyait plus en rien. Puis c'est le lent ballet des saluts silencieux, des bénédictions esquissées, des signes de croix, comme un point d'orgue douloureux. Quelqu'un éclate en sanglots. Il y a de la religion dans ce cérémonial immuable : les pelles, les pioches, l'odeur de la terre et ce trou qui sera comblé, inexorable et cruel. D'éloge funèbre, il n'y aura point. Qui oserait mettre des mots sur son destin romanesque, miraculeux et tragique, entre merveilleux nuages et orages immobiles, doux oiseaux de sa jeunesse et certains sourires, indicible chaos du temps qui passe impitoyablement ?

Ce spleen qui, dès *Bonjour Tristesse*, ne la quitta pas, déroula sur ses années de gloire son tapis rouge trompeur

Françoise Sagan

d'un désarroi sans pareil. Sa vie tenue et chaotique, nette et déjantée, ironique et faussement négligée, fit de l'ombre au merveilleux écrivain qu'elle était. Elle, qui sut mettre dans son œuvre la rigueur qui déserta tant son existence, a imprimé sa fragilité, sa curiosité ironique et sa lucidité à la littérature française de la seconde moitié du XXe siècle. Sans oublier son ton inimitable et d'une facture indémodable dans ses bonheurs d'écriture et ses soubresauts.

Loin du tintamarre médiatique de son extraordinaire destin et des clichés réducteurs des journaux rabat-joie, elle fut un être plein de contradictions, jouant avec le feu, vulnérable, attachante, émouvante et si juste avec ses fêlures, ses nostalgies et sa fameuse irrésistible « petite musique », « saganesque » à souhait, qui résonnera longtemps comme une valse douce-amère aux échos trompeurs. La diva romantique de plusieurs générations, l'icône à tout jamais des bleus à l'âme.

1

FAMILLE QUOIREZ

Lorsque, en 1980, Françoise Sagan publie son roman *Le Chien couchant* avec le Nord et ses corons pour cadre, la critique la descend en flammes : « Mais quelle mouche a donc piqué l'écrivain des beaux quartiers ? » Les journalistes ignorent simplement que Françoise Sagan tient de sa branche paternelle, dans la région de Valenciennes, son patronyme Quoirez. Le plus lointain aïeul connu, Philippe, voit le jour le 21 avril 1698 à Raismes et est à l'origine d'une dynastie d'ouvriers mineurs[1]. Des gens du peuple, hommes noirs de charbon lorsqu'ils remontent « du fond », femmes entourées d'une ribambelle d'enfants, promis, eux aussi, aux galeries souterraines. Nous sommes bien chez Zola : les enfants descendent tôt dans les galeries, la terre gronde des bruits des machines et les poumons silicosés n'en peuvent plus à quarante ans.

---

1. Nous nous appuyons sur l'étude de Pierre-Valéry Archassal parue dans *La Revue française de généalogie* en octobre 1996, sur celle de Myriam Provence dans *Généalogie Magazine* de décembre 2000 et sur un entretien avec l'une des nièces de Françoise Sagan.

Sur toutes les générations, on ne sort pas de l'univers du charbon, mais avec une tendance cependant à monter en grade. Ainsi à la cinquième, Célestin Quoirez est chef porion (contremaître) aux mines d'Arras. À la suivante, nous trouvons un ingénieur aux mines en la personne de Théophile Quoirez (né en 1845). La condition de la famille s'améliore enfin quand son fils Nestor (né le 25 avril 1870) – toujours ingénieur – épouse en 1898, à Lille, Henriette-Joséphine Degrand, d'une famille d'horlogers parisiens aisés. Françoise Sagan ne connaîtra pas son grand-père paternel mort à Bougival en 1931, mais gardera des liens affectueux avec sa grand-mère qui vivra jusqu'en 1951.

Pierre Henri Théophile Quoirez, le père de l'écrivain, naît le 25 juin 1900 à Béthune. Il a deux sœurs, Madeleine qui deviendra artiste peintre et élève de Jean Souverbie et qui meurt en mer à l'âge de vingt-neuf ans à bord du paquebot *L'Île-de-France* (Sagan imaginera un très romanesque suicide), après avoir épousé un Canadien anglais, et Hélène, dite « Nono », bonne pianiste qui se marie à un directeur de compagnie de navigation avant de disparaître, emportée précocement par la maladie. Pierre est intelligent et fait de bonnes études à Lille. Il devient ingénieur et épouse à Cajarc le 3 avril 1923 Marie Eugénie Élisabeth Laubard (née le 5 septembre 1903), qu'il a connue par hasard, aux noces d'une amie à Saint-Germain-en-Laye. C'est un mariage d'amour et une anecdote est célèbre dans la famille, comme le raconte l'une de ses petites-nièces : « Un jour où il n'avait pas reçu de lettre de sa dulcinée, il a enfourché sa moto depuis le Pas-de-Calais, subi la longue route chaotique qui le séparait de celle qu'il aimait et est arrivé, a coupé le moteur. Le corps était rompu, mais le cœur bien ardent. »

Famille Quoirez

Avec les Laubard, les mines du Nord laissent place au soleil du Quercy et à des milieux plus dorés. Marie a tous ses ancêtres dans la région de Saint-Cirq-Lapopie, à l'est de Cahors, avec une nette concentration de notables. Certes l'ascendance maternelle de Françoise Sagan compte entre autres des familles de cultivateurs et de laboureurs, mais l'on remarque un fabricant de chandelles à Gramat, à une époque où la commercialisation de bougies est le meilleur moyen de faire fortune. Née le 29 novembre 1876, Madeleine Duffour, la grand-mère de Françoise Sagan, est d'ailleurs issue d'une bonne famille de notaires et fille elle-même d'un médecin. C'est une forte personnalité, au caractère bien trempé. Elle épouse à Cajarc le 30 novembre 1895 Édouard, né le 6 juin 1863. Il a tout du petit hobereau de province, pratiquant une oisiveté qu'il partage avec son frère Jules. « C'étaient des gens qui n'avaient rien fait de leur vie, ils n'étaient pas riches, mais ils avaient des moulins, des métairies, raconte Sagan. Mon grand-père avait toujours un costume d'alpaga blanc et conduisait une charrette à cheval mais il n'avait jamais touché de sa vie un instrument de travail. »

Est-ce à dire qu'il n'a jamais eu les mains calleuses, laissant aux femmes le soin de retrousser leurs manches ? Une filature installée au moulin de Salvagnac dans l'Aveyron lui permet de financer son existence quelque peu oisive. Tout comme l'exploitation récente des mines de phosphate sur les terres de son domaine de Seuzac. Et aux voisins envieux, l'on raconte que des ancêtres sont allés guerroyer en Terre sainte et qu'ils furent chargés de la protection de l'abbaye de Marcilhac. C'est romanesque en diable !

Avec sa personnalité assez hurluberlue, brillant, spirituel, caustique même, Pierre Quoirez est vite accepté dans sa belle-famille. Il n'est pas vraiment beau : des moustaches ostentatoires, des lèvres sensuelles, une expression gourmande, de l'intelligence dans le regard. Sa maîtrise parfaite de l'ironie fait de lui une sorte de Louis Jouvet indéchiffrable. « Mon père est l'un des hommes les plus originaux que j'aie rencontrés », dira Françoise dont la complicité avec lui sera tissée d'un humour ravageur. Il peut se montrer aussi libre d'esprit et provocateur que redoutablement exigeant et partial.

Marie, elle, est une mère insouciante, tendre et gaie. Elle semble toujours s'efforcer de concilier les uns et les autres. Pierre est engagé à la Compagnie générale électrique où il fera toute sa carrière et il dirige une usine de chauffe-eau à Argenteuil. Sa vie se partage entre son métier et ses passions : la voiture, la vitesse et la photographie. Il achète notamment une Graham-Paige décapotable. Le couple emménage dans un bel appartement du 167, boulevard Malesherbes, dans le 17e arrondissement de Paris. Il est très amoureux de son épouse, une jolie jeune femme au cheveu châtain clair et à l'œil bleu vert. Il aime qu'elle soit tête en l'air et un peu frivole.

À chaque naissance de ses petits-enfants, Madeleine Laubard exige qu'ils viennent au monde dans la chambre du premier étage de sa maison de Cajarc, dans le lit où elle donna la vie à Marie, comme à ses frères aînés Paul et Pierre. L'exigence de cette grand-mère n'est pas synonyme de rigidité même si personne ne se risque à s'attirer ses foudres. Suzanne Quoirez voit le jour le 6 janvier 1924. La naissance de Maurice[1] le 20 mars 1926 engendre un drame familial car le nourrisson ne vit pas plus de cinq mois. Et

---

1. Ils prénomment l'enfant, mauvais présage, Maurice, en hommage à son frère disparu sur le chemin des Dames, durant la guerre de 14-18. Le bébé meurt le 31 août 1926 de déshydratation un jour de canicule.

Famille Quoirez

au deuil traumatisant s'ajoute une autre inquiétude : celle de ne pas pouvoir avoir d'autres enfants. Mais Marie garde espoir, fait monter du Lot Julia Lafon (fille du meunier de Promilhanes), à la fois nounou, gouvernante, cuisinière, bonne fée et gardienne du foyer. Elle tombe enceinte et donne naissance à un garçon, Jacques, le 20 août 1927. Mme Quoirez reprend sa vie bourgeoise : elle a ses œuvres, organise les dîners que son mari donne pour ses clients. Enfin, à l'automne 1934, elle attend à nouveau un heureux événement.

Avec la sage-femme du village, Mme Brunet, qui loge juste en face, Françoise Quoirez naît trois semaines avant terme dans la maison de sa grand-mère à Cajarc au 45 du Tour de Ville, le vendredi 21 juin 1935, à 14 h 25. Du signe des Gémeaux ascendant Vierge, elle est née un 21 juin comme Jean-Paul Sartre qu'elle affectionnera tant. La chaleur est, cette année-là, déjà étouffante, le thermomètre atteint les quarante degrés.

Tout est calme en ce solstice d'été. Le monde semble au repos. Le soir même, le président Albert Lebrun assiste au dîner du troisième centenaire de l'Académie française. Le jeune Henri Troyat, qui fait son service militaire à Metz, reçoit le prix du Roman populiste des mains de Georges Duhamel pour son roman *Faux Jour*. Sacha Guitry vient de se marier avec Jacqueline Delubac. Serge Lifar crée le ballet *Icare* à l'Opéra de Paris. Marlene Dietrich est à l'affiche de *La Femme et le Pantin*. Walt Disney, le père de Mickey, arrive en France. Le voyage inaugural du paquebot *Le Normandie* est un succès. Colette dédicace *Duo* à la vente des écrivains combattants. Roland Dorgelès tient les rênes de l'Académie Goncourt. Les journaux regorgent d'échos sur la fête de la Vénerie au polo de Bagatelle, le bal Toulouse-Lautrec au Moulin de la Galette et le triomphe du bon goût français au concours d'élégance du bois de Boulogne.

Alors, certes, le Front populaire se forme le 14 juillet et la montée des nazis en Allemagne annonce des lendemains sombres. Mais, dans ce monde fermé aux bouleversements qu'est obstinément la France rurale, qui pense vraiment à la guerre, en cette année où chacun fredonne avec l'orchestre de Ray Ventura et de ses collégiens *Tout va très bien Madame la Marquise!*?

À Cajarc, on ne s'intéresse d'ailleurs qu'aux prochaines moissons, au départ du Tour de France le 4 juillet, aux vendanges et aux fêtes de famille. Le clan Laubard est ainsi réuni à l'église de Cajarc quand Françoise, Marie, Anne Quoirez est baptisée peu de temps après sa naissance par l'abbé Brau, doyen de Cajarc, âgé de cinquante-quatre ans, aux faux airs d'André Gide. Pendant toute son enfance, on appelle Françoise indifféremment Francette ou Kiki. À Cajarc, elle est surtout connue comme la « petite-fille de Mme Laubard ».

Cité de 1 160 habitants, chef-lieu de canton, à 25 km de Fijeac, 50 km de Cahors, cette perle de la moyenne vallée du Lot semble sans fard. C'est une grande rue, une église, un monument aux morts, évidemment au milieu du boulevard, non loin de la mairie d'obédience radicale et des Postes, puis un fourmillement de ruelles torturées entre de vieilles maisons, et, enfin, hors les murs, un pont jeté qui permet à chaque habitant selon son tempérament de se prétendre méridional. L'ensemble est ceint d'un Tour de Ville, planté de deux rangées de platanes taillés en parapluie, aujourd'hui bicentenaires. Il fait environ six cents mètres. Aux numéros 43 et 45, se dresse la demeure natale de Françoise, qu'on appellera toujours dans la famille « la maison de bonne-maman ». En fait, ce sont deux maisons reliées par une passerelle.

Famille Quoirez

La vigne vierge a envahi une partie de la façade harmonieuse de pierres grises du numéro 45, le toit d'ardoises détonne dans un paysage de tuiles rouges et une inévitable agence immobilière y fait face, sans oublier une boucherie-charcuterie où foies gras, magrets, confits, aligots et saucisses donnent un irrésistible air de terroir. Une plaque récente indique qu'ici naquit l'écrivain. Patine rassurante des matériaux, maison aux arêtes adoucies, ramures translucides des platanes : toute une sensation de paix et d'harmonie.

Sonnons à la porte de la maison natale de Sagan. Est-ce un signe ? Sa propriétaire porte le prénom de l'héroïne de *Bonjour Tristesse*. C'est en fait l'une des nièces de l'écrivain (la fille aînée de sa sœur Suzanne) qui l'habite. Son surnom dans la famille : « Mimosa ». La maison bourgeoise a deux étages, pas très lumineux. Cinq pièces en tout. Un vestibule avec une bonne odeur de fruits secs et d'encaustique qui baigne la demeure. Françoise cherchait les traits de ses ancêtres sur les portraits vermillon le long de l'escalier. Ils sont désormais tous rassemblés au grenier. Voilà la chambre immense de sa naissance, carrée, et aux murs de laquelle se fanent de grosses fleurs roses, aux tons rassurants. Cheminées indispensables l'hiver, divans bourgeois. Un petit jardin derrière en toute discrétion au charme fou avec quatorze rosiers, palmier et gloriette. Il est ombré en partie dans la journée.

Sous les combles (qui servent aujourd'hui d'atelier), l'on imagine les armoires bourrées de livres. La chaleur étouffante l'été aussi. Le vaste grenier, avec ses lucarnes et ses poutres ployant sous les ardoises bouillantes est alors un véritable four. Personne n'y montait, sauf l'intrépide Françoise.

Dans *Avec mon meilleur souvenir*, elle évoque : « Je ne m'étendrai pas sur les atouts de ce grenier : il avait l'odeur, la poussière et le charme de tous les greniers de toutes les enfances. Je me souviens juste d'y avoir transpiré à grosses gouttes sans bouger un cil, assise dans une vieille bergère au velours râpé, surprise parfois par les pas d'un promeneur assez dément pour se risquer sur le Tour de Ville à l'heure de la sieste. » Sagan parlera de cette maison comme d'un « campement », avec une sorte d'improvisation et de dilettantisme. Il est vrai que Madeleine Laubard fait preuve d'un caractère fantasque. « C'était un joli mélange de meubles avec des armoires plus grandes que les pièces, raconte Cécile Defforey. À l'époque, les W.-C. étaient dans le jardin, on mettait des moines[1] dans les lits. On retrouvait parfois dessous des confettis et des bouteilles. C'était une maison pleine de bonnes ondes et l'on s'y amusait bien. » Dans son milieu de notables de province, Madeleine Laubard fait un peu figure d'exception. L'humanité profonde qui la caractérise n'a pas été bridée par des principes inculqués dès l'enfance. De sa générosité et d'une certaine propension au désordre, sa petite-fille hérite.

Ses mois d'été, avant et après la guerre, ont tous le Lot pour paradisiaque décor. Cajarc, c'est le lieu de réminiscence par excellence. Cent « flashes » sommeillent chez Sagan qui répètent tous les mêmes motifs : les Causses interminables, les mouches qui se posent sur les naseaux d'un vieux cheval qu'elle monte, le goût des vendanges, les vieilles pierres burinées, les cyprès bordant les ruines et la vallée du Lot si verte coupée d'un fleuve si gris. Dans ... *et toute ma sympathie*, elle note : « J'ai quatre ans. Mon frère a gagné une bouteille de mousseux à la foire ; le bouchon saute et le mousseux roule dans le rebord du chapeau de la vieille tante Louise qui pousse

---

1. Sorte de bouillotte, souvent en terre, pour réchauffer le lit.

des cris affreux. J'ai six ans, et avec un galopin du village, nous jouons à cache-cache dans les maisons abandonnées qui forment la vieille ville, maisons où nous ne nous réfugions que pour ressortir aussitôt comme épouvantés par des ombres. »

Il existe une photo en noir et blanc au papier un peu jauni, une de ces photos de vacances qu'on s'étonne de retrouver quand les souvenirs et les visages qui y sont liés ont disparu : une demi-douzaine de gamins du village et son frère Jacques, assis côte à côte sur le muret du Tour de Ville, culottes courtes, jambes ballantes, et elle-même, Kiki, trônant avec eux, dans sa petite robe blanche et qui rit, avec toute l'audace de la timide prise au piège...

Dès les premiers jours du mois d'août, les enfants se donnent rendez-vous sur les bords de la fontaine de la place du Forail[1]. C'est l'arrivée des caravanes et des remorques des forains qui se rassemblent là. Pendant une dizaine de jours, sa vie semble rythmée par les chahuts préparatifs de la fête votive. Dix jours par an, toutes ses joies ont pour cadre cette grande place de terre battue, soudain encombrée, où l'on ne voit le reste du temps, chaque quinzaine, que des vaches ou des moutons. La petite gare de chemin de fer au colombage vert enserré d'un crépi blanc est un lieu fréquent de promenade. Julia conduit les trois enfants sur le quai afin de contempler les longs trains de wagons de marchandises que traînent des machines à vapeur. Le soir, le Tour de Ville constitue le rendez-vous obligatoire tandis que les chauves-souris zèbrent l'air, piquent vers le clocher, rasent le sol. Cette avenue délimite son monde : entrelacs de ruelles fixées

---

1. Georges Landais, *Cajarc un village d'enfance*, éditions du Laquet, 1998.

comme les nervures d'une feuille sur la rue centrale qui, du château, mène à l'église.

Un jour, âgée de huit ans, elle se promène dans les ruines du vieux château quand, soudain, elle disparaît. Son frère Jacques s'en aperçoit le premier. Il donne l'alerte aussitôt. On effectue des recherches. Chacun fouille les plus infimes recoins. La nuit arrive. L'inquiétude devient angoisse. Soudain Pierre Quoirez entend une petite voix bredouillante qui monte vers lui : « Là... je suis là... en dessous... » Françoise est tombée dans un trou. Elle s'est foulé un genou. Mais pas une larme ne coule de ses yeux.

Notons, à ce stade précoce, que sa vie sera émaillée d'une impressionnante série de fractures, fêlures, foulures et de mémorables accidents de voiture. Perpétuellement cassée, toujours raccommodée, à la fois délicate et invincible, héroïque et attentive, elle se résignera à ces coups du sort d'un destin massacreur et son audace physique n'en sera jamais ébranlée. Elle aura ce joli mot : « Je suis un accident qui dure. » Un de ses amis, Bernard Bronquars, dit d'elle : « C'était miss *No Limit !* »

Des après-midi entiers, elle demeure accroupie avec ses camarades Jeannot et Charles Roques, les fils du garagiste, sur le trottoir goudronné devant la vitrine du plombier à sans cesse colmater les brèches par où s'échappe l'eau des bassins qu'ils dessinent avec des mottes de sable humide. Quelques petits voiliers réussissent parfois à y voguer lorsque les murettes de sable résistent plus longtemps. Dans la boutique de la marchande de journaux, avenue de la Gare, près du portail de l'école communale, ses mains plongent dans les grands bocaux de verre qui trônent sur le comptoir pour y acheter un sucre d'orge, une poignée de boules de gomme ou de bonbons à la réglisse dont elle se gave au risque d'avoir la nausée.

Famille Quoirez

Elle est la seule fille dans une bande masculine, formée par le jeune Bramel, Philippe Klein et Bertrand Dupheigneux, ses autres compagnons de jeux . C'est un vrai garçon manqué qui aime les jeux guerriers. « La Parisienne » est acharnée dans les batailles rangées. La blondinette, aux cheveux fins, les joues en feu, toute frêle dans ses robes claires, ses sandales de cuir ou ses espadrilles aux pieds, adore se percher dans les arbres, pousser des cris de Sioux en brandissant un arc. Kiki monte son premier cheval et utilise l'escabeau du magasin du drapier pour y accéder. Au cours des promenades avec ses aînés ou lors des escalades dans les ruines, elle n'est jamais fatiguée. « Elle cherchait à s'imposer et se prenait déjà pour une grande. Elle était drôle et gentille et parlait très vite. C'était une gamine un peu secrète. Avec son frère et sa sœur, elle grimpait par la route du côté de la chapelle, là où le journaliste André Beucler possédait une maison. De là-haut, ils pouvaient demeurer des heures à regarder la ville et la rivière », se souvient l'un d'entre eux.

Elle restera toujours en contact avec l'un d'eux, Pierre Magnier « dit Pierrot ». Après avoir eu du galon à l'école hôtelière de Paris, il finira par reprendre l'hôtel-restaurant de son père et cuisinera pour son amie Françoise ces grives abattues à leur passage du côté de la « capelette » après s'être enivrées de graines de genièvre, tout là-haut, sur les Causses.

Visage en forme de toupie et aux yeux d'escarboucles, sourire de voyou, Kiki n'a pas froid aux yeux. « C'était une enfant facile, dira Marie Quoirez. Évidemment, elle a toujours eu tout ce qu'elle désirait. Son frère et sa sœur ont été charmants. Non seulement ils ne lui en voulaient pas, mais ils la gâtaient autant que nous. » Lorsque Suzanne arrive en retard à table, elle est réprimandée. Si Françoise fait de même, la famille patiente jusqu'à son arrivée pour entamer le repas. Le laxisme dont elle jouit se retrouve même dans les détails de la vie quotidienne. La petite dernière a le droit de tutoyer ses parents alors que Suzanne et Jacques les vouvoient. Pierre Quoirez fait preuve d'une sévérité exagérée avec son fils Jacques, Marie n'est pas tendre pour Suzanne, mais Françoise est l'idole de la famille, la cadette à qui l'on passe tout. « Françoise ne se privait pas pour discuter les décisions de mes parents, les questionner... À sa manière, c'était une petite reine consciente de ses privilèges », notera, amusée, Suzanne, un an avant sa disparition.

Charlotte Aillaud, la sœur de Juliette Gréco, donne pourtant un autre son de cloche : « Le père, Pierre Quoirez, était un grand bourgeois un peu méchant, que j'aimais beaucoup, et la mère, Marie, un oiseau des îles qui babillait joliment. Un rituel avait été institué : tous les jours on déjeunait en famille, et l'on racontait chacun à son tour ce que l'on avait fait la veille. Chacun disposait de deux minutes pour captiver la tablée. Jacques s'exprimait à la vitesse d'une toupie, faisant rire tout le monde. Suzanne, une très jolie jeune fille, racontait gracieusement des riens. Quand venait le tour de Françoise, elle bafouillait, bégayait, détestant être contrainte de s'exprimer à heure fixe. À chaque fois, on lui disait, "ton temps est écoulé, tant pis, finis ton assiette !"[1] »

En dehors des repas-confessions, Françoise discute pied à pied avec les adultes, amuse les siens par quelques jeux de mots fulgurants, ses mimiques et son énergie contagieuse. Sur tous les albums de son enfance, on la voit habillée de charmantes robes à smocks, un sourire déjà ironique. Parfois, elle pose pour sa sœur Suzanne, l'artiste de la famille. Il y a toujours dans son décor les vernis Lefranc, les siccatifs, les toiles vierges du magasin Aux

---

1. Élisabeth Quin, *Bel de nuit, Gerald Nanty*, Grasset, 2007.

Famille Quoirez

Beaux-Arts, les coffrets en noyer ciré, le chevalet planté et les plumes à dessin, l'encre de Chine, les papiers à gros grain. Des lavis. Un esprit bohème.

Comme il est doux et confortable d'appartenir à cette famille lotoise où grands-oncles, neveux ou nièces et petites-cousines se retrouvent sur les canapés rouges d'une maison de vacances à discuter de la pluie et du beau temps après un plantureux dîner. Oncle Pierre fait de piètres tours de magie, oncle Paul massacre Debussy au piano ; une petite demi-heure encore, et toute la maisonnée dort d'un sommeil sans angoisse. Le lendemain, ils parlent d'écrevisses, de partie de quilles ou bien d'aller se baigner au Bletz. Raconter les jours suivants, c'est évoquer les balades où ils vont en groupe ou à deux ou à trois par des journées inondées de lumière. Ils marchent des heures face au ciel sur les étendues où les plateaux calcaires semblent posés à plat sous le soleil, puis s'assoient, occupés à vaguement rêver ou à mâchonner des racines de gentiane.

Parfois, l'on se destine aux collines boisées de Faycelles et c'est une lente montée à vélo, pour laquelle on met un point d'honneur à ne pas mettre pied à terre, peinant comme les Antonin Magne et autres héros des Tours de France dont les aînés leur rebattent les oreilles. Ils reconnaissent un hameau, un croisement, la façade d'une maison en bordure de la route et l'odeur des tilleuls à la terrasse du café de Montbrun. Et quand la nuit tombe, ils aiment une certaine nuance de bleu très sombre au moment où le soleil plonge derrière les Causses.

Le dimanche matin, on assiste en famille à la messe dominicale, où l'abbé Brau ponctue ses sermons des péripéties de l'Histoire sainte. Il possède la sagesse et l'indulgence que donnent la longue fréquentation des humains et les multiples confessions de leurs peines et de leurs espoirs. Françoise, qui fait sa communion privée puis solennelle, n'aimera jamais la magie de la grand-messe et l'odeur de l'encens, le déferlement des orgues et les voix suraiguës des dames qui chantent « Chez nous soyez reine » et « Sauvez, sauvez la France au nom du Sacré-Cœur ». L'été, la place du Faubourg rassemble autant de monde à l'ombre de ses marronniers que la place de l'Église à la sortie de la messe. Les vacanciers viennent y faire une halte, s'asseyant sur un banc ou sur le rebord de la murette qui longe la rive, en balançant leurs jambes.

Temps de vacances au cœur d'une nature sauvage. Les rives du Lot lui ouvrent aussi de nouveaux horizons. Les noyers de la Ségalière laissent tomber pour elle, au début de l'automne, leurs fruits encore enveloppés dans le brou qui colore ses doigts de taches brunes et indélébiles pendant plusieurs jours.

Des odeurs entêtantes imprègnent son enfance. « Je me souviens d'un parfum violent et justement un vrai parfum, dira-t-elle, puisque traité par le feu. Un feu d'herbes. Tous les automnes, la même odeur s'élève des champs, mélancolique et très douce. Pour les enfants que nous étions, c'était un parfum symbolique, celui de la fin des vacances. Adieu moissons de blé ! Vivent les moissons de laurier à venir ! » Les longues bouffées du tiède autan s'engouffrent dans sa chevelure ébouriffée. Il est temps de rentrer à Paris !

167, boulevard Malesherbes et ses six étages, à deux pas du parc Monceau. Les premières années ont pour cadre ce bel appartement haussmannien au salon bourgeois, aux bergères recouvertes de soie brochée, orné d'un piano purement décoratif. Porte de chêne, meubles patinés en harmonie avec plusieurs tableaux de sa tante Madeleine. Les Quoirez se réunissent autour du divan de couleur prune sur une moquette aux tons grenat, entouré de

Famille Quoirez

meubles imposants. Ambiance très famille Boussardel. Quel premier souvenir en garde Sagan ? « Celui d'un couloir qui fait au moins vingt-trois mètres. Un appartement bizarre où les chambres sont assez mal faites et les réceptions trop grandes. J'avais un âne à roulettes, et, dans ce couloir, je voulais toujours battre des records de vitesse ! » Mme Claerman, la gardienne de l'immeuble, offre souvent à la petite fille des caramels mous de la confiserie du coin.

Enfance bourgeoise traditionnelle avec un Pierre Quoirez, à la moustache redoutable, qui paraît parfois sévère. « Il était autoritaire, presque colérique », glisse quelqu'un de la famille. Marie est moins ferme sur les principes, plus frondeuse. Elle s'amuse de la grande complicité de Françoise avec son frère et du fait que chacun vole au secours de l'autre à la moindre réprimande. Pierre ne cesse de photographier sa cadette et de légender les moments forts de sa Kiki chérie dont la vocation d'écrivain semble précoce. Une photo la montre à deux ans s'emparant d'un livre pour essayer de lire, mais ne le tenant pas dans le bon sens. Bien vite, elle ne vit qu'un crayon à la main, gribouillant tout ce qui lui passe par la tête. À cinq ans, elle écrit à sa mère : « Je ner pass beaucou de chose à te dire parce que jan é pasd beaucou inveanté dans ma tête ma chère maman. » Ce qui pourrait la résumer : franche mais portée sur le mensonge, espiègle, peu diserte quand il est question de parler de soi.

Un épisode mémorable marque les jeunes années. Françoise a quatre ans, quand son père l'emmène en balade à Ville-d'Avray. Devant l'embarcadère de l'étang, la fillette bat des mains : « En bateau, papa, en bateau. » Il loue donc une barque et tous deux partent. Pierre Quoirez, assis sur la banquette du milieu, rame. À l'arrière, Françoise, penchée par-dessus bord de toute sa petite taille, s'essaie à toucher l'eau. « Kiki, fais attention ! »

Elle n'obéit pas et M. Quoirez décide de recourir à des procédés plus vigoureux. Il se lève pour attraper sa fille, mais un faux mouvement le fait trébucher sur un montant de la barque qui chavire, précipitant le père et la fille dans le lac. Par bonheur, onze joueurs d'une équipe de football sont tout près de là, entendent les cris de M. Quoirez, qui s'évertue à soutenir sa fille hors de l'eau. Deux d'entre eux plongent et ramènent père et fille sur la rive.

Marie Quoirez, lorsqu'elle voit entrer son mari et Françoise, encore trempés, dans leur appartement du boulevard Malesherbes, manque de s'évanouir et les interroge d'une voix blanche.

— On s'est baigné tout habillé et un monsieur est venu nous chercher, raconte le plus naturellement du monde la fillette.

L'attrait du danger et cette obstination à ne jamais se plaindre caractérisent la personnalité têtue de Françoise. Il règne dans cette famille une légèreté, une gaieté qui rendent les choses simples et charmantes. En atteste cette anecdote restée dans la mémoire familiale. Un soir de printemps, Pierre est invité à dîner chez des amis mais il est un peu en retard. Il monte l'escalier quatre à quatre, s'introduit dans un appartement et, chevauchant un cheval imaginaire, il lance : « J'arrive au galop, au galop, au galop... » Dans la salle à manger, une famille interdite regarde, bouche bée, cet individu qu'elle n'a jamais vu de sa vie. Il en faudrait plus pour embarrasser l'intrus. Il tourne les talons et disparaît en hurlant de plus belle : « Je repars au galop, au galop, au galop... » Il s'est tout simplement trompé d'étage !

Pierre est donc facilement facétieux et Marie s'en amuse. Il la gâte mais, parfois, elle ne sait pas sur quel pied danser avec lui tant il est hors du temps et des convenances. Elle possède certes une âme d'artiste avec une passion pour les

Famille Quoirez

beaux-arts et la musique mais elle est aussi une grande bourgeoise aux principes décousus. Elle aime rire et dispose d'un réseau d'amies, toutes plus extravagantes les unes que les autres, dont Odette Scott qui se fait appeler Lady Scott en toute simplicité ! On croirait parfois une scène de boulevard quand toutes ses « copines » se réunissent à l'heure du thé.

Françoise grandit entre Cajarc et Paris dans une famille aisée, non dépourvue d'originalité. Ils sont tous dans le Lot le jour de la déclaration de la guerre. D'un trou de verdure proche de la terrasse, Françoise voit des choses inhabituelles. Papa a l'air soucieux, maman pleure, Suzanne et Jacques montrent une mine sérieuse. Le lendemain, Pierre Quoirez s'en va seul après avoir embrassé la fillette beaucoup plus fort que d'habitude. Il ne sera pas à Paris à la rentrée. Elle le reverra seulement dix mois plus tard, quand il reviendra de la ligne Maginot où il sera mobilisé comme lieutenant de réserve du Génie.

Avant de rejoindre Cahors, la légende familiale prétend que Marie remonte à contre-courant sur Paris, pour récupérer ses chapeaux façonnés par la modiste chic Paulette. Elle n'imagine pas passer la guerre sans ses bibis. Dans le Lot, la vie reste paisible et les marchés regorgent de victuailles. Suzanne et Jacques vont au lycée Clément-Marot et Françoise occupe ses journées à lire sous la surveillance de Julia.

Après sa démobilisation, Pierre Quoirez retrouve ses fonctions. Il doit prendre la direction des usines de Saint-Marcellin et de Pont-en-Royan, dans le Dauphiné. Il s'agit d'une filiale de la Compagnie générale électrique. C'est le plein de l'été quand la famille arrive à Saint-Marcellin. Les trois cheminées d'usine qui dominent la petite ville échappent aux yeux éblouis par le paysage du Vercors. La chance sourit à Pierre Quoirez qui réussit à louer une agréable maison dauphinoise, à l'orée de la ville. Longue et basse, entourée d'un immense jardin à l'abandon, elle se prête aux jeux des trois enfants. Suzanne, Jacques et Françoise ne se lassent pas d'explorer ce grand jardin. Des entrées souterraines s'ouvrent un peu partout. Elles débouchent en pleine campagne à des centaines de mètres de la maison. Le décor est propice aux imaginations un peu enfiévrées. Sur les murs, des traces de balles qui ont abattu des condamnés de 1870 ont inspiré le nom de la propriété, La Fusilière.

La petite Françoise fait évidemment des siennes, adopte un chien bâtard, borgne de surcroît, bientôt baptisé Bobby. Pour l'un de ses anniversaires, elle reçoit un autre compagnon en la personne d'un vieux cheval, le fameux Poulou recueilli afin de lui éviter la boucherie. La jeune amazone est folle de joie, le mène par le licol, sans selle ni mors, et le promène dans les prés des jours entiers. Parties bucoliques et jeux de cape et d'épée avec un charmant voisin, Bruno, qui lui ouvre l'arcade sourcilière au cours d'un assaut un peu trop fougueux au sabre de bois. Là encore, elle ne pleure pas. Avec Marion Guy, la fille d'un des fournisseurs de bois des usines, elle s'en donne à cœur joie dans les buissons épineux. Les enfants reviennent de ces expéditions le visage barbouillé du jus des mûres mangées à même les ronces.

Quand Kiki, Bruno et Marion n'explorent pas les catacombes, ils montent au grenier. C'est un endroit plein de choses étranges, de mannequins 1900, de machines à coudre, de malles bourrées de travestis et de ces petites guérites en osier, doublées de cretonne à fleurs, où les dames de la Belle Époque faisaient la sieste dans le jardin à l'abri du soleil. Il y a aussi des livres aux reliures de vieux cuir. C'est là que Françoise passe des heures. Le grenier est son « coin ». Elle aime cette espèce de coque de bateau à l'envers, avec ses tapis tendus comme des voiles sur les fils de fer ; et la lucarne, comme un hublot d'où l'on guette la mer, toujours prêt à crier : « Terre ! »

Cette parenthèse bucolique ne dure qu'un temps. Il faut songer aux études des enfants et, pour cela, on s'installe à Lyon à la fin de l'année 1940, dans un bel immeuble du cours Morand. L'appartement est grand, lumineux et bien situé. Les fenêtres donnent sur le Rhône. Mais les tramways ferraillent sur les rails. Le dimanche, c'est insupportable. On a heureusement emmené l'indispensable Julia. Finies les courses et les chevauchées dans la campagne dauphinoise. Entre les murs de sa chambre, Françoise piaffe d'impatience. Et comble d'horreur, ses cheveux sont aussi privés de liberté, coiffés en nattes. La fillette fait sa rentrée au cours de la Tour-Pitrat, dans un ancien couvent en haut des pentes de la Croix-Rousse, tandis que Suzanne est inscrite aux Beaux-Arts et que Jacques intègre une école de jésuites, le centre Saint-Marc.

Pour l'heure, on lui enjoint d'être sage, d'entonner *Maréchal, nous voilà* et de remercier la Sainte Vierge. La classe et ses contraintes lui sont d'emblée un petit supplice. Elle le subit toutefois pour ne pas faire de la peine à ses parents qui regardent d'ailleurs ses bulletins scolaires d'un œil distrait. À l'oral, Françoise – on l'imagine fort bien – n'est pas la plus brillante avec cette hésitation dans la parole, presque ce bégaiement qui fait que les mots se bousculent dans sa bouche, comme si cette hâte inaudible dissimulait une enfant surdouée. La maîtresse lui demande toujours en vain d'articuler. Pas de place de première en classe de récitation, donc. Mais bonne en français bien sûr, car elle dévore les livres. Lectures désordonnées (Jules Verne, George Sand, la collection « Rouge et Or »), mais dont elle saura elle-même dégager du fatras une ligne de culture. En revanche, elle est allergique aux mathématiques et ne prise guère les tables de multiplication. Elle est une élève à la mine boudeuse et ironique à la fois, avec une spontanéité et un naturel qui déconcertent et la font passer pour espiègle.

L'atmosphère n'est pourtant pas à la légèreté. En juin 1941, l'Allemagne a attaqué la Russie. Les communistes français changent de camp. La Résistance s'organise : attentats, sabotages. Les Allemands multiplient les arrestations, les brutalités, les exécutions. La zone libre est occupée en novembre 1942 ; la répression s'étend à toute la France, devient de plus en plus dure, jusqu'aux atrocités de 1944.

« C'était drôle cette époque, dira plus tard Sagan. Il y avait les biscuits vitaminés, les semelles de bois et les alertes pendant les cours. » Il y a même les pianos en carton. Son professeur de musique, Mlle Goujon (qui eut également l'acteur Charles Boyer comme élève), une veuve nécessiteuse, n'en possède point de véritable. Elle a donc fait un petit clavier avec des dièses à l'encre de Chine. Ainsi Françoise monte et descend des gammes inaudibles sur des touches dessinées au crayon sur un vieil emballage.

Comment aimer Brahms dans ces conditions ? Autre paradoxe de ces temps singuliers : le parfum de sa mère lors des bombardements. « Je me souviens des parfums de ma mère car pendant les bombardements son principal souci était de descendre coiffée et un peu parfumée dans cette sinistre cave de Lyon, d'autant plus sinistre que nous étions les seuls à se soucier de parfums ces nuits-là. En attendant, nous n'eûmes jamais peur. » *Fracas* de Piguet est presque un élixir salvateur.

Autre version d'une scène similaire aux abris, pendant un bombardement insistant. Tous les gens sanglotent d'effroi mais Marie, parfaitement calme, joue aux cartes avec ses enfants. Lorsque le raid prend fin, tout le monde remonte soulagé, sauf Marie qui tombe nez à nez avec une souris dans la cuisine et s'évanouit, tant elle a une peur bleue des rongeurs. C'est cette gaieté baroque, ce sens du bonheur vrai, cette légèreté nimbée de politesse, d'un désir de ne « pas embêter les autres avec les soucis du quotidien » dont héritera Sagan.

Pourtant, à nouveau, dans la nuit, la maison tremble, les vitres frissonnent. Les détonations ! Qu'est-ce que cela peut être ? Des dépôts qui sautent ? Ou des ponts ? Peut-on vraiment oublier la guerre ? La région du Vercors n'est plus un havre de paix. Un week-end à La Fusilière, les Allemands déboulent en mettant toute la famille « dos au mur avec les bras en l'air ». Tout cela à cause d'un résistant. Il est arrivé à la maison un jour d'absence de Pierre et a demandé à Marie s'il pouvait laisser sa camionnette chez elle. « Bien sûr, dit-elle presque gaiement, totalement inconsciente des enjeux des temps. » Pierre, à son retour, a examiné le véhicule : il était bourré d'armes. De quoi les faire tous fusiller. Il l'a emmené illico prestissimo dans un champ perdu et est revenu à pied, fou furieux. Les Allemands étaient déjà là – trois de leurs officiers venaient d'être tués sur la route –, ils fouillaient la maison, le garage, à la recherche de munitions dissimulées. Il y a eu des cris dans la cour, des ordres lancés dans une langue brutale. Françoise ne les oubliera jamais : « Ce sont des souvenirs qui vous restent parce que la violence, pour les enfants, c'est toujours bizarre, extravagant, indécent, d'ailleurs. »

De ces années lyonnaises, elle gardera toujours, tel le « Rosebud » de *Citizen Kane*, une de ces boules de verre remplies d'eau où une neige de fines paillettes s'abat doucement sur une Notre-Dame de Fourvière en plâtre grossièrement peint. Elle racontera des histoires de son école où la première de la classe est laide comme un pou, méchante comme une teigne et myope comme une taupe mais toutes ces dames la chouchoutent et l'appellent leur petit Jésus. Elle se souviendra d'être partie à l'aventure avec Julia à travers les ruelles désertes et les traboules humides du vieux Lyon, de la gare du funiculaire de Fourvière, de plusieurs soldats allemands, appareil photo en bandoulière, battant le pavé. Elle se verra jouer avec de jeunes soldats dans le train qui la ramène un jour à Cajarc, de tracts pétainistes traînant dans les toilettes.

Parfois les trois enfants vont aux Bêches, la péniche-piscine sur la Saône où les filles allongées au soleil sur le tapis-brosse miroitent telles des vamps. Ou bien l'on pousse jusqu'au parc zoologique où les lamas font la tête. Au retour, périple dans les jardins aux tomates déjà rouges. Des villas dans les arbres. Un bruit de clocher. La paix illusoire du dimanche.

Dans la métropole rhodanienne, transformée en camp de réfugiés, Pierre Quoirez cache brièvement dans son appartement, au péril de sa vie, un couple de juifs en fuite, M. et Mme Goldberg. « Un jour, un soldat allemand s'est trompé d'étage, racontera Sagan. Il est entré et j'ai vu ma mère lui répondre très poliment et, après son départ, tourner de l'œil. » Pierre Quoirez est également convoqué plusieurs fois par la Wehrmacht qui le somme de s'expliquer sur l'emploi supposé d'Israélites dans ses usines. Sans rien laisser paraître de son émotion, il nie catégoriquement mais fera rejoindre le maquis à l'employé menacé. « Mon grand-père, souligne Denis Westhoff, était un original qui n'avait peur de rien. Ni de l'argent, ni du pouvoir, ni des hommes – pour lesquels il montrait le plus souvent peu de considération –, ni de l'opinion que l'on pouvait avoir de lui[1]. »

Quelles sont les convictions politiques de cet homme ni démonstratif ni expansif ? Il a opté pour un parti pris

---

1. Denis Westhoff, *Sagan et fils*, Stock, 2012.

anticommuniste, mais méprise la Collaboration. Marie, elle, se prétend de droite, sans doute par tradition familiale. S'ils tiennent bien quelques propos antisémites avant la guerre, leur comportement est exemplaire pendant ces années sombres. Sagan sera intraitable plus tard quand un de ses proches se hasardera à une remarque ou plaisanterie sur les juifs, allant même jusqu'à quitter la table de Coco Chanel au Ritz.

Suzanne et Jacques – qui s'inscrira en 1945 dans la Défense passive – saisissent dans les récits de leurs parents toutes les nuances qui échappent encore à leur jeune sœur. Il n'y a pas seulement les bons et les méchants, les maquisards et les Allemands : entre ces deux extrêmes, existe toute une graduation vers le mal absolu qui s'appelle la Gestapo et qui terrorise la région. La jeune Françoise ignore les trahisons de la milice locale, les embuscades et les morts, elle ne connaît rien des drames qui se jouent là, dans le massif si proche du Vercors, où les hommes se cachent.

L'écrivain qui fera de la guerre la trame de trois de ses romans (*De guerre lasse*, *Un sang d'aquarelle* et *Les Faux-fuyants*) aura même un regard amusé sur les restrictions alimentaires de l'époque. Quand sa mère trouve un sac de haricots au marché noir, ils passent des soirées à la grande table familiale, comme pour jouer au loto. Tous ensemble devant un gros tas de haricots, ils disent : « Haricot, charançon, haricot, charançon... » Pendant deux heures, ils les trient.

Autre anecdote restée dans les souvenirs de famille, celle de la pintade. Sagan l'a racontée plusieurs fois avec un ton pince-sans-rire : « Mon père, en battant la campagne, s'était procuré une pintade dans une ferme pour ses enfants chéris. Nous étions tous en rang d'oignons sur le pas de la porte pour assister au retour du héros : ma mère, la femme de chambre et nous, les enfants. En ouvrant le coffre de la voiture d'un geste solennel, mon père, triomphalement, annonça : "Regardez ce que j'ai trouvé." Et la pintade, qui avait juste les pattes entravées, s'envola et disparut dans le ciel de Lyon. Mon père referma le coffre et nous sommes rentrés sans dire un mot. »

Autre surprise, un samedi, son père arrive avec une petite voiture électrique rouge aux coussins de cuir beige et garnie d'une capote rutilante. Modèle « Tudor » mis au point dans ses ateliers. Pierre Quoirez lui donne quelques rudiments de conduite dans le grand couloir de l'appartement du cours Morand. Autre apprentissage : Françoise rend visite de temps en temps à son père à la CGE où la secrétaire, Madeleine Gabin, lui montre comment taper à la machine à écrire. « C'était la fille du patron, et elle utilisait ma Remington. Ses exigences d'enfant gâté m'agaçaient un peu, dira-t-elle. Mais son côté têtu laissait deviner une nature. » La fillette se découvre un autre hobby : le tennis. Elle s'y consacre avec ardeur.

La lecture et l'écriture sont ses vraies passions. Dans le grenier de Cajarc, elle a dévoré les romans d'aventures à quatre sous, les fabliers illustrés, les vieux numéros de *La Semaine de Suzette* et les récits de voyage de Pierre Loti. Elle s'en donne donc à cœur joie pour composer force poèmes, petites nouvelles et même des saynètes qu'elle lit à sa mère, presque admirative. L'enfant fait déjà preuve d'imagination.

Son statut de cadette la privilégie sans cesse. On lui fait des vêtements sur mesure dans des boutiques spécialisées. Elle peut les arborer lors des promenades régulières en compagnie de Julia au parc de la Tête d'Or. Elle porte des tresses et a des chaussettes qui lui montent jusqu'aux genoux. Or, dans sa classe, certaines camarades ont des cheveux courts et bouclés. Elle est donc leur risée et elle revient à la maison en affirmant qu'il faut absolument lui couper les cheveux. Elle tanne tellement sa mère et se montre si convaincante que, le lendemain, on la conduit chez le coiffeur. Elle est infernale quand elle le veut.

Son caractère se forge doucement. C'est une solitaire qui cache au plus profond ses blessures enfantines et cherche très tôt à maîtriser sa sensibilité à fleur de peau. Elle a l'indiscipline au corps et ne prise guère le collectif. C'est aussi une petite fille un peu malingre. Ses parents décident de l'inscrire à la Clarté, un internat de Villard-de-Lans où l'air des montagnes est censé lui insuffler un regain d'énergie. Ils souhaitent aussi l'éloigner des bombardements de Lyon. En arrivant devant les murs gris de l'établissement, ils éprouvent tout de même un serrement de cœur. Françoise, silencieuse et maussade, a bien envie de pleurer.

La supérieure s'intéresse à elle et se montre convaincue de la voir s'habituer à la discipline « ferme et douce » du pensionnat. Là, tout lui pèse. La fillette a trop de personnalité pour se plier à un rôle de passe-muraille. Elle pourrait être tranquille, reléguée au fond de la classe, pour organiser en paix son petit monde intérieur. Elle a trop l'habitude de la liberté pour se surveiller à chaque instant. Incapable de faire semblant d'écouter, elle fait pleuvoir sur elle les observations. Si elle a besoin d'un crayon, elle le demande à une camarade, enfreignant la loi du silence, dont la notion lui échappe complètement. Ses compagnes sont mornes et soulignent le contraste. Cette vie terne la rend effroyablement triste. Tristesse coupée parfois de fous rires inexplicables qui n'améliorent pas sa position. Elle suit néanmoins le programme, se révélant parfois extrêmement brillante et précoce. Les vacances venues, elle montre un bulletin qui la dépeint ainsi : « Pas mauvaise élève... absente. »

L'idée de retourner en pension lui est intolérable. Elle n'a pas à plaider sa cause. Les événements se bousculent. À la mi-juin 1944, de nombreux partisans prennent le maquis du Vercors. « Il y avait à Saint-Marcellin, racontera Sagan, un étang où on nageait. En 1944, les Américains sont arrivés et les avions allemands revinrent bombarder la région. Au cours d'un de ces raids, un avion nous a pris en chasse, en piqué, alors qu'on était au bord de l'étang à se sécher. Il y avait une prairie, des arbres. On courait comme des lapins ; je voyais l'herbe qui sautait autour. Eh bien, ma mère ne trouvait rien de mieux à crier à ma sœur que : "Suzanne, je t'en prie, habille-toi. Je t'en prie, habille-toi. Tu ne vas tout de même pas te promener comme ça..." Elle avait un côté Régence qui calmait beaucoup les esprits. »

La mort, le danger, qu'en a vu vraiment Françoise pendant ces années-là ? Qu'a-t-elle vu de ce conflit qui a tué quarante-cinq millions d'humains ? A-t-elle compris que son père a caché un couple de juifs et sauvé des jeunes du STO ? En revanche, sa mémoire enregistre tout à la Libération. Elle voit la ville jonchée de débris, les maisons blessées aux vitres brisées, les rideaux de fer des magasins boursouflés, le défilé des vainqueurs, à Lyon, ces jeunes Américains bronzés triomphant en uniforme kaki. Il fait tellement beau et ces chars procurent un tel sentiment d'allégresse. Une scène surréaliste lui montre toutefois l'ambiguïté de l'époque. Sur la place du Pont, une cohue hystérique, des FFI et des curieux. Un policier en civil vient d'arrêter une jeune femme. Il la tient par le bras et la pousse brutalement vers une traction noire rangée contre le trottoir. Elle se débat : « Je n'ai rien fait. » Elle pleure. « Lâchez-moi. » Sa robe bleue déchirée, le décolleté élargi. Quelqu'un hurle : « À poil ! Tondez-la ! Salope ! T'en ramèneras plus, de Boches ! » La vieille concierge veut lui donner des coups de balai. Marie Quoirez essaie d'intervenir : « Vous ne pouvez pas vous comporter comme les Allemands. » Mais la voiture démarre en trombe.

Les jours suivants, Françoise remarque une autre femme livrée à la vindicte et cette fois tondue. À cet épisode succède la découverte sur un écran de cinéma de l'horreur des camps de la mort. Pétrifiée dans son fauteuil, au moment traditionnel des « Actualités », elle voit ces fantômes aux pyjamas rayés de Buchenwald ou Dachau agrippés aux grillages, des chasse-neige repoussant des monceaux de cadavres et demande à sa mère si cela est vrai. Ces images de honte et de désespoir d'une telle souffrance indicible s'impriment pour toujours dans son esprit et vont presque la hanter. C'est à ce moment-là qu'elle décide, confusément, sans doute, qu'elle ne laissera plus jamais dire un mot ni sur un juif ni sur un opprimé. « Pour Françoise, estime son amie Florence Malraux, cela a été l'ébranlement total car elle n'était pas du tout préparée ! »

La fin de la guerre l'a fait grandir d'un coup. Les photographies d'alors parviennent assez à capter chez la jeune fille une sorte de mélancolie, une distance même qu'elle instaure, une sorte de maturité qui est synonyme de gravité. Elle est sensible à l'extrême. À la fin de l'été 1944, le retour vers Paris est à la fois joyeux et triste. Joyeux parce que Françoise échappe au retour dans un pensionnat et va devenir externe. Triste parce que c'en est fini de « Kiki » et de ses caprices d'enfant gâtée. Elle entre désormais dans la cour des grands.

2

GRAINE DE SAGAN

Au sortir des cinq années de guerre, Françoise a juste dix ans et une fragilité d'oisillon. Loin de la lumière des Causses, comme Paris semble éteint avec ses files devant les magasins et ses tickets de rationnement chichement comptés ! La corvée scolaire reprend pour la jeune fille qui ne s'accommode toujours pas des longues journées de classe où l'intermède des récréations peine à lui redonner sa bonne humeur. Elle va poursuivre sa scolarité au cours Louise-de-Bettignies, au couvent des Oiseaux et enfin au cours Hattemer.

Suzanne aux beaux yeux bleu-vert prend, elle, son envol, et épouse bientôt Jacques Defforey, le frère de Louis Defforey qui sera l'un des créateurs des magasins Carrefour. Françoise est sa demoiselle d'honneur en 1946. Jacques Quoirez, à l'allure sportive, fait, lui, les quatre cents coups avant d'épouser, à son tour, en 1948 une Anglaise, Valma. L'appartement familial semble soudain se vider.

Françoise reste deux ans au cours Louise-de-Bettignies – institut réservé aux bonnes familles – et n'a que le boulevard Malesherbes à traverser pour s'y rendre, à l'angle des rues Jouffroy et Daubigny. Mlle Oudot, typique vieille fille, perçoit dans la petite Quoirez un élément perturbateur. Elle n'est pourtant pas un cancre et ses amies de cours, Jacqueline Mallard ou Suzanne Pinton, soulignent toutes deux qu'elle excelle en dissertation. Jetons un coup d'œil à son bulletin de cinquième. Elle est en effet première en composition française et Mlle Charézieux loue sa prose. Sur trente-huit élèves, elle n'est cependant que vingt et unième en histoire, trente-septième en couture, et affiche des mauvaises notes en anglais et en mathématiques. « Grande bonne volonté, beaucoup d'application », remarque à l'encre violette la directrice des études.

Et, pourtant, elle affiche volontiers un air de se moquer de tout, une impertinence mêlée d'un certain humour corrosif. Elle juge certains de ses professeurs médiocres et ne se prive pas pour le faire savoir. « J'étais infernale », plaidera-t-elle dans une interview. Bientôt la tête brûlée flanque une gifle à une élève, en jouant au ballon, puis montre son dédain iconoclaste de Molière en balançant son buste, c'est le renvoi de cette petite fille trop rocambolesque. Évidemment, elle n'ose pas le dire à ses parents, subtilise l'avis officiel de l'école et passe les trois derniers mois précédant les grandes vacances à faire l'école buissonnière.

Elle aime ce parfum d'interdit et goûte l'illusion et le mensonge de ce petit jeu. Tous les matins, elle affiche son plus beau sourire studieux, fait mine de prendre la route de son cours pour ne revenir qu'en fin d'après-midi. Au long de ses délicieuses journées d'évasion, elle se livre à de charmantes promenades à pied. Son poste d'observation préféré est le sommet de l'Arc de Triomphe. Rien ne l'amuse autant que de voir les piétons devenus fourmis. Chacun d'eux, noyé dans la mer qu'ils composent ensemble, se hâte de s'engouffrer dans les petits trous que sont les porches vus d'en haut. Souvent, elle monte dans l'autobus – deux tickets pour la Concorde – et va se réfugier dans un magasin d'abonnement de lecture où elle lit tout ce qui lui tombe sous la main, y compris *Le Sabbat* de Maurice Sachs. Plusieurs fois, elle visite le Marais et fait la conversation à un pittoresque clochard au bord de la Seine. Tout cela l'amuse beaucoup. À 16 heures, elle rentre ponctuellement à l'appartement, se plaint de sa journée chargée de devoirs à faire. Tout le monde à la maison est dupe. Jusqu'à la rentrée suivante, ses parents la croient toujours inscrite au cours Louise-de-Bettignies quand, enfin, le pot aux roses est dévoilé. Curieusement, Papa Quoirez se montre relativement indulgent et l'inscrit au couvent des Oiseaux, attentif à délivrer une éducation chrétienne stricte.

Françoise passe ses mois de vacances à lire et à écrire. À quatorze ans, elle compose même une pièce aux allures de boulevard. C'est l'histoire, comique, d'une femme qui se marie parce qu'elle est lasse moralement de son amant. Elle épouse un chirurgien très ennuyeux qui raconte à table par le menu toutes ses opérations. Puis l'amant revient. C'est déjà du Sagan : même milieu, même type de personnages. *Happy end* non garanti : elle est déjà hantée par l'impatience du mot « fin ». Il y aura aussi une ébauche de roman dont l'héroïne se nomme Lucile Saint-Léger (on la retrouvera dans *La Chamade*) et qui débute par un accident de voiture, quasi prémonitoire. Elle a même « commis » une comédie d'un cynisme grinçant : l'histoire d'une fille qui se marie parce qu'un garçon l'a déçue.

Elle écrit aussi des pièces historiques : *Le Chevalier sanglant*, *La Reine captive*, pleines de panache. Elle a le virus de l'écriture et laisse vagabonder son imagination. Parfois il suffit d'un rien. Personne n'ignore que dans son immeuble, à un certain étage, une dame vit de son corps et que le nombre de gentlemen qui prennent l'ascenseur est considérable. Quand Françoise l'utilise juste après cette brune, elle respire ébahie les lourdeurs du parfum Mitsouko. Pour elle, plus proche de l'envie que de la réprobation, la notion de parfum, la vraie, le parfum corrupteur, devient alors une chose tangible. Elle ignore à cette époque que les femmes dites « du monde » et les prostituées ont exactement le même goût pour les odeurs. Odeurs capiteuses, vénéneuses, tubéreuses, merveilleuses odeurs de l'amour masqué qui la marquent à jamais.

Elle s'acharne à écrire ses pièces historiques aux effets mélodramatiques. Sa mère, par pure courtoisie, l'écoute mais au bout d'une demi-heure s'évanouit lentement à l'écoute de ces salamalecs et se réfugie dans un sommeil diplomatique. « C'était un texte peut-être un peu fort, un peu violent, un peu dur et j'avais peut-être eu tort de le jeter ainsi à la tête de ma mère entre deux dîners mondains », écrit-elle dans *Avec mon meilleur souvenir*. Elle pense d'ailleurs qu'un jour sa génitrice pleurera au troisième rang d'orchestre en même temps que le Tout-Paris pétrifié de terreur et d'admiration. Il lui reste juste à écrire l'acte II.

Dans la chambre en désordre du boulevard Malesherbes, jonchée de bouquins et de disques, assise de guingois devant la table Louis-Philippe, elle tape aussi des poèmes et de courtes nouvelles qui démontrent un peu de son talent précoce. « Sur le coup, je croyais qu'ils étaient bons et puis, en les relisant, je me disais que non. Alors je les déchirais, je les brûlais avec les larmes aux yeux. » Déjà, elle sent naître en elle le besoin de créer. De la masse de ses lectures se dégage une forme de pensée et de style. Dans l'ordre de ses souvenirs, l'amour de la littérature aura une grande supériorité sur l'amour humain, offrant à sa mémoire des coups de foudre autrement fracassants et définitifs. Ils sont au nombre de quatre : *Les Nourritures terrestres*, de Gide, à treize ans, *L'Homme révolté*, de Camus, à quatorze, *Les Illuminations*, de Rimbaud, à seize, et, enfin, *Albertine disparue*, de Proust, quelques mois plus tard.

Ces découvertes ont tant d'importance à ses yeux que, tout au long de sa vie, elle saura les situer. Musset, Verlaine, Apollinaire, Cocteau, Prévert et quelques autres forgent alors sa personnalité un peu rebelle, mais Proust reste la révélation majeure : « Je découvris que la matière même de toute œuvre, dès qu'elle s'appuyait sur l'être humain, était illimitée ; que si je voulais – si je pouvais – décrire un jour la naissance et la mort de n'importe quel sentiment, je pouvais y passer ma vie, en extraire des millions de pages sans jamais arriver au bout, sans jamais toucher le fond, sans jamais pouvoir me dire : J'y suis arrivée. » La lecture est pour elle presque une drogue, la plus attachante des addictions. Elle bouquine pour le plaisir, accumule les volumes, lit d'une traite les plus haletants dans la douce ivresse de la littérature. Des journées entières dans ses livres.

Suzanne mariée et Jacques parti, elle vit seule maintenant avec ses parents dans l'appartement trop grand. Ils ne se rencontrent plus guère qu'aux repas. Ils s'aiment bien tous les trois mais il y a un malentendu entre eux, une gêne. Françoise, fermée, incapable de parler, souffre bêtement sans savoir pourquoi.

Direction le couvent des Oiseaux, 62, rue de Ponthieu, où sœur Marie-Odile daigne la prendre à l'essai. « Je suis aux Oiseaux et je pépie gaiement », ironise Françoise dans une lettre à un ami. Elle va en garder un souvenir un peu amer et y passer presque à la dérobée. Elle évoquera un établissement austère où la sœur portière, menue, cornette noire tuyautée, joue les cerbères. Il est sans doute trop tard pour qu'elle devienne une jeune fille rangée. Le voisinage des Champs-Élysées ne l'incite probablement pas au recueillement. Quand elle arrive pour la première messe de 7 heures, tous les vendredis, elle rencontre les noctambules, tous les fêtards de la rue de Berry, plus ou moins installés dans les poubelles avec des bouteilles de champagne et en smoking, façon très Scott Fitzgerald.

Nous possédons son bulletin du premier trimestre 1949 et l'appréciation générale mentionne : « Françoise est intelligente, mais elle ne sait pas ce que c'est que travailler et faire des efforts. » Son professeur d'espagnol s'exclame « ignorance totale et travail nul. N'a pas du tout le sens du devoir ». Quant à la bonne sœur chargée de l'instruction religieuse, elle lâche : « Connaissances bien vagues et peu coordonnées. Il faut un effort d'assimilation personnelle. » Est-ce un hasard si, trois mois plus tard, elle est renvoyée pour « manque de spiritualité » ? Elle a en fait lancé du Prévert à la tête d'une religieuse. « Il n'était pas de très bon goût, je l'avoue, de le réciter dans un lieu consacré au Seigneur : "Dieu est un grand lapin, Notre Père qui êtes aux cieux, restez-y, et nous resterons sur la terre qui est parfois si jolie." »

La directrice fera remarquer à Sophie Delassein que « c'était une jeune fille à la dérive qui refusait de se laisser guider ou de se faire aider. Je me souviens qu'elle avait une bonne plume, certes, mais on ne distinguait guère le fond de la forme... Elle lisait beaucoup, c'est vrai, mais un peu n'importe quoi. Elle lisait trop, trop jeune et sans discernement[1]. »

Aucun esprit de sérieux, donc, toujours le sens de l'humour, des facéties et une tendance généralisée à la dérision. Une visite cette année-là à Lourdes, où la traînent ses parents, lui fait perdre le peu de foi qu'il lui reste. « Il

---

1. Sophie Delassein, *Aimez-vous Sagan..*, Fayard, 2002.

y avait tous ces gens qui attendaient un miracle et il ne s'est rien passé. D'ailleurs, je ne me serais pas contentée d'un miracle : il m'en fallait cinquante. J'ai renoncé à Dieu d'une manière éclatante, comme on le fait à cet âge-là », dira-t-elle dans une interview.

Décidément allergique à l'enseignement secondaire, elle dépérit à vue d'œil. En 1949, sa maigreur est telle que ses parents l'envoient terminer sa croissance dans une station climatique de l'Isère, à Villard-de-Lans, histoire de lui redonner des couleurs. C'est de nouveau le pensionnat, beaucoup moins rigide toutefois. « La Clarté », dirigée par Denise et Marcel Malbos, est une maison fort libérale, où Françoise évite l'ennui. Les cours ressemblent à de longues discussions. Elle peut même se rendre une fois par semaine à Grenoble où elle s'approvisionne en livres. Elle découvre surtout avec enthousiasme les enchantements et les jeux de la neige. Elle s'applique, l'air tendu, à glisser, à tourner, à déraper : on la sent décidée à venir à bout de ces gammes pas toujours amusantes pour pouvoir bientôt tournoyer et voler à sa guise sur les pistes blanches. Ses camarades de classe aiment sa désinvolture affichée qui cache une solide culture. Tous souligneront qu'elle est férue de littérature avec l'évidente envie d'écrire. Quatre mois plus tard, de retour dans la capitale, elle a retrouvé toute sa vitalité, prête à affronter de nouveaux défis.

En ce mois d'octobre 1950, elle doit se décider à rentrer en classe. Elle a quinze ans. Elle n'est pas en retard puisqu'elle doit passer en première. Ses parents choisissent pour elle le cours Hattemer-Prignet, fondé en 1885 par Rose Hattemer. L'établissement fonctionne toujours au 52, rue de Londres dans le 8e arrondissement. Une institution moderne. Cinq étages de larges baies vitrées, enchâssées dans de grands éperons de ciment blanc, annoncent dès l'extérieur les classes claires et confortables. À l'heure de la sortie, le porche, encadré de marbre rose, affiche une certaine décontraction avec une noria de Vespa. Garçons et filles présentent le visage des adolescents sans contrainte. Le rythme des études est celui d'étudiants de faculté plus que de postulants bacheliers.

Chaque matin, un bout de chemin charmant : le boulevard Malesherbes, l'avenue de Villiers, la rue de Constantinople et les voies de chemin de fer qu'on traverse. « Pour moi, le cours Hattemer, c'était la gaieté sur terre », dira-t-elle.

Qui est le professeur de français de la jeune fille ? M. Calvet qui a eu le mérite de faire attribuer en 1924 un premier prix du Concours général au futur Maxence Van der Meersch et qui se souviendra d'elle comme d'une bonne élève : « Elle se considérait comme une victime du programme scolaire, au même titre que moi. »

Elle se désintéresse sans vergogne des sujets qui lui déplaisent ou simplement ne l'inspirent pas. Mme de Clèves l'exaspère pour s'être retirée dans un couvent quand elle ne brûle que pour Nemours. Elle s'étonne ainsi de ce que l'on étudie encore *Corinne*, jugeant Mme de Staël dépassée et sans intérêt. Mais elle se passionne pour les auteurs du XXe siècle et André Gide en particulier. « Elle montrait alors dans ses compositions une vive ingéniosité, un sens très aigu de l'analyse et une grande curiosité psychologique. »

Elle s'y fait là des amies[1] pour la vie. Retrouvons-les nous raconter Françoise Quoirez, au dernier rang sur la

---

1. Grâce à l'ingénieux site « Trombi.com », nous lançons un avis de recherche sur le cours Hattemer et nous sommes vite en contact avec quelques-unes des vingt-quatre filles qui partagèrent sa classe cette année-là : Arlette Spitzer, Françoise Lacronique, Jacqueline Bayvet, Marie-Aude Thomas, Anne Duclos, Monique Desforges, Pierrette Vaysse, Michèle Plailly, Marie-José Lavallart, Élisabeth Genvresse, Anne Lapertot, etc.

photo de classe, à l'étage des cancres, le front baissé, les cheveux ébouriffés et des yeux de chien battu.

Yolande Langlet se souvient par exemple qu'« elle portait toujours une jupe plissée, un pull-over et des souliers plats. Elle nouait un foulard autour de son cou et ne le quittait jamais, pas plus qu'une veste de laine, car elle était très frileuse ». Christiane Plessy-Vigneulles, elle, souligne qu'« elle avait toujours un air de chien battu. Elle portait des socquettes. Elle semblait ne voir personne autour d'elle. Ses cheveux étaient toujours ébouriffés ». Lydie Kemp remarque qu'« elle nous étonnait par sa facilité et son intelligence. Elle était souvent dans la lune, pas coquette, imaginative, mais supérieure à nous toutes dans ses exposés ou ses dissertations ». Monique Desforges reconnaît : « Françoise m'a frappée dès l'abord par sa culture bien supérieure à la moyenne, par son intérêt à lire Proust et à composer des vers, notamment pendant les cours de sciences naturelles. »

Il y a cependant une camarade de classe plus mémorable en la personne de Florence Malraux – la fille de l'écrivain et de Clara Malraux[1] – qui sera une amie pour la vie. « Je venais d'entrer au cours Hattemer. J'avais été malade. J'avais un an de retard. Le professeur a fait venir une élève au tableau. C'était Françoise. Je lui ai trouvé une bonne tête ébouriffée. Elle était à la fois gaie et concentrée. Elle avait une allure tellement différente de celle des autres. Une culture, aussi, éblouissante. Une manière de se tenir, de regarder... Non pas de haut, mais avec une telle liberté ! »

---

1. Le 28 mars 1933, à l'âge de trente-six ans, Clara Malraux a mis au monde son unique enfant, Florence, ainsi baptisée en hommage à la ville que le couple aime tant. Florence est blonde, a le teint clair et les yeux bleus. Nombre d'écrivains de la NRF ont défilé devant son berceau.

Françoise est vite enchantée par « Flo » : enfin quelqu'un qui comprend tout ! « Tu me stimules et tu me rassures », lui confie-t-elle, reconnaissante. Avec elle, c'est un autre monde où l'on peut perdre des heures à discuter de choses « inutiles ». De plus, Florence Malraux qui a passé les années d'Occupation à Sabadel-Lauzès connaît le Lot comme sa poche. Elle a surtout ce goût pour la littérature extrascolaire et une flamme pour les écrivains russes. En particulier, Dostoïevski et Tolstoï. C'est une révélation pour la cadette. Florence l'entraîne chez sa mère dans son appartement donnant sur le Val-de-Grâce, où les livres s'étalent un peu partout, se mélangent aux disques et à toutes sortes d'objets hétéroclites. La rencontre avec le grand homme ne se fera qu'en 1954 dans l'appartement suivant de Clara et Florence, square Albin-Cachot dans le 13e.

Aimantées par leur singularité et leur ressemblance physique (même taille, même coupe de cheveux, mêmes chaussures plates), les deux nouvelles amies sèchent allégrement les cours pour les bistrots, goûtent la tiédeur du temps et lisent tous les journaux. De quoi parle-t-on aux terrasses des cafés en cette année 1950 ? Coca-Cola arrive en France au grand dam des communistes et des viticulteurs français. Robert Merle est en tête des ventes de livres avec son premier roman, *Week-end à Zuydcoote*, qui a reçu le prix Goncourt. George Orwell et George Bernard Shaw disparaissent. La guerre de Corée commence tandis que Harry Truman ordonne la construction de la bombe H. À Hollywood, Joseph McCarthy lance la chasse aux sorcières. La télévision française programme l'émission *La Piste aux étoiles*. Fausto Coppi remporte le Paris-Roubaix et le monde de la danse pleure la mort de Vaslav Nijinski. *Autant en emporte le vent* déferle sur tous les écrans de cinéma de l'hexagone tandis que l'Annapurna est vaincu par Maurice Herzog. Pierre Mendès France critique la politique française en Indochine et Félix Leclerc chante *Le P'tit Bonheur*. *L'Observateur* sort en kiosque et c'est la naissance du premier Club Méditerranée. Robert Schuman se prononce en faveur d'une organisation européenne commune.

Encore un an, douze mois qui s'égrènent et c'est la mort d'André Gide, de Louis Jouvet. Jean Vilar crée le Théâtre national populaire, Luis Mariano entonne son « Mexico, Mexiiiiicoo » ! Raymond Queneau entre à l'Académie Goncourt, Juan Perón se fait réélire en Argentine, Winston Churchill est de retour au pouvoir, Ava Gardner épouse Frank Sinatra et Sidney Bechet enregistre *Petite fleur* qui sera l'un des hymnes des caves de Saint-Germain-des-Prés. Même si la France n'est plus une grande puissance et si son empire colonial se délite, l'époque semble à l'insouciance, les camelots y vont toujours de leurs boniments, les agents de police sont haut perchés sur des guitounes, les vitrines de Noël à la Samaritaine étincellent, Madeleine Renaud apprend le be-bop... Le temps est enfin à la consommation, à la joie, à l'insouciance. Avec une croissance économique de 5 %, les Français veulent profiter à fond de leurs congés payés et sont des milliers à partir sur la route du soleil dans leur 4 CV.

À la terrasse de la brasserie Durand, rue de Rome ou à celle du Terminus Saint-Lazare, les élèves du cours Hattemer sont toutefois lucides et bavardent avec passion des possibilités d'une future guerre mondiale et de l'importance des armes atomiques dans l'équilibre des forces. Mais Françoise y ajoute toujours sa touche d'ironie. Elle aime ces brasseries autour de la gare Saint-Lazare, l'incessant grouillement, ces passants perdus dans leurs rêves, les habitués aux mêmes relents de bière sur les mêmes banquettes de cuir marron dévorant de petits moments d'éternité.

Chaque discussion se noie dans le tumulte des autres. « Elle aimait sans cesse regarder les gens autour de nous, se souvient Michèle Plailly. Elle aimait leur supposer des professions, deviner à leur seule allure s'ils étaient mariés ou non, s'ils attendaient quelqu'un ou trompaient simplement un moment d'ennui. Elle écrivait des nouvelles et des poèmes et me les donnait à lire. Dans les nouvelles, il y avait toujours trois personnages, deux d'entre eux trompant l'autre. C'était la même atmosphère que dans ses futurs premiers romans, avec le goût de l'ennui et du soleil. »

Liliane Brett se rappelle que « son véritable QG, c'était le café Briard, rue de Clichy. Une brasserie banale aux tables rouges et aux murs tapissés de miroirs. Nous étions bien trop absorbées pour prêter attention au décor. Nous avons passé de longues heures dans cet établissement en buvant des cafés crème et en mangeant des croissants. C'était une chic fille, intelligente, ébouriffée et pas fardée. Malgré son esprit mordant, elle restait bienveillante avec toutes. Elle avait une vision très saine sur les choses ». Une autre amie se souvient des traits de caractère qui l'impressionnaient le plus chez Françoise Quoirez : la lucidité et l'esprit. « Une lucidité effrayante ! Et elle adorait offusquer les vieilles dames bourgeoises par des mots incisifs. »

Elle ne manque pas non plus de culot et d'un certain sens du mélodrame. Elle déteste ainsi aller à la piscine Molitor l'hiver, se déshabiller dans les vestiaires tièdes et, plus que tout, sa forte odeur de javel. Elle décrète donc y être allergique et chaque fois feint de s'évanouir. L'une des filles crie alors au professeur : « Mademoiselle, mademoiselle, Mademoiselle Quoirez s'est évanouie ! C'est l'eau de Javel : elle ne la supporte pas. – Mon Dieu, mon Dieu ! dit alors le professeur de natation, emmenez-la dehors. » Elle joue à la perfection son rôle. « Et youp ! on était dehors en liberté, se souviendra Françoise. Et on filait au café à côté. On buvait un Martini, comme si ç'avait été un poison violent ! »

Françoise commence bientôt son année de philosophie et a pour professeur un ex-proviseur nommé Michel Berrod. Il repère d'emblée sa vive intelligence, sa façon de comprendre la philosophie avec une optique pourtant littéraire, son éclectisme et son non-conformisme. « Je l'ai tout de suite remarquée, confiera-t-il à Guillaume Hanoteau, un journaliste et écrivain. Elle était brillante, intelligente, un peu triste, plus facilement portée vers la facilité que vers l'effort. À la philosophie pure, elle préférait la morale. » Michèle Plailly garde le souvenir d'une remise de copies après une composition à la fin du deuxième trimestre 1952. Françoise est première en philosophie, grâce à un devoir structuré et prémonitoire. « Celui qui pense, écrivait Dostoïevski au sujet d'un de ses *Possédés*, n'agit point. Il est vrai que juger est comparer plusieurs solutions et qu'agir, c'est en choisir une, par conséquent renoncer aux autres. Or ce renoncement, une réflexion approfondie le justifie rarement, et le cœur et l'esprit s'y opposent. » Le professeur nuance l'exploit : « Je suis obligé de vous donner la première place, car vous forcez un peu mon admiration. C'est très bien fait, bien écrit, mais ce n'est pas le sujet qui n'est qu'un prétexte littéraire pour vous. »

Son année de philo est surtout l'occasion de découvrir Nietzsche avec une adhésion totale et romantique pour le philosophe-poète, pour ce briseur d'icônes et pour son secret désespoir. Avec lui, l'affaire est réglée : il ne faudra définitivement plus lui parler de Dieu !

Michèle Durand se souvient de ses discussions avec Françoise alors qu'elle préparait un exposé oral sur la fidélité : « Elle me posa une question relative à Don Juan et il s'ensuivit entre nous deux, par-dessus la classe, une discussion passionnée. Je me souviens de ses fous rires. Ils nous étonnaient toutes chez cette fille aux allures garçonnières, un peu réservée. Elle avait des réflexions à l'emporte-pièce, qui jaillissaient aux moments les plus inattendus. "Prenons une feuille de papier d'épaisseur convenable", disait le professeur de physique-chimie. Et Françoise, qui semblait se réveiller, lançait très pince-sans-rire : "Il ne manquerait plus que ce ne soit pas convenable !" »

Avec Chantal de Kernavanois, la seule amie à particule, elle s'échappe vers sa piscine préférée au bord de Seine : Deligny. Françoise en aime le cadre désuet et les maîtres nageurs beaux gosses. Après la séance de bronzage, elle s'offre souvent une séance de cinéma et voit plusieurs fois *Le Diable au corps* pour les grands yeux et la douceur d'archange de Gérard Philipe. Elle aime la douce tiédeur des salles obscures, l'un des premiers bastions de sa guerre contre l'ennui. Mais c'est aussi le havre à la porte duquel elle abandonne ses fantômes.

Dans sa tête d'adolescente, elle commence à sentir le besoin d'ordonner les gestes, les sentiments, d'orienter les destins de ses personnages qui l'encombrent déjà. L'écriture est désormais une évidence, une envie dont elle est saisie, elle qui dira : « J'ai toujours pensé devenir écrivain. » L'écriture, les mots, les idées, les sensations : une grande envie créative l'anime déjà. Ses parents insistent pour qu'elle se frotte aux talents de ses contemporains et aille au théâtre. Elle applaudit *L'Ennemi* de Julien Green, *L'Alouette* de Jean Anouilh et *L'Avocat de l'homme* de Pirandello. Elle a le jugement sûr pour son âge : « L'art théâtral a toujours été et reste une des plus grandes tentations offertes aux créateurs littéraires, écrit-elle dans une dissertation. Quel plus grand désir peut, en effet, saisir un écrivain devant ces personnages que celui de faire à leurs passions livrer un être de chair, à leurs cris accorder une voix, sur leurs secrets baisser les paupières ? » Le virus théâtral ne la quittera plus.

C'est son amie Michèle Plailly qui lui fait connaître Saint-Germain-des-Prés. Elles quittent le cours Hattemer, prennent le 95, en restant debout sur la plate-forme arrière de l'autobus et descendent rue Bonaparte. « Je l'ai emmenée dans les caves et de temps en temps nous allions déjeuner à L'Épicerie, rue Saint-Benoît. Le soir nous allions au Club Saint-Germain que tenait Marc Doelnitz. » Les filles dégustent les cocktails « maison » : le Showburn, le Grizzly de l'Oural, le Green Moon ou le Flamant rose. Michèle et Françoise sont assises sur la banquette en cuir. Jungle des têtes, serpents de fumée, bas et pantalons s'enchevêtrant comme des lianes. Sur l'estrade, un orchestre se charge de secouer les corps et de troubler les esprits. Bientôt, Jacques Quoirez, qui sait ce que le mot « fête » veut vraiment dire, lui fait connaître tous les lieux mythiques.

L'âge d'or de Saint-Germain-des-Prés lui tend les bras même si elle doit attendre d'être inscrite à la Sorbonne pour en goûter tous les plaisirs. La grande histoire germanopratine commence vraiment chez Lipp, un soir où Léon Blum est injurié et Léon-Paul Fargue blessé et s'achève à La Fontaine des Quatre Saisons quand Boris Vian chante, tout de noir vêtu, et se sachant condamné. Mais, entre-temps, quelle folie douce au Tabou, à La Rose rouge, à La Rhumerie, au Vieux-Colombier, aux Deux-Magots, au Flore ? Et quels illustres animateurs que Jacques Prévert, Jean-Louis Barrault et son grenier des Grands-Augustins, Mouloudji très gamin et Juliette Gréco avec son ancien nez, Jean-Paul Sartre impérial au Flore, Maurice Baquet réinventant le violoncelle, Vadim avant Bardot, la guerre des jazz, Claude Luter et Sidney Bechet contre Miles Davis, des nuits qui ne sont pas celles de Musset, la Nuit du Vice et l'élection de Miss Poubelle, les Frères Jacques déjà en collant et Léo Ferré débutant au Quod Libet ! Georges Vitaly lance Audiberti et Schéhadé à La Huchette, Yves Robert invente le cabaret-théâtre et Prévert baptise une collection policière : « Série noire ». Quelle époque dorée que ce bouillonnement artistique et intellectuel, ces courants novateurs de la littérature, de la chanson, du théâtre ! Le charme du quartier tient à un sentiment de liberté qui emplit les poumons dès qu'on foule ses pavés à la tombée du jour.

Pour la jeune Françoise, c'est la découverte de la musique de jazz, des cigarettes, de l'alcool et des amourettes. Gourmandise et liberté au programme ! Elle goûte les vraies joies du be-bop et du slow. Elle tente d'oublier son menton en galoche et cache son front immense sous sa frange. Elle aime charmer et a une propension à rire d'un rien et de tout. Cette joyeuse école buissonnière est toutefois bien encadrée. Papa est « vieux jeu » et maman surveille sa montre. « On allait danser l'après-midi entre 5 et 7 heures du soir, le jeudi, le samedi et le dimanche, avec des galopins de dix-sept, dix-huit ans. C'était merveilleux. Après, on rentrait le plus vite qu'on pouvait en autobus avec la peur de se faire attraper parce qu'on était en retard. On arrivait tout essoufflés à 8 heures, au lieu de 6... », dit-elle. À seize ans, elle doit cependant toujours être rentrée à minuit ou à 1 heure et dire avec qui elle est, même si Jacques Quoirez lui sert parfois de chaperon.

Certains journalistes ont été tentés de voir en Jacques et Françoise des émules des *Enfants terribles* de Cocteau. Même si leur relation est tendrement complice, il n'y entre pas l'avidité et la sensualité des héros du roman de 1929. Point de chambre refuge où ils seraient libres de leur destin, libres d'explorer sans entraves leur univers imaginaire. Françoise a une vie harmonieuse, sans révolte ni angoisse existentielle. Sa manière de vivre au quotidien n'est pas si transgressive. Certes elle déteste les conflits et, par une sorte de paresse et d'indifférence, a le chic pour les éviter. Elle est plus instinctive que rationnelle et laisse ses émotions la guider.

À force de sécher les cours, le travail personnel de Françoise et Florence s'en ressent. Mais elles préfèrent rester des heures aux terrasses des cafés, à se gaver de croque-monsieur, à parler des hommes, de l'art, de la vie, en se demandant de temps à autre si elles ne sont pas prétentieuses (pour décider, en général, qu'elles ne le sont pas, mais ont simplement « soif de comprendre » – elles adorent le mot « soif »). Leur amitié est déjà pleine et entière, avec ses règles implicites : quand l'une d'elles ressent une pointe de jalousie à l'égard de l'autre, elle le dit sur le mode de la plaisanterie, de la jérémiade ou bien carrément. L'évoquer la dédramatise, la banalise. Leurs incessantes discussions les font avancer dans le même sens : celui d'une liberté sans contrainte.

Il faut toutefois affronter l'inévitable examen du bachot, divisé alors en deux parties. La première année, au mois de juillet, les candidats passent le français, les langues et les sciences, tandis que l'année suivante est consacrée à la philosophie et aux autres matières. Pour être admis aux oraux, il faut obtenir la moyenne aux écrits. Les élèves recalés ont la possibilité de se représenter en octobre, à la fameuse session de rattrapage qui cumule toutes les angoisses ultimes. C'est le cas de l'élève Françoise Quoirez qui a pourtant décroché un 17 sur 20 en français avec ce beau sujet : « En quoi la tragédie ressemble-t-elle à la vie ? » Les épreuves écrites sont réussies mais la barrière des épreuves orales se révèle catastrophique. Avec sa paresse innée, elle n'a pas trop travaillé et offre à l'examinatrice d'anglais une scène digne du Grand Guignol lorsqu'on l'interroge sur une tragédie de Shakespeare. Elle se livre à une pantomime endiablée pour lui décrire Macbeth, la menace avec un poignard, marche d'un air sinistre autour de sa chaise comme dans les ruines du château de Glamis, y grimpe d'un bond et égorge devant elle des enfants innocents. La pauvre femme terrifiée et stupéfaite devant ce numéro concède un piètre 3 sur 20.

Ayant raté sa session de juillet, Françoise est obligée de passer par la case « Boîte à bachot » à l'institut Maintenon, rue Michel-Ange. « Tu ne l'as pas volé », lui lance sa mère dans un de ces accès de morale et d'équité qui l'envahissent régulièrement tous les six mois. Même son père semble soudain abruptement autoritaire. Elle se retrouve donc, prête à purger sa peine, dans un féroce et pieux établissement où des demoiselles disparates sont supposées lui transmettre, en un mois, des connaissances repoussées depuis un an. Elle y est rejointe heureusement par son amie Solange Pinton qui note déjà son jeu des plaisirs interdits : « Elle voulait jouer les grandes personnes et gardait dans sa chambre une bouteille de scotch pour boire en cachette. »

Françoise s'y fait aussi une amie pour la vie en la personne de Véronique Campion, dite Vérinoque. C'est une belle fille blonde au visage généreux, issue de la grande bourgeoisie du Nord. Sa mère n'aime pas trop Françoise, lui reprochant un air déluré et n'apprécie guère qu'elle fume en douce des Chesterfield. Les deux filles se surnomment « Plick » et « Plock », les lutins d'une bande dessinée de Christophe, l'auteur de *La Famille Fenouillard* et du *Sapeur Camember*. Autre comparse de bachotage : une amusante brune, Anne Baudoin, qui fera finalement les Beaux-Arts et note : « Sa personnalité était séduisante, beaucoup d'esprit et d'ironie. Elle avait un sens de la repartie inimitable. J'ai tout de suite été sous le charme. » Françoise gardera un souvenir ennuyeux de ce travail estival pour récolter le fruit de ses efforts et connaît par cœur les migrations qui mènent les filles de Passy à la Muette, de la honte à l'exaspération, du pas au galop, car elle suit tout son groupe de loin, du plus loin possible. Et la surveillante finit par la siffler pour qu'elle avance, ce qui la fait accélérer en trottinant, telle la brebis rejoignant son troupeau. Une sauvage envie de révolte loge alors au plus profond d'elle.

Françoise décroche en tout cas son deuxième bachot en octobre 1952. Bac en poche, elle s'inscrit à la Sorbonne pour son année de propédeutique, en sachant que Florence Malraux et Véronique Campion ont choisi la même filière. Être en « propé » lettres-philo ne lui pèse pas. Elle impressionne ses camarades par son dédain pour l'étude, sa liberté intellectuelle et morale. Une année d'indépendance et de flânerie commence, entrecoupée de lectures et d'écriture, sans trop de soucier des convenances. Dommage qu'elle n'assiste pas aux exposés du linguiste Ferdinand Brunot ni à l'ultime année d'enseignement de Maurice Merleau-Ponty !

Il est vrai qu'à la Sorbonne, c'est déjà la pagaille. On ne peut entrer au cours parce que c'est bondé : « On ne pouvait pas prendre de notes tellement il y avait de monde, on ne pouvait rien faire », plaide Françoise. « On allait en amphithéâtre quand on avait envie. La faculté était synonyme de fête, nous étions assez occupées à faire la tournée des boîtes de nuit », se souvient Anne Baudouin. Et, comble de joie, Françoise retrouve deux amis de l'époque de Saint-Marcellin : Bruno Morel et Louis Neyton, qui vit entre Grenoble et Paris. À cette petite bande se joint un jeune décorateur, Noël Dummollard.

Les filles se lèvent tard et se rejoignent rue Gay-Lussac où un café-tabac qui leur sert de QG. Elles y passent toujours un moment avant de se rendre au Bar Vert (10, rue Jacob) où l'on boit du lait frais, à La Rhumerie en raison de son punch martiniquais, au club du Vieux-Colombier où joue l'orchestre d'André Reveilloty. Alcools forts et nuits sans sommeil au programme. Avec les étapes obligatoires : Le Méphisto, Le Tabou. Descendre au Méphisto en sortant du Tabou, retrouver le Purgatoire après l'Enfer, ces deux opérations présentent bien des points communs. On rencontre au Méphisto les mêmes personnes qu'au Tabou ; mais dans le premier on peut bavarder, danser et s'asseoir, dans le second on hurle, on s'extirpe et on s'effondre.

Au mythique Tabou, cinq types soufflent dans des tubes en métal, cognent sur des peaux ou achèvent de mutiler un piano échappé à de précédentes représailles. Des chemises, à carreaux ou sans, dans ou sur le pantalon, des souliers de toile caoutchoutée modèle baskets rythment les pas. Tous les soirs, en permanence une cour des miracles ou une tour de Babel, au choix ! Françoise et Florence se fraient un chemin dans la masse, Bruno et Louis jouent de la force du poignet. Parfois, la musique s'arrête et l'on aperçoit les deux muses de l'endroit : Anne-Marie Cazalis et Juliette Gréco. La rousse et la brune traînent derrière leurs pantalons noirs un bataillon de reporters-photographes. Tous les soirs, on brûle des centaines de flashes dans la cave aux murs suintants de la rue Dauphine.

Françoise fume nonchalamment, boit fiévreusement et flirte sans remords. Louis Neyton, à la carrure de rugbyman, l'entraîne dans sa Peugeot blanche au bois de Boulogne puis la ramène boulevard Malesherbes. Il repart sur Grenoble. Dix jours plus tard, il reçoit, en réponse à un petit mot qu'il lui a envoyé, une lettre de Françoise qui ressemble furieusement à une déclaration d'amour : « Depuis ton départ, j'erre dans Paris comme une âme en peine. Notre dernière soirée était trop heureuse ou trop triste, si triste, à la fin. Je me rappelle ton visage, un peu indistinct, les arbres noirs et les coups de fusil sinistres dans la nuit. Il ne faut pas nous oublier. D'ailleurs, je n'y pense pas. Tu es drôlement coiffé, tu as les yeux presque jaunes, tu es beau, tu t'appelles Louis, tu es inoubliable[1]... »

Bientôt le corps musclé de Louis lui manque et ils s'écrivent deux fois par semaine. A-t-elle perdu sa virginité avec lui ? Rien ne permet de l'affirmer mais la correspondance des deux tourtereaux est très affectueuse. Elle l'appelle « Chéri », « Mon chéri » et lui avoue : « Si nous n'avions pas banni ce mot comme imprudent, je te dirais que je t'aime. » Elle soupçonne toutefois que le véritable amour se déploie dans des vertiges plus abrupts et passionnés que leur tendre tiédeur.

C'est la fin de l'année universitaire. Françoise échoue évidemment à son examen de propédeutique. C'est presque un soulagement, même si elle sait qu'il n'y aura pas de session de rattrapage. En ce début d'été 1953, la famille Quoirez part pour Hossegor à la villa Loïla. Elle les accompagne car elle aime les plages fouettées par l'air de l'océan, les grandes étendues de sable. Au Pays basque, le rituel de la vie de famille la fait se baigner à 11 heures, lire ou jouer au bridge avec ses parents vers 14 heures, une courte sieste obligatoire et l'on se rebaigne à 17 pour prendre l'apéritif à 19.

Il reste une photo en noir et blanc au papier jauni des vacances de cet été-là où elle paraît étonnamment pensive. À tous les siens qui l'interrogent sur son avenir, elle a une réponse toute prête : elle écrit un roman. L'alibi à sa paresse semble parfait. N'a-t-elle pas entamé sur un petit cahier bleu un commencement de récit ? Mais à force de mentir, elle va se prendre au jeu. Sans doute veut-elle se

---

1. Cité par Jean-Claude Lamy, *Sagan*, Mercure de France, 2004.

prouver à elle-même qu'elle vaut quelque chose... On peut appeler cela indifféremment ambition ou vocation. Ne rêve-t-elle pas secrètement de gloire, de réussite et de succès ? Ainsi, quand son père rentre au début du mois d'août sur Paris, elle décide de l'accompagner. Et si elle profitait de cet été pour écrire ce roman sur lequel on la questionne avec insistance ? Le défi est tentant. Banco !

Comme Paris est calme et beau en ce mois d'août ! Elle se lève vers 9 heures, va en robe de chambre chercher des croissants et, pendant le trajet de retour, ne croise que des autobus vides et des célibataires mal rasés. Le boulevard est désert, les feuilles des marronniers sont sèches et craquantes sous les pas, l'appartement silencieux. Les tapis sont roulés, la maison sent la naphtaline. Les hautes moulures silencieuses, la poussière prisonnière des rais du soleil, les miroirs Empire voilés par la pénombre lui répètent inlassablement sa solitude. La force qu'elle porte, il lui faut maintenant la dépenser, l'accomplir à tout prix. Elle entre vraiment dans l'aventure avec la conviction de son encre bleue. Elle ne sait pas encore quel en sera le dénouement. « Je m'y suis mise, dira-t-elle, c'est tout ! »

Elle ne possède qu'un personnage, Cécile, la narratrice. Celle-là ne lui jouera pas de tours. Mais Anne est plus difficile à saisir. Françoise n'est pas de ces écrivains à l'œil curieux d'entomologiste qui piquent des observations sur leurs carnets de notes comme un papillon sur un bouchon. Néanmoins, elle commence à écrire. D'emblée, le ton est posé. À mesure que le récit progresse, l'euphorie prend le pas sur l'inquiétude. Et, miraculeusement, tout s'ordonne. Les idées viennent. Les deux heures d'écriture quotidiennes sont fécondes. Elle ne souffre même pas. Au contraire, elle éprouve un soulagement toujours renouvelé. Elle s'autorise même tout ce que les professeurs de la Sorbonne blâment : au lieu de chasser les adjectifs et les adverbes en « ment », elle accumule les premiers par brochettes de trois et les seconds par deux. Son chant naît de ce flottement entre des mots très proches. Si elle resserrait sa maille, si elle choisissait, elle priverait ses personnages de la formidable liberté qu'elle leur offre ; elle les briderait. Mais là, non, elle tricote une langue de cachemire souple et doux pour des êtres immatures et gracieux, souvent blessés, en mal d'amour.

Que décrit-elle ? Une villa magnifique, l'été brûlant, la Méditerranée toute proche. Elle s'y attarde un peu mais elle sait déjà qu'il ne s'agit pour elle que de planter le décor. C'est l'été de ses dix-sept ans pour Cécile, qui vient d'échouer au baccalauréat et profite de ses vacances azuréennes avec son père Raymond et sa maîtresse Elsa. Raymond, veuf d'une quarantaine d'années et volage, a également invité Anne Larsen, une styliste séduisante, intelligente et autoritaire. Très vite, il tombe sous le charme de son hôte et délaisse Elsa. De son côté, Cécile vit une parfaite idylle avec Cyril, un étudiant en droit en vacances dans la région, avec qui elle découvre la sexualité. Anne voit d'un mauvais œil cette relation et décide de prendre en main l'avenir de cette gamine en congédiant le petit ami et en l'obligeant à travailler son examen. Cécile, qui jusqu'ici avait bénéficié d'une grande liberté, considère alors Anne comme une menace et décide, sans aucun atermoiement, de monter un plan qui va s'avérer machiavélique...

L'univers de la jeune fille se déploie, les demi-teintes apparaissent, le style est sobre, elliptique, une justesse psychologique s'impose. Elle ne s'attarde pas, elle va à l'essentiel. L'histoire est contée avec une remarquable économie de moyens. C'est un récit à la fois instinctif et roué, usant de la sensualité et de l'innocence à parts égales. Ce roman respire l'aisance, le naturel et toute l'habileté inconsciente que donnent la fin de l'enfance et les premières brûlures de l'adolescence.

Deux mois et demi plus tard, elle écrit les quatre dernières lignes mythiques : « Je répète ce nom très bas et très longtemps dans le noir. Quelque chose monte alors en moi que j'accueille par son nom, les yeux fermés : Bonjour Tristesse. »

À la fin de cet été 1953, le premier jet est terminé, il ne reste plus qu'à le peaufiner et à faire taper les cent soixante-dix pages manuscrites parce que cela fait « plus propre ». Se doute-t-elle un seul instant que ce roman va faire le tour du monde, devenir l'un des grands best-sellers de l'après-guerre et faire d'elle la vibrante icône dont l'anticonformisme délicieusement scandaleux et le mode de vie solaire vont incarner les rêves de plusieurs générations ? La deuxième moitié du XXe siècle débute. Elle sera à l'image de l'adolescente de *Bonjour Tristesse*, déchirée entre le remords et le culte du plaisir.

3

COUP DE GRISOU

Bonjour Tristesse est un excellent livre. À dix-huit ans, Françoise commence sa carrière par ce petit chef-d'œuvre que la critique ne cessera de lui demander ; elle est un véritable écrivain. Son roman raconte une histoire simple, en demi-teinte, avec des personnages de leur temps, c'est-à-dire déjà de l'après-sartrisme : désinvoltes, légers et mélancoliques, libres de leurs corps. Elle impose d'emblée sa tonalité et une maîtrise psychologique incontestable. Il y a surtout ce plaisir, ce bonheur d'écrire et c'est là que réside toute la virtuosité de Sagan.

Dès les premières lignes, le lecteur sait que l'histoire finira mal et que la douleur va s'immiscer dans ces vacances pourtant annoncées comme idylliques. La catastrophe rôde. Françoise a une prescience de la vie suffisante pour créer ce rôle de père léger, veule et veuf aux prises avec deux femmes inégalement immorales. Elle possède déjà des dons de romancière assez affirmés pour mener à bien le développement, dans l'esprit de son héroïne, d'un double sentiment déchiré qui la pousse à séparer son père d'une femme trop sévère à son gré, dont elle aime pourtant la noblesse. Elle façonne surtout une narratrice à la voix déchirante, une adolescente, aussi nantie qu'insatisfaite, qui découvre le plaisir sexuel sans être amoureuse, dans un savant mélange de perversité et d'innocence, qui va inévitablement faire scandale.

Cette brève histoire de jalousie et de vengeance a le mérite d'être parfaitement ficelée. Sagan nous conduit insidieusement là où elle l'a prémédité et termine avec un certain panache son intrigue, en distillant une semi-tension tout du long. Grâce à un style fluide et évocateur, son art de la formule et un art précis de la mise en scène, ses chapitres défilent comme des tableaux élégants : farniente sur la plage, cigarettes fumées sur les terrasses ou encore sorties dans les clubs et casinos de la Riviera. Ses héros sont d'une remarquable présence et placés sous le signe de l'ambiguïté d'affects réalistes et denses, superbement argumentés et solidement étayés ; soutenus par des phrases courtes. Elle enflamme l'imagination par des paradoxes à chaque page : soleil/nuit, tristesse/amour, mépris/bonheur, jalousie/douceur, amertume/violence feutrée, affection/compagnie, solitude/argent facile, etc.

Elle fait entendre une voix originale et envoûtante où tremble une émotion que d'heureuses métaphores libèrent en un éclair : la solitude, « une soie énervante et douce ». Bonjour tristesse, bonjour ennui, bonjour désarroi, c'est la même chose : des variantes à bonjour solitude. Tout passe, tout lasse, tout casse en s'émiettant, et dans cette fuite des mots, des sentiments, des hasards, des ombres, la narratrice reste là, seule, frileuse, faisant un signe à la mort comme si elle faisait un serment au deuil éternel.

Florence Malraux est évidemment sa première lectrice. Elle lit le manuscrit d'une traite et lui téléphone à 2 heures du matin, trop excitée pour attendre le petit jour. « Eh bien, je te savais douée. Mais là, tu m'épates. C'est tout simplement formidable. Ton écriture est juste. C'est comme une musique. Parfaitement juste ! Ma vieille, tu es un écrivain ! » Véronique Campion est au diapason : « Françoise, chapeau ! Tout est calibré, ponctué de mots justes. » Les filles ne tarissent pas d'éloges. Il faut maintenant dresser un plan de bataille. Françoise ignore tout du monde de l'édition. Vers qui donc se tourner ? Florence pense évidemment à sa mère, elle-même romancière. Mais Clara Malraux lit le texte d'un œil distrait et, un rien peau de vache, fait remarquer que c'est plein de fautes de frappe.

Florence tente vainement d'intéresser l'un de ses amis, François Nourissier, qui a publié son premier roman et vient d'entrer chez Denoël. Il faut la rencontre par hasard en octobre 1953 aux Studios de Boulogne, avec le metteur en scène Jacqueline Audry, que connaît Florence Malraux, pour que Françoise ose lui parler de son manuscrit. Jacqueline l'invite à dîner avec sa sœur Colette. Colette Audry est professeur de lettres et écrit dans *Les Temps modernes*. Elle lit fiévreusement le manuscrit, tombe sous le charme et formule un souhait précis : que l'auteur modifie un peu la fin et la rende plus énigmatique ! La mort d'Anne est-elle un accident de voiture, un suicide ? Il faut laisser le lecteur dans l'expectative et mieux immiscer la douleur dans l'histoire. Françoise, reconnaissante, approuve, suit ses indications et retouche son texte.

Il est temps de passer à l'épreuve suivante : se soumettre à l'avis d'une grande maison d'édition et là, les conseils avisés de Colette Audry sont les bienvenus. Elle remarque avec pertinence :

— Chez Gallimard, tu risques d'attendre longtemps avant d'être lue. Il y a Flammarion, Calmann-Lévy, Albin Michel.

— Ce sont des maisons un peu tristes, rétorque Françoise instinctivement.

— Grasset ? lance Colette.

— Je leur en veux. Ils ont refusé Proust, se rangeant définitivement du côté des écrivains.

Finalement elles décident de commencer par Julliard et Plon.

À la vérité, plusieurs raisons les font opter pour le premier. D'abord, il est le plus accessible et c'est lui qui publie la revue *Les Temps modernes* dans laquelle écrit Colette Audry. Ensuite, c'est le plus audacieux des grands éditeurs d'après-guerre et celui qui vient de récolter huit prix en huit ans dont trois Goncourt. De ses débuts, en 1922, à la création de la maison d'édition qui porte son nom, René Julliard n'a cessé d'œuvrer pour les lettres. Son installation rue de l'Université lui permet de développer encore davantage son action. Il lit beaucoup, découvre de jeunes auteurs (Georges Arnaud, Jean-Louis Curtis, Maurice Druon, Françoise Mallet-Joris, Françoise d'Eaubonne). Il sait conserver le don rare de l'enthousiasme. Il aime les contacts directs avec l'écrivain parce qu'il les sait nécessaires. Et, s'il a organisé sa maison de telle façon qu'une des règles essentielles en soit la rapidité de choix et d'exécution, il y maintient une atmosphère personnelle et humaine d'une vraie qualité. C'est un grand seigneur et un sacré bonhomme.

Quatre mille manuscrits arrivent ainsi chaque année au 34, rue de l'Université dans le 7e arrondissement. Ces manuscrits subissent plusieurs filtrages successifs. Ils sont tout d'abord confiés à des « lecteurs », puis à un « comité de lecture », formé de cinq membres, qui en éliminent environ trois mille huit cents. Restent en course deux cents textes qui constitueront les livres de chevet de René Julliard. Il les aura tous lus lui-même car il décide de tout en dernier ressort. Il lit la nuit depuis l'âge de quinze ans. Et Marco, son valet de chambre, n'est pas surpris de le découvrir le matin, dans son fauteuil, un récit sur les genoux. Les futurs auteurs trouvent en lui un lecteur pertinent. Son regard sait être à la fois d'une acuité presque insoutenable et d'une infinie douceur. C'est en effet celui d'un homme curieux jusqu'à l'avidité, impatient de toutes les découvertes, mais aussi préoccupé de sans cesse rassurer, aider, protéger. Sa voix grave, modulée, sans que le ton s'élève jamais, peut être aussi bien persuasive, autoritaire, prévenante, rigoureuse, affectueuse. À coup sûr l'éditeur qu'il faut pour Françoise.

Le 6 janvier 1954, une toute jeune fille timide cherchant à se perdre en un vaste imperméable, la mèche barrant déjà le front, yeux rêveurs, long nez perspicace, bouche hésitant entre la moue et la gourmandise, pénètre dans l'immeuble de la rive gauche. Elle dépose chez Julliard un des deux paquets qu'elle a sous le bras. Marie-Louise Guibal, la préposée à l'accueil, est frappée par sa jeunesse. Sur le papier marron, d'une grande écriture : « Françoise Quoirez – 167, boulevard Malesherbes – Carnot 59-81 – née le 21 juin 1935. » C'est télégraphique et efficace.

Vingt minutes plus tard, elle laisse l'autre paquet dans le 6ᵉ arrondissement dans un vieil hôtel de la rue Garancière : les éditions Plon. *Alea jacta est.* Le soir même, Pierre Javet, directeur littéraire de Julliard, étonné par l'âge de l'auteur, commence à lire le manuscrit. Vingt pages : il est conquis. Le reste tient magnifiquement la route. Il signale immédiatement l'ouvrage à René Julliard, en lui recommandant de le faire lire en priorité à François Le Grix. Celui-ci est le lecteur le plus austère de la maison. Le lendemain matin, ce dernier dépose pourtant un rapport enthousiaste : « C'est un roman où la vie coule comme de source, dont la psychologie, pour osée qu'elle soit, demeure infaillible car ses cinq personnages, Raymond (le père), Cécile (la fille), Anne (qui va mourir), Elsa (la petite amie du père), Cyril (le petit ami de la fille), sont fortement typés et nous ne les oublierons pas. » Il termine par ces mots : « Aucune fausse note. »

Ce soir-là, René Julliard rentre d'un dîner mondain en se hâtant pour lire le manuscrit de cette gamine de dix-huit ans. Minuit. Il s'installe dans un fauteuil de sa chambre. Une heure plus tard, il a achevé *Bonjour Tristesse*. Le coup de foudre. Il marche de long en large, se rassoit, relit quelques pages, fait quelques corrections. 4 heures du matin, il ne parvient pas à dormir. Une heure se passe, il décroche son téléphone, obsédé par la vision cauchemardesque d'un autre éditeur ayant pris rendez-vous la veille : « Allô ! les télégrammes téléphonés ? » Il dicte : « Oui, Quoirez, avec un z. Vous attends sans faute dans mon bureau à 11 heures. Signé René Julliard. »

À 11 heures, personne au rendez-vous. La romancière en herbe a posé un lapin. Comment est-ce possible ? L'éditeur est près de se résigner. Gallimard ou Grasset, quelqu'un a sans doute déjà le contrat en poche (et, de fait, Michel Déon, lecteur chez Plon, a déjà rédigé une note de lecture enthousiaste, mais le directeur littéraire, Charles Orengo, va réagir trop tard). Il fait tout de même une dernière tentative téléphonique. C'est Julia avec son accent chantant qui lui répond :

— Impossible de déranger Mademoiselle avant 2 heures de l'après-midi, dit-elle sans la moindre ironie.

René Julliard s'impatiente et se présente. Insensible à la littérature, Julia campe sur ses positions jusqu'à ce que Françoise, réveillée, accepte d'une voix que le sommeil rend plus bafouillante encore que d'habitude un rendez-vous pour 17 heures.

Nantie de Florence Malraux et de Véronique Campion, ayant avalé un bon cognac pour se donner de l'assurance,

Coup de grisou

Françoise Quoirez utilise la Buick de son père pour être à l'heure à la convocation. « Pendant le trajet, raconte Florence Malraux, elle était à la fois étonnée et sûre d'elle-même, de son succès à venir. Elle prévoyait déjà d'acheter une Jaguar avec l'argent du livre. » Il pleut quand les jeunes filles se garent rue de l'Université. Florence embrasse son amie, Véronique croise les doigts et toutes deux partent vers un café pour l'attendre. Un soupçon d'inquiétude saisit Françoise en montant l'escalier qui n'a rien d'un échafaud. Elle salue une secrétaire et s'avance un peu livide. Le grand bureau blanc, la luxueuse bibliothèque l'impressionnent un peu. René Julliard la prie de s'asseoir dans un vaste fauteuil et commence à procéder à une sorte d'examen clinique.

Nous aimerions bien être là dans ce bureau feutré, en ce début de l'année 1954, pour assister à l'interrogatoire mené par le « commissaire » Julliard. Physiquement, il fait penser à une mante religieuse. Il développe un long corps maigre, désarticulé. Jambes et bras, pour être plus libres de se déployer, semblent à peine liés au corps. Les mains s'étirent en pinces mais on ne voit que ses gros yeux qui brillent derrière des lunettes à forte monture. Le regard, raide et lourd, fixe la jeune fille comme s'il voulait l'hypnotiser. Le personnage incarne à la perfection la possession envoûtante et enveloppante. Il jauge son futur auteur de best-sellers, son un mètre soixante-cinq, ses cinquante kilos. De fait, sa proie un peu perplexe n'en mène pas large, avec des yeux désespérés d'épagneul.

— Racontez-moi, présentez-vous...

Alors elle raconte tout en vrac : Cajarc... Saint-Marcellin... la famille... ses vacances... ses premières expériences. Au fur et à mesure de son récit, l'étonnement se peint sur le visage de son interlocuteur.

— Ainsi, rien, rien d'autobiographique dans votre récit ?

— Rien. Sinon qu'il s'agit d'une jeune fille de mon âge avec laquelle j'ai certains goûts communs.

Julliard est rassuré. Il a donc devant lui une authentique romancière, un talent naissant. Elle le conforte : « J'aime écrire. J'aime le roman. Écrire un roman, c'est faire un mensonge. Or j'adore mentir. J'ai toujours un peu menti ! » Il affiche un sourire unique, mi-ironique et mi-extasié. Il aime la modestie et l'authenticité de son interlocutrice. Il est sensible à son mélange d'innocence et de maturité. Il décèle chez elle un certain narcissisme et une soif paradoxale de reconnaissance. Il est surtout séduit par sa fragilité et sa force. Ils restent trois heures, trois longues heures à faire connaissance. « Non, mes parents n'ont pas lu ce bouquin, déclare-t-elle. Mon père a autre chose à faire. Quant à ma mère, je ne pense pas qu'elle serait emballée. » Comme elle est naturelle cette conversation entre l'éditeur-pygmalion et l'enfant prodige ! René Julliard n'a ni la nervosité, ni la brutalité ni les foucades d'un Bernard Grasset. « C'était un homme charmant, dira Françoise. Il aimait le livre et il y croyait. »

« Vous êtes mineure, il me faut l'autorisation de votre père », précise Julliard. Françoise, très sûre d'elle-même, réplique : « Il ne me refuse jamais rien. » Il la croit sur parole. On finit par parler des conditions du contrat et un à-valoir de cinquante mille francs lui est proposé. Un pactole ! Elle touchera huit pour cent du prix de l'ouvrage en droits d'auteur.

Nantie du premier argent gagné de sa vie, Françoise quitte Julliard sur un petit nuage avec déjà un rendez-vous pour le surlendemain. Elle n'a qu'une hâte : retrouver ses amies aux Deux-Magots pour leur montrer son magot à elle : un chèque, certes libellé au nom de son père, mais de cinquante mille francs. Elle va être éditée, elle va être riche et célèbre. Tout cela est génial ! Et s'il vous plaît, monsieur le serveur, laissez donc la bouteille de whisky sur la table !

Elle rentre quasi enivrée boulevard Malesherbes et, devant un père un peu interloqué, lance les formules magiques de « Je suis un écrivain », « Je vais être éditée », « Papa doit signer mon contrat », « Mon livre va sortir »... Les mots se bousculent dans sa bouche d'oracle. Ses parents ne bronchent pas trop et n'y croient guère. Pourtant, son père accepte sans la moindre réserve d'apposer sa signature sur le contrat. Un élément la trouble tout de même. René Julliard lui a fait part de son souhait de ne pas utiliser le nom de Quoirez sur la couverture, craignant que le manque d'éclat du patronyme à consonance un peu ingrate puisse desservir le livre. Mais quel nom de plume choisir alors ?

Françoise se plonge donc dans Proust et ouvre au hasard les volumes de *À la recherche du temps perdu*. Quel nom pourrait faire l'affaire ? Ambresac ? Argencourt ? Baveno ? Borodino ? Cambremer ? Deltour ? Guermantes ? Lambresac ? Morienval ? Norpois ? Elle tombe bientôt sur la princesse de Sagan, l'ancienne épouse de Boni de Castellane, remariée à Hélie de Talleyrand-Périgord, prince de Sagan, que l'on appelait la Sagante. Sagan ? Françoise Sagan ? Oui, cela sonne bien, cela claque ! Elle remercie son cher Proust et adopte Sagan sur-le-champ. Avec l'aval de son père, elle signe son contrat le 21 janvier 1954.

René Julliard, quant à lui, passe par d'autres affres. Quel titre donner à son roman ? Ses collaborateurs hésitent entre *Bonjour Tristesse* et *Bonsoir Tristesse*. Lui dit toujours que le titre d'un livre peut être aussi important que son contenu. Il dit ici que le *Bonsoir...*, à déjà l'entendre, insuffle au lecteur le sentiment qu'on a terminé le livre avant même de le lire. Bonsoir, on dort déjà. Bonsoir équivaut à du somnifère. En revanche, le clair Bonjour indique l'éveil, la curiosité joyeuse, le mouvement vers la vie, le *commencement*. Avec lui, Tristesse vous arrive comme une amie. C'est donc *Bonjour Tristesse* qui est finalement choisi.

Le métier d'éditeur est, on le sait, l'un des plus délicats qui soient. Il y faut la science du financier, l'autorité du chef d'entreprise, l'astuce de l'épicier, la folie du parieur et, par-dessus tout, le flair des grands chasseurs. Quel tirage prévoir donc au départ pour ce premier roman ? Cinq mille exemplaires, sept mille, huit mille ? René Julliard croit faire un coup d'audace en optant pour huit mille. Il est aussi frémissant pour ce coup de Bourse que pour le choix du bandeau. Il le choisit rouge avec le visage de la romancière et ce slogan explicite : « Le Diable au cœur », référence évidente au best-seller de Raymond Radiguet. La campagne commerciale va s'appuyer sur cette filiation supposée.

Février et début mars se passent pour Françoise dans une douce euphorie, teintée néanmoins d'une certaine inquiétude. La facilité avec laquelle elle a franchi en quelques semaines les étapes éditoriales que tant d'autres ne franchissent jamais lui communique cependant une confiance galvanisante. Le 15 mars 1954, *Bonjour Tristesse* arrive déjà dans les librairies. Le roman s'ouvre évidemment par les vers d'Eluard qui ont inspiré le titre. Quel est le texte de quatrième de couverture choisi et longuement poli par Julliard ? « Un homme de quarante ans, charmant, léger, aux aventures faciles et nombreuses, et sa fille de dix-sept ans, forment un couple inséparable de camarades. Ils vivent dans la plus grande liberté, une amoralité parfaite, une insouciance totale, jusqu'au jour où, plus dangereuse que toutes les habituelles « passantes », une femme survient... Belle, envoûtante, un peu mystérieuse, Anne, qui fut la meilleure amie de la mère de Cécile, va vouloir enchaîner l'homme volage et préserver la jeune fille d'une dépravation certaine. Devant cette menace, Cécile avec un machiavélisme à la fois innocent et pervers provoque la rupture, la catastrophe... Le danger est écarté, mais un nouveau visage hantera désormais l'adolescente : celui de la tristesse.

Écrit par une jeune fille de dix-huit ans, ce roman, poétique et ensorcelant, révèle un talent exceptionnel. »

Françoise ne résiste pas à faire le tour des librairies parisiennes pour voir physiquement son livre dans les rayons. Dans l'une d'elles, elle prend son courage à deux mains et demande à la vendeuse ce que vaut ce roman-là, *Bonjour Tristesse*, en évidence parmi les nouveautés. La réponse ne la rassure guère : « C'est une petite dévergondée qui raconte des histoires dégoûtantes ! » Elle a pourtant choisi un magasin boulevard Saint-Germain et non La Procure, place Saint-Sulpice. L'aspect scandaleux est-il la seule chose qui vaille la peine d'être soulignée ? Elle ne bronche pas et achète le livre, d'un regard insolent de défi.

Le début de la promotion prend aussi une note burlesque. « Je plongeai dans la célébrité avec un goût du comique qui, je crois, m'aida beaucoup à éviter les plus funestes écueils de cette célébrité, dont ce fameux "coup de grisou" supposé intoxiquer les âmes les plus fortes », dira-t-elle. Le premier à l'interviewer est un demi-bègue qui réveille illico chez elle la demi-bègue qui y sommeille. « Et qu'est-ce qui-qui vous a poussée vers la litté-litté-littérature ? » demande péniblement son interlocuteur. Réponse de l'intéressée : « Vraiment, je-je-je n'en-n'en connais pas l'o-l'o-l'origine... » Quand enfin il part, la laissant épuisée, elle trouve sa mère pleurant de rire dans le grand salon, avec cet air de souffrance épuisé que donnent

les fous rires trop longtemps retenus. Le journaliste suivant a l'idée de l'emmener se faire photographier dans les lieux mythiques de Saint-Germain-des-Prés. Il affronte d'abord Pierre Quoirez dans l'escalier. Présentations. Il lance :
— Je vous enlève votre fille !
— Je le permets à une condition, monsieur.
— Laquelle ?
— Ne la ramenez jamais, réplique d'un ton théâtral le père de l'auteur.

Pendant trois semaines, hormis quelques articles, il ne se passe rien. Puis soudain des commandes affluent. Ce sont d'abord des libraires de Bordeaux, de Bayonne, de Biarritz, qui veulent de nouveaux volumes. Des librairies qui vendent normalement vingt titres par ouvrage courant réclament un réassort de deux cents, voire trois cents *Bonjour Tristesse*. Julliard lance un retirage de dix mille. Mais les presses ne se sont pas arrêtées de tourner que le virus gagne le centre de la France, puis l'est et le sud. De partout, des grossistes impatients ne se résignent pas à attendre les délais normaux et harcèlent Sequana, le distributeur de Julliard. La vague soulevée dans le Midi gagne Paris puis toute la France. Le livre trône en piles chez tous les libraires, à la devanture des vitrines : c'est un succès évident.

Dans *Paris-Match*, Michel Déon le premier lance : « Une romancière de classe est née, peut-être une nouvelle Colette à en juger par les qualités précoces de l'œuvre. » Il a du nez et va presque tomber amoureux de la romancière (nous y reviendrons). Dans *Combat*, Paul-André Lesort reconnaît : « Son roman est bref, bien troussé, écrit dans un langage précis et net où les incorrections et les adjectifs passe-partout, quand il s'en trouve, ne sont pas apparents, où les réflexions et les dialogues sont empreints parfois d'un humour savoureux, sans aucune de ces incertitudes, aucun de ces échecs ou de ces soudaines beautés qu'on découvre dans celui de certains débutants qui semblent avoir toujours trop à dire. Françoise Sagan n'a pas trop à dire. Elle sait parfaitement ce qu'elle veut. » Quelques journaux titrent : « Une jeune fille qui ressemble à Gigi publie un roman frais et cynique. » Un autre s'exclame : « C'est Radiguet en jupons », un troisième note : « un genre de petit moine... avec de grands yeux languides à la Audrey Hepburn... ». *Paris-Parade* annonce « une fameuse bombe vient de péter dans la République des Lettres ».

René Fallet dans *Le Canard enchaîné* donne bien l'atmosphère de l'accueil de ce livre : « Les trompettes de la renommée ont déjà entonné un *Alléluia* en forme de *Tiger Rag* aux oreilles de la petite Françoise Sagan. Cet aimable – ah si vous aviez vu sa photo ! – tendron qui n'a pas encore arrosé ses dix-neuf ans a écrit la plus troublante, la plus talentueuse des histoires. La littérature féminine, on sait que je ne l'aborde qu'avec une moue généralement désolée. La gosse Françoise Sagan m'a laissé béat, pantois et c'est sportivement que je m'incline devant *Bonjour Tristesse*, exact pendant féminin, parfaite réplique du *Diable au corps*. Le parallèle est aisé, et la publicité s'en est déjà emparée. Pour une fois, la publicité est dans son droit. Pesant mes mots au pèse-lettre, je déclare Raymond Radiguet et Françoise Sagan unis par les liens du mariage. »

Bientôt, en lettres immenses, sous des portraits pleins de fraîcheur, la presse parle d'elle, toujours en jupons, évoquant Cocteau, Verlaine ou Byron. Elle est à la fois Colette et Mitsou. La gloire naissante l'écartèle entre George Sand et Martine Carol. Impavide devant ces moules réducteurs, elle tente d'échapper à ce tapage, d'autant que la romancière en herbe reçoit nombre de lettres d'injures : « Mes parents supportaient plus ou moins les échos de ma gloire et regardaient cette boule de neige se transformer en une avalanche à laquelle je me sentais incapable d'échapper », note-t-elle dans *Derrière l'épaule*. Le pire est à ses yeux de lire les propos qu'on lui prête dans les gazettes et qui dépassent, ou font reculer, même dans la gentillesse, les bornes de la sottise. Julliard hausse les épaules, mais Françoise ne s'habitue – pas encore – aux procédés expéditifs de la presse qui l'épingle : « Françoise Sagan, héroïne d'une jeunesse désabusée à laquelle le whisky est d'un grand secours pour remplir le vide de l'existence... », « Françoise Sagan petite fille toute simple gagne des millions mais a peur la nuit. » Ou bien : « Avec un devoir de vacances, elle devient milliardaire. » Ou, plus agaçant : « Son fiancé est furieux, il déteste la publicité ! »

L'émanation la plus autorisée et la plus complète de la critique littéraire française, quinze hommes de tous âges et de toutes tendances, réputés pour leur sévérité, lui décerne le prix des Critiques le 24 mai – avec huit voix contre six à Audiberti. Ce trophée la jette définitivement en pâture aux journalistes avides. Certains lui arrachent des bribes de conversation lors de la remise de sa distinction. Entre un « joli, joli » et un « flûte, flûte », on distingue quelques formules qui font l'affaire : « Je ne comprends pas ce qui m'arrive », « l'argent est fait pour être dépensé », « c'est un conte de fées », « ce que je veux dans la vie, c'est être protégée et surtout ne pas connaître de complications... ».

Quand elle a proféré deux ou trois paroles définitives sur Dieu, l'amour, les petits Chinois, l'interlocuteur repu la laisse tranquille et s'en va, de par la ville, répéter gravement ce qu'il a entendu. Jacques Robert qui l'observe note : « Imaginez Daniel Gélin fille, un genre de petit moine qui vous file des regards en dessous, perçants et veloutés, tout à la fois à vous donner des envies de vous débiner, tellement ils sont perspicaces, ces regards ! »

François Mauriac applaudit ce choix à la une du *Figaro* le lendemain, en qualifiant son auteur de « charmant petit monstre », insistant toutefois sur la cruauté et la férocité lucide du texte, et sur l'insensibilité de son héroïne et ne se privant pas d'un laïus moralisateur, évoquant *Les Amitiés particulières* ou *Les Liaisons dangereuses*. De fait, Mauriac s'excuse presque d'écrire son nom, aspergeant d'eau bénite les lecteurs qui se demandent gravement s'il n'a pas signé un pacte avec Méphisto. La réaction de Françoise ne se fait pas attendre :

« C'est inespéré qu'il ait pris mon petit livre tellement au sérieux. Je ne m'attendais pas du tout à ce fracas. Personnellement, je n'en pense rien ; vous savez, en général, ça ne m'amuse pas ce qu'il dit, Mauriac. Il aime beaucoup s'indigner. C'est de son âge. D'ailleurs, il a raison de le faire puisqu'il a du talent dans l'indignation. Il en veut à mon livre, sans doute parce que la notion de péché n'y existe pas. Comme si la vie n'était pas assez compliquée comme ça ! Ceci dit je n'ai pas l'intention de répondre à son article, d'une part parce que j'estime que c'est au jury du prix à répondre, puisqu'il est au fond plus visé que moi ; d'autre part parce que c'est une excellente affaire : vous pensez bien que les 500 000 lecteurs de Mauriac s'empresseront de lire un livre aussi scandaleux. » Mais Mauriac ne pouvait-il pas se montrer hostile au cynisme de l'héroïne et à la permissivité de l'histoire ?

Aux yeux de la presse de l'époque, le sujet est évidemment sulfureux, l'écriture provocante et sans tabou. Sagan prône des idées libertines dans lesquelles seul le plaisir individuel compte. La femme n'est plus cantonnée à son rôle d'épouse et de mère soumise, elle est ici objet de désir et de jouissance. C'est elle qui tient les rênes, qui décide à qui elle se donne, sans jamais se départir de sa liberté. Le roman de cette jeune fille de bon aloi choque une France à la morale corsetée, scandalisée de ce que Cécile, l'héroïne, découvre le plaisir avec un jeune homme sans se marier et sans se retrouver enceinte.

« Pour moi, dira Sagan, le vrai scandale dans cette histoire c'était qu'un personnage puisse amener par inconscience, par égoïsme, quelqu'un à se tuer. » N'empêche, il n'est pas banal qu'une si jeune fille affirme avec autant d'assurance sa volonté à disposer à sa guise de son corps, anticipant ce que sera plus tard la révolution sexuelle des années 1960. C'est la représentation de l'émancipation tranquille de toute une jeunesse qui, sans illusion, entérine la faillite des adultes, de leur monde et de leurs valeurs, se dépouille des préjugés et des conventions, privilégie l'hédonisme, pensant que rechercher le plaisir, jouir de la fête, s'en tenir aux aventures sans complications inutiles, justifie l'existence. Ses plus jeunes lectrices ne s'y trompent pas, qui dévorent ce manifeste générationnel en cachette.

Les magazines se passionnent pour Françoise Sagan, trouvant dans cette mince silhouette de jeune fille matière à créer l'un de ses nouveaux monstres dont elle a sans cesse besoin, parce qu'ils meurent aussi rapidement qu'ils naissent : une vedette. Le mythe est vite créé, consistant en une jeune fille de bonne famille, benoîtement perverse, intelligente, sans agressivité, qui a écrit le roman que toutes les jeunes filles modernes ont envie d'écrire et qui rencontre le succès, la gloire et la fortune. Le cocktail est tentant, d'autant plus que chaque génération a besoin de se sentir incarnée par un héros. *Bonjour Tristesse* donne ce sentiment que ce roman nous fait voir la manière de penser, d'aimer, d'agir de la jeunesse contemporaine. Le ton Sagan colle à l'époque. Cette résignation mélancolique à des plaisirs parfois imparfaits, ce nihilisme, sans emphase ni plainte ne sont pas les attributs de *toute* une génération, mais peuvent être observés chez un grand nombre de jeunes. Disques de jazz, chansons de Queneau ou de Prévert, films de James Dean, tout cela répond à un besoin assez douloureux d'oublier, de s'oublier, de rythmer et masquer une vie à laquelle on ne croit plus guère. Le succès que le roman connaît atteste à lui seul de l'acuité du regard porté par l'auteur sur ses jeunes contemporains.

De fait, ce livre s'inscrit dans un contexte culturel et sociétal où la notion d'adolescence n'est ni si précise ni si commentée qu'aujourd'hui. La narratrice de *Bonjour Tristesse* rencontre un si fort écho en ce sens qu'elle est presque un archétype. Elle incarne la première génération à bénéficier du regain économique d'après-guerre, la première génération libre de poursuivre les études de son choix, la première génération surtout à banaliser les relations sexuelles avant le mariage et à ne plus être corsetée. Elle revendique le péché et effraie parce qu'elle prétend en même temps l'ignorer. La vague émergente veut prendre le pouvoir. Être reconnue, accéder aux responsabilités et à l'autonomie. S'affranchir du regard condescendant des aînés, quelles que soient les tentatives maladroites pour s'imposer aux yeux du monde. Avec une pugnace soif d'exister.

D'autant que la jeune fille selon Sagan réagit en garçonne. Souveraine de son instinct et de ses goûts, actrice de sa propre comédie, elle annonce elle-même la couleur – la couleur du début comme la couleur de la fin, l'éblouissement comme la lassitude, le rouge de la véhémence comme le noir des pavillons que l'on baisse. Mettons notre masque pour faire bonne figure, et rendons nos chagrins muets. Sans le savoir, Françoise Sagan est en train d'apporter sa contribution à une révolution sociologique. Avec l'arrivée prochaine de Brigitte Bardot, façonnée par Roger Vadim, exposant ses charmes impudiquement, l'émancipation de la femme est en route sans que Simone de Beauvoir ait à rougir de cette aide qu'elle n'a pas recherchée. De fait, Françoise a lu les deux volumes du *Deuxième Sexe* et les idées qu'elle y a trouvées n'ont fait que conforter sa propre vision du monde.

Trente mille exemplaires sont atteints le 1er mai, quatre-vingt mille en septembre, cent mille en octobre, deux cent mille à Noël. En septembre 1955, Julliard peut faire imprimer sur la bande du livre : « 350 000 ». Quelques mois plus tard, c'est plus du double : six cent cinquante mille. Le monde entier n'est pas en reste. Le 25 février 1955, l'éditeur américain E. P. Dutton tire dix mille exemplaires de *Bonjour Tristesse*. Les ventes s'envolent et les retirages se multiplient. Un an plus tard la vente atteint le seuil symbolique d'un million d'exemplaires. « Mademoiselle Tristesse » passionne la presse américaine. Dès le mois d'octobre, Hollywood veut négocier les droits d'adaptation cinématographique. Le livre est bientôt traduit en seize langues.

À Londres, le *Sunday Express* consacre quatre colonnes louangeuses à Françoise Sagan. Le *Daily Mail* titre « Une jeune fille fait fortune en scandalisant Paris » et le critique Simon Ward fait mouche en terminant son article : « Elle a le mot *Sexe* gravé dans le cerveau. » Tous les quotidiens étrangers s'intéressent à son cas.

Toutes les grandes plumes de l'époque sont interrogées sur le triomphe de ce roman et délivrent leur diagnostic sur cette inattendue fièvre « saganesque ». Félicien Marceau estime que « Si Françoise Sagan a rencontré un tel succès, c'est qu'elle a frappé une certaine sensibilité contemporaine. Pour la première fois, dans la littérature, elle a abordé l'étude d'un monde oublié par les romanciers. Celui des gens riches. Je ne dis pas celui de la bourgeoisie, par respect pour elle. Je fais allusion à cette classe "d'intermédiaires" que l'on rencontre d'ordinaire au Fouquet's et sur la Côte d'Azur. (...) Ce milieu est capital. Balzac s'y serait sûrement attaqué. » Dans l'hebdomadaire *L'Information*, Hervé Bazin voit plusieurs raisons à son succès : « 1. Son âge : est-elle pucelle ? N'est-elle pas pucelle ? 2. Elle ne bouscule rien. La bourgeoisie s'encanaille en toute quiétude. 3. Elle s'adresse à la bourgeoisie qui s'abandonne avec l'espoir de jouir de son fric jusqu'au déluge. » Et de s'interroger : « Tenons-nous là une héritière du génie impur de Colette ? S'agit-il seulement d'une étoile filante, rayant le ciel – assez vide – de l'année ? »

Jacques Chardonne est le plus inspiré : « J'ai lu cette semaine le roman de Françoise Sagan. Cette jeune fille est de bonne famille, la famille des grands écrivains. Cela ne trompe pas, cela se voit comme la couleur des yeux, le grain de la peau : cela fait bondir le cœur. Le talent est une chose unique, en tout point excellente, rayonnante, vive, vierge. (...) C'est un miracle. Et peut-être qu'en littérature, il n'y a que des miracles. Des livres écrits par des anges, tombés du ciel, qui n'ont l'air de rien, qui ne sont pas beaucoup meilleurs que les autres et qui sont tout de suite adoptés (*La Princesse de Clèves*, *Manon*, *Le Diable au corps*). Si *Bonjour Tristesse* est l'un de ceux-là, peut-on discerner ce qui a touché tant de lecteurs ? Peut-être le talent, une fois par hasard. C'est un roman qui ressemble au visage de l'auteur : jeune visage, sans âge. »

Lorsqu'elle reçoit les journalistes, Françoise Sagan joue la carte de la modestie. Denis Bourdet qui vient la portraiturer chez ses parents pour *La Revue de Paris*, note : « Elle circule avec une adresse silencieuse de chatte, entre les sièges capitonnés de satin jaune ou vert d'eau, et enfin se blottit sur un divan de velours rouge. Alors, elle devient ravissante, fixant sur son interlocuteur un regard expectatif d'ironie qui inquiète même si elle le tempère parfois d'un regard d'indulgence. Regard mélancolique aussi, d'une sagacité désabusée comme par une longue vie d'expérience, regard d'une profondeur insolite dans l'irrégularité des traits encore marqués d'enfance... »

Dans *Elle*, Françoise Giroud nous la décrit : « La jeune fille que je connais semble fragile, avec un petit museau sensible et cet air à la fois frileux et malicieux des chiots de race quand ils sont tout petits et qu'ils ont en même temps peur et envie de jouer. Par instants, elle paraît beaucoup plus que son âge, lorsque ses épaules ploient et qu'elle se renfrogne. Alors ses traits deviennent flous et tristes. Elle parle d'une voix menue, avec une élocution détestable qui engloutit la moitié de ses phrases. Et c'est dommage, car elle est aiguë et vive dans la repartie. »

Le mensuel *Réalités* tente de percer à jour sa véritable personnalité, en convoquant une graphologue et un morphopsychologue sur le cas Sagan. Que révèle son écriture ? « Une personnalité éprise de liberté, qui fuit toute forme d'emprisonnement. Un être qui connaît la légèreté et la profondeur, suivant son inspiration autant dans l'action que dans sa relation aux autres. Elle s'élance, provoque puis s'évade et ne donne jamais prise. » Et l'experte de noter le tracé délicat du graphisme. « L'espérance, l'enthousiasme sont indiqués par des lignes montantes permanentes. Mais le concret lui fait particulièrement défaut. L'écriture ne tient pas sa ligne et s'envole avec légèreté. La signature fait ressortir Françoise dont la taille est plus grande que Sagan. » Est-ce sa volonté d'affirmer son identité personnelle ?

Son visage – bien particulier – respire lui aussi l'originalité. La romancière est rangée d'office dans la catégorie « Obstinée dépressive ». « Son ovale tend nettement vers l'amenuisement, avec un étage moyen et un étage supérieur plus grands que l'étage inférieur. La cérébralité l'emporte sur l'instinctivité. Son front proéminent montre bien son obstination et un esprit spéculatif. » Et l'analyste de souligner des sourcils fournis, rapprochés des yeux horizontaux, et rapprochés de la racine du nez : signe, selon lui, d'énergie, de réflexion, de volonté, de concentration et de résolution. Il note également un œil droit plus écarté de la racine du nez que celui de gauche : tendance à la dépression et bonne imagination intellectuelle ». Suit aussi dans ses observations un nez, long, large à la racine, large à la base qui dénote une forte personnalité, une affectivité spiritualisée. Enfin la bouche mal dessinée, étroite et de travers, est typique d'une personnalité inhibée, à l'ironie mordante. Le menton pointu ajoute une touche finale : finesse et ruse complètent le tableau.

Matthieu Galey qui vient l'interviewer aux Deux-Magots pour *Arts* la croque dans son journal intime le 3 juin 1954 : « Petite fille, avec des yeux ronds, sombres, elle fait à peine ses dix-huit ans. Moins dure et pointue que son livre, mais elle y ressemble par sa grâce et son sérieux d'enfant. Voix sèche et rapide : elle parle presque *illisible*. Elle se dit ulcérée de tout le bruit qu'on fait autour de son nom et trouve la gent littéraire *assommante et abrutie*. Elle prétend qu'elle abandonnerait toute ambition littéraire pour un grand amour partagé. C'est une lymphatique, avec la tête sur les épaules Très intelligente, elle devrait bien se débrouiller dans la vie, l'air de ne pas y toucher. »

Michel Déon, toujours aussi sensible au charme de la jeune fille, lui, se rend à Hossegor en juillet 1954, où Françoise passe une partie de l'été avec ses parents pour dresser son portrait dans *Paris-Match*. Il arrive chez elle sur une petite bête de sang, noire et rugissante, abaisse la capote de sa voiture de sport, et assène autour de lui des regards comme des coups de lance, le fer en avant et la hampe horizontale. Sa robustesse, sa santé et son hâle sautent aux yeux. Il a un côté vagabond un peu esthète, un peu ricaneur, trop ébloui par les mirages de l'amour.

D'emblée, elle aime son charme viril et son goût des Craven A. Ils passent ensemble quelques jours charmants. « Quand elle n'est pas au volant de sa voiture, elle marche les mains dans les poches de son blue-jean, ou se brûle au soleil de la plage. Le soir, elle retrouve quelques amis, va jouer à la boule où elle a de la chance, et danse souvent tard dans la nuit au Bar basque. C'est sa seule distraction avec des disques qu'elle a tous emportés », écrit-il dans l'hebdomadaire. En secret, il lui confie qu'il va publier sous le pseudonyme de Michel Férou un roman osé, *Plaisirs*, dont il lui promet qu'elle sera la première lectrice. Elle lui avoue qu'elle a déjà commencé un nouveau livre et qu'elle hésite entre trois titres *Solitude aux hanches étroites*, *Les Paupières coupées* ou *Ceux privés d'ombre*. Leur complicité se tisse de tels secrets. En gage d'amitié, elle lui offre un de ses petits poèmes qu'elle fera mettre en musique l'année suivante par Michel Magne pour Mouloudji :

> *Ce cœur aphone et sourd*
> *Comme un vieux roi sans sceptre*
> *Lui pardonnera-t-il, me pardonnera-t-il,*
> *Ou devra-t-il sans cesse*
> *Pauvre âme, pauvre âne,*
> *Qu'aucun bât ne blesse,*
> *Rechercher sur les pierres, les lèvres et les berges*
> *Les doux-amers chardons de sa faiblesse ?*

Michel Déon est touché par l'intériorité de la jeune romancière, par la pénétration intelligente de toutes ses réflexions, par sa presque gravité morale et ses fragilités. Dans son récit rétrospectif, *Bagages pour Vancouver*, il reste très pudique à son sujet : « Le succès ne lui tournait pas la tête et ne la lui tourna jamais. (...) Ce qui troublait en elle – à part son intelligent regard ombré de longs cils noirs, sa timidité et un fil sur la langue –, c'était une certaine façon de parler en fourrageant dans son épaisse tignasse blonde comme pour s'excuser d'avancer quelque chose qui lui paraissait pure évidence et ne le devenait pourtant qu'après qu'elle l'eut dit – ce qui troublait chez cette jeune fille de dix-huit ans, c'est que simplement, elle avait tout lu et beaucoup compris. Non qu'elle l'étalât, bien au contraire, car elle se dérobait quand on la provoquait sur ce terrain, mais à un mot, une citation, quelques vers murmurés en s'effrayant elle-même de tant d'impudeur et d'impolitesse, on devinait que l'enfant si douée, mûrie dans les livres, ouvrait une fenêtre sur la vie et disait à la fois son plaisir d'exister et sa tristesse que tout ne fût pas exactement comme elle l'avait souhaité et rêvé. »

Un flirt se noue entre eux. Il a trente-cinq ans et elle tout juste dix-neuf. Elle ira le rejoindre discrètement dans son appartement de la rue Férou, à son retour des Landes. « Il avait de la présence, se souvient Véronique Campion. Il y avait dans ce garçon au visage à la fois plein et aigu, paisible et alerte, une sérénité, une aisance charmeuse. Ils avaient en commun le goût de la littérature. Leur histoire épisodique a duré un an. » Ces deux-là vont vraiment être des prêtres du soleil, elle à Saint-Tropez, lui sous les cieux portugais ou grecs. Ils vont se bronzer l'âme et vont vocaliser avec un talent sans pareil la tendresse moderne et la triomphante inquiétude amoureuse. Il lui dédiera en 1956 son livre *Les Trompeuses Espérances,* une histoire où le désir entre pour beaucoup. Elle inscrira sur la page de garde : « Il a su décrire merveilleusement le grand espoir des trompés et le grand désespoir de ceux qui trompent. » Il restera toujours discret sur elle. Quant aux romans de Sagan, il regrettera publiquement qu'elle cantonne ses personnages dans des métiers conventionnels et un milieu trop artificiel.

« Nous nous voyions plus qu'épisodiquement, séparés par les distances et des vies différentes, mais je n'ouvrais jamais un de ses nouveaux livres sans retrouver au détour d'une page une de ces notations qui appellent à la complicité des amis, même si le reste du roman intéressait peu. On entendait sa voix, une voix qui n'appartenait qu'à elle et qu'aucun de ses nombreux émules ne réussit à imiter. » Et qui sait si, en 1973, l'envie furieuse de Françoise Sagan de filer à l'anglaise et de partir vivre sous les ciels brouillés d'Irlande n'était-elle pas une tentative affectueuse pour renouer avec ce complice de sa jeunesse ?

Mais que fait Françoise de tout cet argent qui se déverse sur elle ? Son père lui a montré la voie de la prodigalité : « À ton âge, il vaut mieux le jeter par les fenêtres. » Elle achète chez l'ex-coureur Roger Loyer une Jaguar XK 140 pour mieux klaxonner sa renommée. Elle est noire, intérieur beige, mais d'occasion. Elle la paie cash un million trois cent mille francs avec un chèque de Julliard et l'accompagne d'un manteau de panthère chez le fourreur Max Leroi, avenue Matignon. Elle se rappellera longtemps le craquement du cuir quand elle s'assied dans l'habitacle, le claquement vif de la portière, la caresse du volant entre ses doigts pâles. Puis l'explosion du moteur lorsqu'elle met le contact et tous ces spectateurs muets d'admiration sur le trottoir quand le moteur vrombit comme ces machines modernes du salon des Arts ménagers.

Bientôt elle échange sa Jaguar pour un modèle neuf, couleur noire mais intérieur crème cette fois. Prix de cette petite folie : trois millions cinq cent mille francs. Elle finit par fondre pour une voiture de sport, une Gordini 24 S 3 litres qui atteint sur la route 240 kilomètres à l'heure : « La voiture décollait comme un avion, dit-elle avec ravissement, ce que c'était bon ! » On la croit sur parole quand elle relate ses exploits à la radio : « Mon frère au volant de sa Jaguar, et moi au volant de ma Gordini, nous nous rendons place Saint-Sulpice. À plus de cent à l'heure, nous nous lançons l'un contre l'autre et nous freinons au dernier moment. » Comme le remarque l'une des nièces de Sagan : « Son frère Jacques n'était en rien un garde-fou. Lui aussi avait la passion des voitures de sport, allant même jusqu'à choisir un prototype de Lamborghini. Françoise paya cash ! Le fait qu'ils pouvaient posséder ces bolides qu'ils affectionnaient les rapprochait davantage. »

Le cinéaste Alexandre Astruc a raconté à Gohier-Marvier une anecdote révélatrice[1] : « Un jour j'étais monté dans sa Gordini qu'elle venait de recevoir. Nous roulions sur la route de Saint-Tropez à Sainte-Maxime. Soudain, sur la bande d'asphalte au relief incertain qui se glisse entre les hauts rochers bruns et rouges, au-dessus de la mer, Françoise se mit à accélérer. Nous atteignîmes bientôt le 150, puis le 180, puis le 200. J'étais plutôt affolé. Je devais faire appel à tout mon orgueil pour ne pas lui crier de ralentir. Elle s'arrêta enfin. Elle était un peu pâle. Elle se tourna vers moi et me dit en souriant, comme pour s'excuser : "Tout ça, c'est bien de la connerie !" »

Foncer au volant de sa Jaguar ou de sa Gordini n'est jamais qu'un prétexte à éprouver des sensations un peu aiguës. Provoquer le danger, frôler volontairement la mort : ce précipité de peur et de griserie qu'elle respire à pleins poumons, le volant contre la poitrine. L'accident terrible sera pour 1957. Mais la légende de Sagan se construit déjà dans cet attrait de la vitesse et des voitures de sport, symboles de son triomphe. Chacun ses dieux et chacun ses refuges. Elle entre dans la ronde infernale de

---

1. Goyer-Marvier, *Bonjour Françoise*, Le Grand Damier, 1957.

la célébrité avec cette passion pour les bolides. Les autres éléments indispensables de sa panoplie sublime seront à tout jamais le whisky, les boîtes de nuit, le jeu, la fête perpétuelle et Saint-Tropez, les cinq étant souvent associés. Nous y reviendrons.

De fait, le mythe Sagan est né en cette année 1954 et la jeune femme timide au sourire tristounet devient la vedette la plus photographiée de France. Les millions de Sagan, les voitures de Sagan, les fourrures de Sagan, la bande à Sagan, les bons mots de Sagan : en quelques mois elle devient une vraie star qui « brûle sa vie ». C'est le premier écrivain français auquel la presse grand public porte un tel intérêt. Avant elle, on ne voit guère que Colette ; Colette et Sagan témoignent de l'émergence d'une nouvelle catégorie d'écrivains dont les aventures, les gestes finissent par compter plus encore que ce qu'ils ont à dire. La célébrité accroît certes le nombre des acheteurs mais s'avère dangereuse tant elle influence le regard des lecteurs. D'emblée le roman est scruté à l'aune de la gloire, dès les premières lignes, il est catalogué, presque étiqueté.

De fait, la vitalité, la vivacité de *Bonjour Tristesse* donne le coup d'envoi à une époque neuve, destinée à se distraire, à claquer du fric. Le style de vie de Françoise Sagan devient le prototype de l'adolescente hédoniste. Sa légèreté, sa désinvolture, sa panoplie de comportements semblent d'une tonalité euphorique mais choquante. Les journalistes prennent un malin plaisir à souligner que, lorsqu'elle sort avec ses amies, elle paie toujours l'addition, que ses poches sont pleines de billets, qu'on trouve chez elle en vrac dans sa commode des piles de coupures. Comme le remarquera dans la revue *Arts* Bernard Frank, qui va bientôt entrer en scène : « Ce qui choqua vite chez elle, les mois passant, ce fut sa façon de se comporter avec l'argent. L'argent de l'écrivain est maudit. La bourgeoisie dans son ensemble en est restée au mythe de *La Vie de bohème*. L'écrivain doit vivre sur une branche, d'eau fraîche et d'esprit. On se scandalisa que cette demoiselle eût le mode de vie idéal d'un milliardaire : maison de campagne, grands restaurants, voitures de course, croisières, palaces. On eût compris qu'elle investît sa fortune en des placements sûrs : blanchisseries, terres, valeurs, snack-bar. Mais qu'elle brûlât l'argent sans avoir l'air d'y toucher mit en rage les partisans du sérieux. D'où la fascination qu'elle exerce et cette sorte d'horreur qu'elle provoque. »

Contrainte de cocktails en premières de théâtre, Françoise Sagan avance modestement, bredouille des propos inintelligibles, comme si elle se traînait à l'abattoir et tout le monde tombe sous le charme. L'auteur dramatique Pierre Barillet se souvient ainsi : « C'est lors d'une réception chez un décorateur suisse que je l'ai vue pour la première fois, à peine éclose de sa chrysalide. Fendant la foule des invités pour aller, telle Jeanne d'Arc au Dauphin, se jeter aux pieds de Marlene Dietrich, sans un mot, écrasée d'humilité, elle avait baisé l'ourlet de la robe de la star[1]. » À un vernissage, Georges Belmont note : « Ses yeux ne perdaient rien, pas une miette du spectacle, et rendaient ironie pour ironie, goguenardise pour goguenardise. Mais Dieu, déjà aussi, qu'elle était seule. »

Peut-être pour s'éloigner de la fureur parisienne et de ses tentations déjà trop médiatisées, Françoise accepte l'idée d'Hélène Gordon-Lazareff, la patronne du magazine *Elle*, qui lui demande en cet été 1954 une série d'articles intitulés avec facilité *Bonjour Naples, Bonjour Capri, Bonjour Venise*.

Le 27 septembre 1954, elle débarque à Naples et remarque d'emblée la beauté des Napolitains. Elle trouve

---

1. Pierre Barillet, *À la ville comme à la scène*, De Fallois, 2004.

les rues débordantes, gaies, s'amuse des petits métiers, du linge aux fenêtres et note que « l'on aimerait avoir toujours vécu à Naples, habité une de ces maisons jaunes, tout escalier et balcon dehors, quelque chose qui vous invite à vous asseoir au soleil, à voler des fruits, à parler des heures entières d'un incident minime ». Arrivée à Capri, elle souligne l'absolue nécessité de fuir la foule. Elle prend très vite le rythme de l'île : elle se baigne le matin dans une mer toujours chaude, goûte le soleil brûlant, déguste des langoustes à peine pêchées, boit café sur café et finit la nuit au Number Two où un pianiste blond lui tape dans l'œil.

Elle dédaigne la grotte bleue, la maison d'Axel Munthe et celle de Malaparte et apprécie que Capri soit vraiment une île où le téléphone marche mal, le courrier arrive tard, les rendez-vous ne sont jamais sérieux, les gens jamais désagréables. « Tout y est fait pour le plaisir. Et si ce parti pris est un peu gênant au début et un peu vulgaire, on s'y habitue vite. » C'est si doux qu'elle demande à Florence Malraux de la rejoindre dans ce farniente. Le soir, elles prennent place à la véranda d'un *ristorante* ; à leurs pieds, les barques ; d'autres dont elles n'aperçoivent que les lampes, pêchent en mer. Elles boivent du barbera, se délectent de fruits de mer en regardant porter les poissons. Il fait sombre et chaud, on entend la mer sans la voir. Françoise observe les mégots des cigarettes décrire en l'air une courbe de feu et s'éteindre soudainement lorsqu'ils touchent l'eau.

Puis, début octobre, départ pour Venise dont elle aime les couleurs : « Venise est grise, par ses pigeons et ses pierres, verte par ses canaux, rose par leurs reflets conjugués. » Elle cherche les ombres de Casanova, prend son apéritif au Florian, boude le vaporetto, imagine mille fêtes nocturnes et termine par : « Enfin, il faut quitter Venise par avion le soir. La lagune est rouge et noire, incendiée par le soleil. L'eau est grise et bleue, elle travaille très doucement, ronge le sable, grain par grain. Venise y repose, confiante, en sa beauté. » De ces impressions hâtives, elle impose une plume fraîche qui capture des petits détails croqués et à peine esquissés de façon fluide, cruelle et douce à la fois, même si elle ne recule cependant devant aucun poncif.

L'expérience est si agréable qu'*Elle* lui commande illico presto un autre reportage d'« envoyée spéciale » en novembre 1954 : « Je découvre Jérusalem et Bethléem. » Escortée du photographe de presse Philippe Charpentier, âgé de vingt-quatre ans, elle part à bord d'une Plymouth pour un périple qui doit la mener de Jérusalem à Bagdad, via Damas. De fait, l'exotisme des lieux la laisse vite indifférente, même si elle passe beaucoup de temps dans les souks. Elle remarque surtout l'effrayante misère et le laisser-aller. « Impossible de savoir grand-chose sur le jeune Israël », plaide-t-elle aussi. Son texte est expéditif, et elle accorde davantage d'attention au beau photographe avec qui elle est tentée de filer le parfait amour, le trouvant « zinzin et tendre ». Il conduit comme un jeune fou la vieille Plymouth et les enfants dépenaillés suivent la voiture brinquebalante sur les cahots poussiéreux. Il immortalise les petits ânes fourbus, les vieillards assis à l'ombre d'un cèdre. Elle note la douceur de sa nuque d'homme, sa silhouette se découpant sur la mer, son profil perdu dans la nuit.

Retour à Paris et passage obligatoire par la case promotion. Philippe Charpentier appelle Régine Zylberberg qui anime la boîte le Whisky à gogo, rue de Beaujolais. Le photographe pense que Françoise devrait aimer le décor de bouteilles de whisky et de tissu à carreaux. L'éternelle animatrice des nuits se souvient : « J'avais vingt-quatre ans. Elle en avait cinq de moins... Elle m'a embrassée en courant d'air, comme elle embrassait tout le monde. Je la revois descendant l'escalier, un petit air mélancolique, s'installant au bar. Talons plats, pantalons à carreaux, pull-over clair. Nous avons eu notre premier fou rire. Un fou rire qui allait durer toute la vie. Elle parlait très vite, était visiblement très timide, voulait se planquer au fond de la salle pour que, surtout, personne ne la voie :

— J'aimerais bien pouvoir venir ici tout le temps, pour y être tranquille, sans photographes...

— Il n'y aura des photographes que si tu le veux, et surtout quand tu le veux.

— C'est vrai, mais il y a bien des interviews que je serai obligée de donner... si tu es d'accord, je les ferais bien toutes ici... »

Et Régine de noter : « L'heure de l'ouverture du Whisky à gogo dépendait désormais de celle des interviews de Françoise. » Régine garde des souvenirs très intimes de ses liens avec Sagan : « Nous allions déjeuner chez Lipp ou au Café de Flore, nous parlions pendant des heures, écoutions de la musique, et, comme Françoise détestait les salons de beauté, nous faisions un soin tous les quinze jours à la maison. Je jouais à l'esthéticienne et Suzon, ma gouvernante, nous contemplait en se marrant. Nous plaisantions beaucoup sur tout, sur rien, mais surtout sur nous. Je faisais venir mon coiffeur pour accentuer sa blondeur, je la maquillais... Une fois le tout terminé, Françoise se plantait devant le miroir, un peu dubitative, elle appelait Suzon qui décrétait : "Ça ne vous va pas bien du tout." Françoise sautait de son siège, se passait la tête sous l'eau, jetait à l'égout les kilos de fond de teint et de fards avec lesquels je l'avais tartinée et se barrait les lèvres d'un rouge à lèvres très, mais alors, très, très rouge. Malicieuse. Finalement, c'est le seul maquillage qu'elle tolérait[1]. »

---

1. Régine Zylberberg, *À toi Lionel, mon fils...*, Flammarion, 2010.

Coup de grisou

Dans l'un[1] de ses quatre livres autobiographiques, Régine confesse un aspect plus secret de Françoise : « Françoise a eu les amants et les maris qu'on lui connaît. Ils ont tous eu de l'importance. Nous parlions beaucoup ensemble de nos conquêtes, coups de cœur et aventures mais toujours avec beaucoup de pudeur et de respect. En pointillé… En revanche, la discrète et néanmoins très efficace attraction qu'elle exerçait sur les femmes n'a jamais cessé de me fasciner. Souvent, elle me disait, comme une boutade, un cri de guerre ou une pirouette amusée : "S'ils savaient qu'en même temps je flirte avec leur sœur…" »

Et Régine de confier : « Longtemps, Françoise m'a fait la cour, on s'adorait et je crois que si j'avais eu le moindre désir saphique, je n'aurais pas hésité une seconde. Je lui avais promis d'ailleurs que si l'envie me prenait, elle serait la première ! Nous avons connu une incommensurable histoire d'amitié amoureuse et cérébrale, même si elle ne comprenait pas qu'une aventure avec elle aurait peut-être signifié la fin de quelque chose. Pour elle, l'amour était un jeu, elle ne prenait pas ça forcément au sérieux, sauf lorsqu'elle était profondément amoureuse… »

Bientôt, la jeune romancière part à Megève avec un groupe d'amis dans le vague espoir de travailler à son nouveau roman, mais un câble d'Yvette Bessis, l'attachée de presse de Julliard, vient déranger son joyeux séjour de neige : « Prière rentrer Paris d'urgence pour interview magazine *Life*. Journalistes spécialisés déplacés, présence indispensable. »

Elle répond aussi sec : « Suis en vacances. Inutile de gagner de l'argent si impossible de le dépenser ! » Cette jolie formule fera le tour de Paris, reprise même par son éditeur pour illustrer le caractère libre et insolent de son prodige d'écrivain.

---

1. Régine, *Moi, mes histoires*, Éditions du Rocher, 2006.

Françoise Sagan

René Julliard en personne sonne toutefois la fin de la récréation. « J'avais dix-neuf ans, je faisais ce qu'on me disait, et l'on me dit d'aller en Amérique, pour montrer ce charmant petit monstre dont avait parlé François Mauriac, dira-t-elle. Mon livre avait fait un foin terrible. On m'avait convaincu d'aller là-bas démontrer que l'auteur de *Bonjour Tristesse* n'était pas une vieille dame à cheveux gris, ni un héroïque et sournois collaborateur des éditions Julliard. » C'est l'époque où elle croit volontiers à ce qu'on lui dit être indispensable. L'Amérique a succombé au charme mystérieux de son livre, et jamais depuis Saint-Exupéry, les Américains n'ont manifesté un tel engouement pour un écrivain français. *So, let's go !*

4

DES VAGUES À L'ÂME

Bien que rien ne l'effraie, le voyage en Amérique est tout de même long et elle hésite à l'entreprendre seule. Le programme annoncé est très copieux. Elle demande à sa sœur Suzanne de l'accompagner, qui laisse à Paris son mari Jacques et ses filles, Cécile et Fanny. Celle-ci emprunte quelques robes chez Jacques Fath, Françoise s'offre un tailleur prince-de-galles chez Balmain. En ce mois d'avril 1955, elles prennent toutes les deux à Orly le *Constellation* d'Air France qui traverse l'Atlantique en dix-sept heures, en passant par le pôle Nord, avec escale obligatoire à Terre-Neuve. Elles font aux États-Unis une arrivée style *Dolce Vita*, des douzaines de paparazzi les attendent de pied ferme à l'aéroport. C'est l'aube, il fait froid, mais la vedette n'a pas la langue dans sa poche. Elle est encore sur l'échelle de l'avion qu'un reporter new-yorkais l'interroge.

— Miss Sagan, que pensez-vous des hommes américains ?

Elle le toise. Sa bouche se tend un peu :

— Attendez... Attendez, je viens d'arriver !

— Avez-vous vécu toutes les scènes d'amour que vous décrivez ?

— S'il fallait ne raconter que ce qu'on a vécu, aucun romancier n'aurait décrit la mort ! » lâche-t-elle, fataliste.

Au bas de l'appareil l'accueillent Hélène Gordon-Lazareff très dans son élément et un bel homme à la maturité distinguée mais au regard triste : Guy Schoeller, directeur de la Librairie Hachette – et à ce titre chargé des relations entre diffuseurs et éditeurs. Il a inventé deux ans auparavant le Livre de poche avec Henri Filipacchi et créera bien plus tard la collection « Bouquins ». Il joue les discrets imprésarios pour ce déplacement outre-Atlantique.

Du parcours jusqu'à son hôtel, elle parlera comme d'un véritable coup de foudre pour New York. Elle se heurte à des tonnes de béton, de fer, de pierre et de verre. Elle est fascinée par les gratte-ciel, les avenues coupées au couteau, les ponts lancés d'un jet au-dessus des deux fleuves étincelants. Elle tombe instantanément amoureuse de la ville, de ses grands immeubles néogothiques, du piétinement gigantesque de la foule. Elle gardera toute sa vie la passion nostalgique de cette cité, de ses rues droites, de ses alcools, de son odeur, de son rythme.

C'est l'arrivée en limousine à l'hôtel Pierre, immense, truffé de chasseurs aux gants blancs, de portiers, de réceptionnistes plus galonnés que les amiraux de la US Navy. Les photographes l'immortalisent dans le hall, vaste et solennel comme une nef de cathédrale et dans la rotonde aux murs couverts de fresques en trompe l'œil. Les deux sœurs ont droit à une suite à l'opulente élégance au dixième étage. Partout, des grappes de curieux qui veulent voir « Mademoiselle Tristesse » en chair et en os. Elle a parfois l'impression d'être un monstre de foire et elle lance machinale à tous ses interlocuteurs : *« It's so kind of you »*, qui laisse présumer un certain jet-lag. Des bouquets, des compliments, des autographes et l'interminable série des interviews à la chaîne. *« New York Times, New York Herald Tribune, Daily News, Telegram, Saturday Review, New York Daily Mirror, New York Post, Ladies Home Journal...* Tous veulent confesser « *The literary sensation of Paris* ».

Ses journées sont minutées comme celles d'un aimable forçat et, comme son anglais scolaire est limité, sa conversation tente d'être neutre. Les journalistes veulent pourtant tout savoir de son regard sur la sexualité, la vie de couple, le rôle de la femme dans la société moderne. Alors qu'elle pensait parler littérature et Côte d'Azur, on la somme de répondre, en moraliste avertie, sur l'amour, le désir, la tendresse ou la solitude. Entre deux petits fours, trois cafés et quatre séances photos, elle tente d'avoir de l'esprit, de trouver des formules à l'emporte-pièce et elle dédicace ses livres d'un chaleureux « *with all my sympathies* », ignorant que cela signifie en fait « avec toutes mes condoléances ». On rit avec indulgence devant de telles fautes touchantes.

Guy Schoeller lui fait découvrir les boîtes de nuit new-yorkaises – dont le night-club au quatorzième étage du Waldorf-Astoria, le El Morocco ou le Stork Club. Ils dansent aussi un mambo endiablé au Small Paradise ou hantent les clubs de jazz qui s'égrènent le long de la 52e Rue Ouest. Le cri des saxophones, les roulements de la batterie et les éclats de la voix d'une chanteuse de jazz lui donnent l'impression troublante d'une ville vouée à la musique et à la nuit. Elle est flattée que Guy Schoeller fasse le joli cœur auprès d'elle. Elle aime son intelligence fine et son élégance cynique. La légende ne lui attribue-t-elle pas Ava Gardner comme maîtresse épisodique ? Devine-t-elle qu'il sera un jour son mari et qu'elle séduira aussi l'actrice hollywoodienne ? Ils partent à la découverte de Harlem, pourtant réputé très dangereux, et ils finissent la nuit au Savoy Ballroom.

Elle aime que New York vive vingt-quatre heures sur vingt-quatre. C'est une époque où la ville est encore illuminée par les lumières du bord du fleuve et où l'on entend le quartette de Benny Goodman à la radio chez le papetier du coin. Les autobus à deux étages sillonnent calmement la 5e Avenue, les bouches d'égouts fument comme des cratères prêts à cracher le feu, les sirènes des voitures à incendie hurlent et déchirent constamment la ville en lui donnant des résonances tragiques et l'exubérance et la vitalité de tous les quartiers composent un tableau désinvolte et vivant, où la griserie est permanente. Elle confie à Guy Schoeller qu'elle aimerait errer seule dans la ville à la recherche des lieux lui rappelant ses lectures : Sutton Place et Henry James, la 3e Avenue et son métro aérien évoqué par Dos Passos, enfin Broadway, où Damon Runyon situe presque toutes ses nouvelles.

Le lendemain, la ronde infernale des interviews recommence. Elle rêverait de flâner dans les rayons de Bergdorf Goodman et elle se retrouve là, à affronter les sempiternelles mêmes questions. Ce tour de piste interminable, cette foule sur les talons et ces castagnettes de sa gloire naissante ont raison de sa bonne humeur au bout d'une semaine de marathon non-stop. Elle voit bientôt frémir les visages de ceux qui vont venir la titiller, l'interroger encore et encore, elle imagine les sycophantes entassés dans la pénombre douillette du bar de son hôtel. Elle a l'impression que l'on va déposer incessamment sur sa tombe une couronne de lauriers qui va l'engloutir ou bien que le bandeau doré va se resserrer jusqu'à ce que son crâne se fendille. Bientôt se dresse l'inévitable réception donnée par le consul général de France, le comte de Lagarde.

Des vagues à l'âme

Françoise n'en peut plus. Elle est très fatiguée. On la compare à Colette et elle ne pense qu'à vagabonder. Au moment du dessert, elle quitte le banquet en douce pour aller rejoindre, solitaire, ses appartements du Pierre. « C'est un sale tour, dit-elle, que j'avais joué à ma sœur. » Après les discours barbants, dont l'un de Maurice Couve de Murville lui-même (alors ambassadeur à Washington), le chef du protocole, qui voit le trou à table, dit à Suzanne qu'il faut absolument faire quelque chose. Suzanne se lève. Tout le monde l'applaudit. Elle déclame : « Je ne suis pas Françoise Sagan » et elle est littéralement ovationnée. On dit d'elle : « Comme elle est modeste ! »

Le lendemain, réunion de crise. Françoise a envie de tout laisser tomber. Elle est en plein *burn-out*. Elle lance un appel au secours et parvient à convaincre Florence Malraux de la rejoindre aux États-Unis. Julliard fait dare-dare émettre un billet open sur le premier vol d'Air France. « À mon arrivée, Françoise était au fond de son lit comme un petit animal traqué », se souvient-elle. Quarante-huit heures plus tard, un télégramme de Tennessee Williams arrive à point nommé pour la sauver. Il devient l'homme providentiel. Il parle d'un portrait à écrire sur elle pour le *Harper's Bazaar* et l'invite à venir le rejoindre en Floride où il réside avec son compagnon depuis 1947, Frank Merlo, et avec, *last but not least*, Carson McCullers. En fait le dramaturge a lu plusieurs articles où elle dit toute son admiration à son égard et il devine chez cette jeune Française un alter ego. Il comprend surtout d'instinct le malaise qui l'entoure : « Quand il devient attraction publique, le jeune auteur, ce talent tout neuf, fait l'objet d'une destruction obstinée », écrit-il.

Tennessee Williams, c'est « l'enfant terrible » du théâtre américain. Petit-fils de pasteur, Tennessee est né en 1911 et embrase son siècle. Tour à tour nomade en espadrilles et séducteur en costume de shantung, il est partout où il y a une scène, des matelots et de la passion. Ses pièces, dont *Un tramway nommé Désir*, sont jouées dans le monde entier et déchaînent les passions et les scandales. Tourmenté, Tennessee ressemble un peu à Faulkner. Comme lui, il chante le sud des États-Unis, des domaines, des familles autrefois puissantes et respectées qui noient leur ancienne gloire dans les excès et les drames. Mais Tennessee, c'est aussi la tendresse. Celle des souvenirs d'autrefois, celle qu'on éprouve à se rappeler ces personnages extraordinaires et aimés, qui laissent dans le regard d'un enfant la vision d'un monde merveilleux qu'il emportera tout au long de son âge adulte. Ratés, alcooliques, névrosés, ses personnages composent une terrible ménagerie. Univers excessif, exacerbé d'où se dégage une étrange poésie.

Depuis 1941, « Tenn » vit une grande partie de l'année à Key West, sur cette île de la côte est des États-Unis, conquis par l'architecture coloniale, les façades pastel, les superbes plages. Chaque matin, le torse nu, il travaille dans son bungalow de Duncan Street. Il œuvre sans hâte, en raturant beaucoup, en déchirant plus encore, presque inconscient de la chaleur effrayante qui règne parfois dans son patio. L'après-midi, il oublie ses soucis de créateur en nageant dans l'océan ou en conduisant à tombeau ouvert une voiture blanche le long de la digue de Key. Le soir, il hante les bars et ses cocktails dangereux. Il ne faudrait pas s'imaginer que le succès a calmé les angoisses de l'auteur de *La Rose tatouée*. Mais Key West agit comme un antidépresseur : ses plages sans fin, ses rues remplies de palmiers, ses jardins envahis par les fleurs, et toute cette nature exubérante constituent un doux refuge.

Dans une voiture louée à l'aéroport de Miami, une Thunderbird blanche, Françoise Sagan, Florence et

Des vagues à l'âme

Suzanne, escortées par Bruno Morel qui séjourne alors aux États-Unis, partent rejoindre un petit hôtel de Key West. L'équipée semble joyeuse et ils aiment quand la route passe de récif en récif et que, parfois, entre deux flots, elle n'est plus qu'une mince digue perdue dans l'indigo de la mer. Ainsi va-t-elle d'un bout à l'autre des Keys, cet archipel de corail qui prolonge la Floride dans le golfe du Mexique.

En fin de journée arrive un impérial Tennessee, les yeux bleus et le regard amusé. Il est petit, moustachu, et a l'air d'un joueur de poker professionnel de Palm Beach. Il parle d'une voix haute, nasillarde et traînante. Il est suivi de son boy-friend, Frank, si sicilien avec ses cheveux bruns et sa mâchoire carrée. Derrière eux, une grande femme maigre, l'air presque égaré : Carson McCullers. Deux monstres sacrés, deux solitaires que Frank tient par le bras. Carson McCullers avec son long visage pâle, sa frange noire en désordre et sa contenance effarouchée ressemble à une jeune fille. Françoise se rend-elle compte qu'elle a en face d'elle l'enfant prodige de la littérature américaine, qui fit paraître *Le Cœur est un chasseur solitaire* à vingt-trois ans ? Ses liens d'amitié avec Henry Miller, les rumeurs sur son homosexualité en ont fait la cible des ligues de vertu. Son mariage, son divorce et son remariage avec un écrivain raté, qui s'est suicidé, ont creusé dans sa vie un sillon de désespoir. Comme Tennessee, elle est hantée par la solitude et l'enfance. Tous les deux sont tendrement complices pour supporter ensemble cette existence de paria qu'est alors la vie de tout artiste, de tout marginal américain.

D'emblée, « Tenn » aime Françoise. « Il y avait dans ces jeunes yeux de la résolution et de l'humour, non du désarroi et de la crainte. C'était le soir quand j'ai fait sa connaissance. Je m'étais demandé si, le lendemain matin, je la trouverais devant sa machine à écrire, en train de se colleter à un nouveau roman, avec une énergie compulsive. Eh bien, pas du tout. Le lendemain matin, elle est allée nager et prendre un bain de soleil, l'après-midi, nous sommes partis pêcher en haute mer et, le soir venu, elle s'est mise au volant de ma voiture de sport et l'a conduite si vite, avec un sourire si joyeux, que j'ai dû la mettre en garde contre la police de la route », souligne-t-il dans *Harper's Bazaar*.

Françoise revit sur les plages de Key West. Elle aime l'extrémité ouest dans les fournaises du soleil, d'un soleil qui noie l'eau et le sable, l'écume des vagues et la blancheur des dunes en un même scintillement insoutenable. Elle pêche le barracuda comme personne et grille des steaks dans le jardin de son hôte. Un farniente bienheureux au taux d'alcoolémie corsé. Tennessee et Carson boivent dès le matin ce que Françoise prend pour de l'eau et qui se révèle être du gin pur. Après-midi moites dans des lits cernés de moustiquaire, crépuscules arrosés de bourbon, le tout agrémenté d'échanges intellectuels sans prétention : le temps coule doucement pendant ces deux semaines.

Dans *Avec mon meilleur souvenir*, elle égrène la tendresse de ces moments-là : « Je revois Carson dans ses incroyables bermudas trop longs, ses longs bras, sa petite tête inclinée avec ses cheveux courts et ses yeux si pâles, d'un bleu si pâle qu'ils la rejetaient illico dans l'enfance. Je revois le profil de Tennessee lisant les journaux et riant parfois, disait-il, de ne pas pleurer (je m'intéressais peu alors à la politique). Je voyais Frank escalader la plage, descendre, aller chercher des verres, courir de l'un à l'autre en riant, italien, bien découplé, pas beau mais charmant, gai, drôle, bon imaginatif. » Elle se sent infiniment solidaire de ce trio fragile.

Des vagues à l'âme

Tennessee, lui, notera : « Je crois que si j'avais connu Mme Colette quand elle avait vingt ans, j'aurais noté chez elle la même froideur détachée et la sensibilité chaleureuse que j'ai décelées dans les yeux pailletés d'or de Mlle Sagan. » Il la trouve fine mouche, intelligente et attachante. Il existe un cliché de ce séjour de deux semaines, où Françoise bronze en monokini sur la plage et pose sur le poteau d'un brise-lames. La revue *Esquire* le publie avec ce commentaire de l'intéressée : « Je suppose que l'on croit que ma vie est une débauche continuelle. Je ne m'en soucie pas. Moi, j'ai toujours désiré deux choses : éprouver un grand amour et devenir un grand écrivain. »

Françoise Sagan et Tennessee Williams se reverront de temps à autre à New York, à Rome ou à Paris, avec une constante affection. Ombre mélancolique ou compagnon disert et rieur, c'est selon les saisons. Un lien plus frappant sera l'adaptation en français par Françoise de la pièce de Tennessee *Doux oiseau de la jeunesse* donnée à Paris en octobre 1971. Un sujet pour Sagan tant il évoque le temps qui passe, un parfum de nostalgie et des feuilles mortes. Tout commence par une commande d'André Barsacq pour le théâtre de l'Atelier. Françoise Sagan est plongée dans l'écriture des *Bleus à l'âme*. Elle se souvient de la pièce de Tennessee qu'elle a vue à Broadway, interprétée par Geraldine Page et Paul Newman, et demande à l'auteur les droits qu'il lui accorde par une lettre enthousiaste. Elle la traduit fébrilement pour Edwige Feuillère et Bernard Fresson. C'est l'histoire d'une ancienne star de cinéma qui ne peut supporter la perte de sa jeunesse. Elle rencontre un gigolo sur le toboggan ; se mêlent au cours de l'intrigue des histoires de drogue et de castration. Cinq versions du texte sont nécessaires avant que Françoise ne s'en montre enfin satisfaite. Elle revient vingt fois sur une même phrase, le labeur en quelque sorte multiplié par la crainte d'être infidèle. « Mélo ! Mélo ! répète Sagan. Maintenant au théâtre, on dit que c'est mélo quand il se passe quelque chose. »

Tennessee arrive pour la première parisienne dans le beau théâtre de l'Atelier et, comme spectateur, rit nerveusement comme un fou, trois soirées de suite. Jet-lag ? Euphorisant ? Françoise est un peu gênée parce que les gens se retournent, la reconnaissent, et ne comprennent pas pourquoi son compagnon trouve si drôle le drame de *Doux oiseau de la jeunesse*. Edwige Feuillère toussote et risque de s'interrompre sur scène. Françoise tire Tennessee par la manche et lui dit : « Ne ris pas comme cela, c'est ton texte. » Quant à André Barsacq, le metteur en scène, il réclame aussi des explications : « Quel est cet homme qui rit si fort au fond de la salle ? » Il faut bien lui répondre : « C'est l'auteur. »

Avec son adaptatrice, Tennessee fait la tournée des boîtes louches de Montmartre et dîne dans son appartement alors près du jardin du Luxembourg. Il lui dit la chose la plus touchante quand elle lui demande s'il ne s'est pas senti trahi par cette version française : « J'ai senti que tu m'aimais, darling, je sais que tu as aimé ma pièce, darling », soulignant comme elle a réussi à épurer tout ce qui était lourd dans son texte. De fait Edwige Feuillère est un peu trop civilisée, elle manque de cette force brutale, de la noble vulgarité qui entraîne l'héroïne Alexandra del Lago à tout broyer sur son passage. Quant à Bernard Fresson, il n'a pas le physique d'ange déchu voué au martyre et à la rédemption. Cette tragédie baroque et sulfureuse se réduit sur la scène de l'Atelier à un drame d'un goût douteux et qui quitte rapidement l'affiche.

Ils ne se reverront pas. Frank Merlo est mort à l'automne 1962 d'un cancer du poumon à quarante et un ans, Carson McCullers meurt des suites d'une hémorragie

Des vagues à l'âme

cérébrale en septembre 1967, Tennessee Williams disparaît à son tour, le 25 février 1983, dans la suite 1302 de l'Élysée Hôtel de New York, d'un abus de somnifères et d'antidépresseurs mélangés à de l'alcool. Accident ou suicide, la question n'a jamais vraiment été tranchée. « Je n'ai jamais su personnellement, ni de quoi ni pourquoi, cet homme qui aimait rire et qui riait si fort et parfois si tendrement était mort ; sinon peut-être de la mort de Frank, puis de celle de Carson puis de celle d'autres, tant d'autres que j'ignorais. Mais cet homme était bon », écrira Sagan.

Revenons à ce printemps 1955 et à ses adieux affectueux à Carson, Frank et Tennessee. Suzanne doit rentrer sur Paris, Françoise, Florence et Bruno prolongent leur découverte des États-Unis par le Grand Canyon et la Vallée de la Mort. Ils voient à peine Las Vegas et filent sur Los Angeles où un rendez-vous les attend avec Otto Preminger qui doit réaliser l'adaptation cinématographique de *Bonjour Tristesse*. Françoise meurt d'envie de voir à quoi ressemble Hollywood. Au détour d'un carrefour, en lettres majuscules géantes, son nom s'inscrit sur le flanc d'une colline. Ça y est : elle est vraiment au cœur du rêve américain ! L'air est vif, la lumière crue, cruelle, une lumière pour jeunes gens ambitieux. Tout le long de Sunset Boulevard, qui s'étire pendant cinquante kilomètres, de Los Angeles jusqu'à l'océan, des maisonnettes blanches et pimpantes semblent être posées sur l'herbe fraîchement tondue, adossées à un palmier, à un bananier bien taillés.

Otto Preminger, le cinéaste de *Laura*, l'attend de pied ferme dans sa villa somptueuse de Summit Drive, le crâne nu et l'air prussien. Leur entretien est agréable mais la romancière craint déjà que l'Amérique puritaine ne dénature son livre. On évoque le fait qu'Audrey Hepburn a décliné le rôle, à ses yeux trop immoral (elle acceptera pourtant celui de Holly Golightly dans l'adaptation de

Petit Déjeuner chez Tiffany's), et que Leslie Caron pourrait faire l'affaire. On lui apprend que Curd Jurgens est réticent pour jouer l'emploi cynique et sûr de lui de Raymond mais que Charles Boyer se montre intéressé. Le réalisateur teste sur elle une idée plutôt farfelue : il lui offre d'incarner elle-même le personnage de Cécile. « Quel lancement publicitaire ce serait ! » Françoise, elle, est plus réaliste et rit franchement en écartant ce projet : « Mon roman n'est pas autobiographique et je n'ai rien de commun avec mon héroïne, sinon l'âge et une façon un peu cynique d'envisager la vie et les gens. Jouer la comédie, c'est peut-être la seule curiosité que je n'ai jamais eue. En revanche, je sais conduire les voitures. Si vous avez besoin d'un chauffeur pour réaliser l'accident d'Anne, n'hésitez pas à m'appeler. »

Preminger l'emmène dans quelques parties et lui fait faire la tournée des grands-ducs. Elle dîne chez Chasen's et chez Romanoff's et croise Marlon Brando qui n'est pas du tout la grande brute baraquée qu'elle croyait et un Yul Brynner fascinant de charme (devine-t-elle qu'ils feront ensemble de la figuration de luxe dans *Le Testament d'Orphée* de Jean Cocteau ?). Elle rencontre Lauren Bacall, et Gary Cooper lui semble aussi timide qu'elle. Elle aime ses yeux bleu marine et son odeur de tabac. Il l'appelle « Little Sagan ». Elle a l'impression en permanence de parcourir une sorte de musée Grévin, avec une célébrité à chaque coin de rue.

Sur tout ce petit monde, elle jette un regard fin, observateur et ironique. Nul doute qu'elle s'inspirera de toutes ces soirées pour son roman *Le Garde du cœur*, paru en 1968, dont l'héroïne Dorothy est une scénariste à succès à Hollywood, courtisée par un ponte d'une firme cinématographique et « gardée » par un jeune premier à l'âme tueuse. Elle se souviendra toujours de la route du bord de mer, à Santa Monica, s'allongeant, droite, implacable, sous sa ronronnante Thunderbird, de l'air tiède sentant l'essence et la nuit. Elle s'amusera du comique de ces parties où les femmes ont la manie d'aller en groupe compact se recoiffer et se repoudrer toutes les dix minutes. Elle ne sera pas blasée devant le luxe éphémère de ces soirées, et en ignorera les intrigues de palais. Il est maintenant temps de retrouver la France.

Elle est de retour à Paris le 15 juin 1955, avec, dans sa tête, l'ambition d'achever le roman qu'elle a entamé avant de s'envoler pour l'Amérique. Elle n'a pas croisé la route de Tennessee Williams et de Carson McCullers pour rien et a envie d'en découdre avec son nouvel opus, dont elle sait qu'il sera attendu au tournant. Jacques Quoirez la convainc de passer l'été avec lui à Saint-Tropez. Mais des corvées de promotion la requièrent. Encore et toujours des interviews, des signatures dans des librairies, quelques séances de pose. L'hebdomadaire *Elle*, sur une idée d'Hélène Gordon-Lazareff, organise ainsi un grand concours : trouver la jeune fille tendre et cynique qui corresponde à Cécile pour jouer dans le film *Bonjour Tristesse*.

Quinze mille jeunes filles font acte de candidature dans un élan digne de celui d'*Autant en emporte le vent* où toutes les actrices anglo-saxonnes postulèrent pour le rôle de Scarlett O'Hara. Les quinze heureuses élues sont rassemblées en ce début d'été sur la terrasse ensoleillée de *France-Soir*, rue Réaumur, transformée en massifs de bleuets, de coquelicots, de gentianes et de renoncules. Chacune se sent Cécile jusqu'au bout des ongles. Il y a là des journalistes, la fine fleur de la critique littéraire, des starlettes en mal d'ambition et un essaim de photographes prêts à bondir. On n'attend plus bientôt que l'auteur du roman. Le champagne tiédit dans les verres, les sandwiches durcissent au soleil et les favorites s'impatientent. Mais Françoise Sagan ne vient toujours pas et sèche à l'évidence cette cérémonie des Miss *Bonjour Tristesse*.

Yvette Bessis, l'attachée de presse de Julliard, s'arrache les cheveux. Les candidates renoncent à rencontrer celle à qui elles pensaient devoir un jour leur heure de gloire. Françoise dira pour expliquer son absence : « Que ça marche ou pas, cela m'est égal. Que ce soit Mademoiselle Untel ou Miss Machin-chose ou une autre qui s'y colle, franchement, je m'en tape complètement ! » De fait, elle n'a qu'un droit de regard facultatif sur la distribution des rôles. Se doute-t-elle que l'interprète rêvée se trouve dans une petite ville de l'Iowa et qu'elle répond au doux nom de Jean Seberg ?

Ce qui frappe sur les photos de l'époque, c'est une légère crispation sur tous les traits. Bien davantage qu'un surmenage intensif. On dirait que les tempes sont serrées par un étau invisible. Les joues, les ailes du nez, les lèvres, tout le bas du visage portent la trace de cette altération. Peut-elle échapper un instant à ce poids de la célébrité ? Elle constate, lucide, dans une interview : « Il est effrayant de vivre dans ce cirque tout en conservant un peu de bon sens. Seuls me sauvent mes réflexes humoristiques ! » Elle reçoit quatre ou cinq lettres d'injures par semaine, d'innombrables demandes d'argent – et les plus irritantes à ses yeux sont celles où les parents ont fait écrire leurs enfants. « Il est toujours agaçant d'être montrée du doigt », note-t-elle. Elle plaide à un impossible droit à l'anonymat : « Tout le monde était décidé à voir en moi cette héroïne de bandes dessinées qui s'appelait Sagan. On ne me parlait que d'argent, de voitures, de whisky. On me rangeait d'ailleurs sous plusieurs étiquettes : il y avait ceux pour lesquels j'étais une demoiselle perverse et scandaleuse qui commettait tous les jours des horreurs dans Paris, la nuit de préférence ; ceux pour lesquels j'étais un petit être complètement ahuri qui ne comprend rien à ce qui lui arrive ; ceux pour lesquels j'étais une effrontée qui avait fait écrire son livre par un autre ; et puis ceux pour lesquels j'étais Sagan-la-folie ! J'étais tentée de contrer tout cela, d'être pudique, réservée, de faire opposition à ce monstre qu'on projetait sur moi, monstre aux mille facettes[1]. »

On l'épie, elle fascine et fait presque peur. On n'en revient pas de la voir gagner autant d'argent, on ne supporte pas qu'elle le dépense encore plus rapidement. On lui reproche d'être passée directement de la grenadine au whisky et de confondre la nuit avec le jour. Les uns lui en veulent de s'attifer toujours du même chandail noir, les autres d'arborer de faux bijoux trop clinquants. Elle est devenue une romancière célèbre mais a gardé son allure de collégienne. Elle parle de solitude mais semble entourée d'une cour de traîne-savates. Les journaux, la foule ne voient que sa précocité et s'en emparent pour l'empailler ; la momifier. On la voit toujours le pied sur le changement de vitesse d'un bolide, la main sur un verre de Chivas, le tout dans un envol de billets de banque. Cette légende imparable aurait pu la tuer, mais c'est sans compter sur la force qui va maintenir cette frêle jeune femme, lui permettre de traverser intacte et l'adulation et le désordre. Elle va s'accrocher à ce qui est pour elle vital au fond, écrire, et qui lui donne de surcroît cette liberté de vivre à son aise. À quoi bon lutter contre l'attitude d'un public qui la juge à travers des idées reçues et des clichés réducteurs !

Pour trouver un peu de calme, elle part avec Jacques en direction de Saint-Tropez, par un lumineux matin de juin 1955. Le chien de son frère, Puce, est de la partie tout comme son nouveau compagnon à quatre pattes,

---

1. Françoise Sagan, *Avec mon meilleur souvenir*, Gallimard, 1984.

Popov, un berger allemand. La Jaguar brille sur le bitume comme un diamant noir. Paris, Fontainebleau, Nevers. Les coteaux se soulèvent par vagues. Ils se relaient au volant. Lyon, Valence, Orange et les montagnes dentellent le ciel qui s'éclaircit. La route ressemble à une joyeuse balade. Leur voiture prend des chemins de traverse, s'arrête dans des petits bourgs fossilisés sous le soleil, le long de vignes aux sarments tordus. Les oliviers mitraillent les pupilles et, aux pompes à essence, Françoise se la joue incognito. Ils s'engouffrent bientôt dans le massif des Maures où les virages en épingle se succèdent, les mimosas se jettent dans les précipices. Enfin, leur Jaguar poussiéreuse quitte la route des Salins pour piquer vers le village de Saint-Tropez. La mythique cité du Var est encore un paradis béni des dieux. Signac, Marquet, Maupassant, Bonnard, Kisling, Dunoyer de Segonzac et Colette s'en sont faits les chantres affectueux. Sous les platanes majestueux de la place des Lices, un marché à damner les gourmands et des tournois de boules à ruiner les naïfs rythment le quotidien.

Frère et sœur se dirigent vers la seule agence immobilière de l'endroit – celle de Suzanne Pelet – afin d'y dénicher la villa la plus grande et la plus proche de La Ponche. Très « donna condotierre », Suzanne leur donne le choix entre huit habitations. Ils optent pour une maison à trois étages, rue des Pêcheurs. En attendant cet emménagement, ils logent à l'hôtel de La Ponche un havre de paix, tenu par Albert et Margot Barbier aidés de leur fille, Simone. Françoise aura toujours droit au numéro 22. Ils filent chez Vachon, le seul magasin de vêtements, troquer leur tenue parisienne contre des jeans et des espadrilles et arrosent leur installation dans l'unique bar du port, nommé L'Escale et tenu par la vieille Mado. Puis provision indispensable de cigarettes chez Tropez Béraud au tabac du port. Ils aiment que, sur la petite place de la Garonne, existe encore une épicerie où l'on trouve des appâts pour la pêche. Ils connaissent vite l'adresse de l'Auberge des Maures, qui offre la fraîcheur d'un jardin peuplé de tortues et d'oiseaux. Rues tortueuses, visages burinés, volets clos, doux ressac, pêcheurs bourrus : tout a le charme de l'authenticité.

Le matin, l'odeur de la mer, le cri vorace des mouettes, les cloches de l'église brisant le sommeil de leurs chants graves, l'odeur du pain chaud qui monte de la boulangerie du rez-de-chaussée, la pompe de la fontaine qui gémit, le ronronnement d'un pointu qui livre le poisson fraîchement pêché, toutes ces senteurs iodées la pénètrent avant même qu'elle soit réveillée. De sa chambre, nichée au haut des toits, elle ne voit que la Citadelle et la mer. À l'aurore, elle est veloutée comme un tissu rare que le soleil levant teinte d'un rose orangé. Après un paresseux petit déjeuner, elle goûte le moment du départ pour l'Épi-Plage. Elle aime la mer lisse et satinée qui attend pour frémir le réveil du vent.

Les jours passent comme les beaux nuages que le mistral chasse au-dessus de leurs têtes. Quelques amis viennent les rejoindre – Florence Malraux et Véronique Campion, Anne Baudouin, Bruno Morel, Michel Déon, Alexandre Astruc – et Saint-Tropez leur appartient cette saison-là. Ils sont les seuls à user et abuser de sa mer, de son sable, de sa douceur de vivre et de sa beauté. Ils sont aussi les seuls à faire klaxonner leurs voitures à l'aube dans ses ruelles, les seuls « voyous » à menacer la quiétude endormie. Vacances en mosaïques de rires et de tendresses, jeux de cartes et étreintes fragiles. Des soirées et des nuits qui durent jusqu'au lever du soleil, des levers tardifs au gré de chacun, des baignades et des siestes à l'ombre des parasols. Simone Duckstein, fille des propriétaires de l'hôtel de La Ponche, n'a rien oublié de ce fameux été : « Toute sa joyeuse bande avait choisi le bar de notre hôtel comme quartier général. Les convives riaient pour n'importe quoi, une plaisanterie, une sottise, un calembour et il se dégageait de Françoise un mélange d'élégance décontractée, de courtoisie extrême et de désinvolture insolente face à l'argent. »

Chaque jour, un nouvel ami ou quelques olibrius venus sur la Côte chasser leur spleen parisien semblent découvrir la maison. Françoise s'emploie à caser tout le monde. Le soir, le mistral gonfle les pulls des garçons et fait les mèches aux filles très occupées à déguster leurs portos flip. Les blagues et les rires fusent. Un des convives joue du Django Reinhardt à la guitare. D'autres s'improvisent bookmakers sur les prochaines 24 Heures du Mans. Cette familiarité bon enfant a un observateur sévère en la personne d'Alexandre Astruc qui, dans son livre *La Tête la première*, note : « Je n'aimais pas cette atmosphère, mélange de torpeur et d'agitations, ce va-et-vient exténuant de brouilles et de réconciliations, de lits défaits et jamais faits dont les occupants changeaient, selon un ordre mystérieux et pour moi, incompréhensible, à un rythme plus vertigineux que celui d'un hôtel de passe. Rien ne m'était plus étranger que cette fiévreuse indifférence, sorte d'ennui laborieux dont l'épaisseur était savamment entretenue à petits coups d'alcool de malt et à grands coups de frissons : la mort en face, sur des bolides conduits à un train d'enfer. J'étais exaspéré par toutes ces créatures au sexe indéterminé, paresseuses, hébétées, dégoûtées, anéanties à la seule pensée d'avoir un jour de plus "à tirer" sous ce soleil splendide. »

Madeleine Chapsal, venue interviewer la romancière, laisse un témoignage précis de l'atmosphère : « Avec Sagan, tout prenait l'air naturel, allant de soi et même un peu déjanté... À chaque étage régnait le plus grand désordre : vêtements jetés en vrac, chaussures égarées, journaux en litière, disques, livres éparpillés, meubles bousculés pour les besoins d'un moment, jamais remis en place... Nous étions une dizaine à vivre dans cette "baraque", parfois plus... On vivait sans horaires, sans obligations d'aucune sorte. Certains, dont Sagan, se levaient à midi, parfois plus tard. On prenait tous les repas dans les bistrots du pays, vides en ce temps-là. Sagan invitait ceux qu'elle rencontrait, qu'elle connaissait parfois à peine ou pas du tout, mais qui lui avaient plu par un sourire, un mot aimable à son égard et nous formions des tablées immenses. On s'amusait à commander des plats farfelus ou d'une simplicité désarmante : des kilos de pâtes ! [...] Au moment de l'addition, c'était Sagan qui payait. Elle payait partout, toujours, tout le temps, pour la maison, pour la nourriture, pour la boisson, pour les disques, les livres, pour tout. Elle payait parfois par l'intermédiaire de son frère, car on aurait pu trouver anormal de voir une si jeune femme avec sans cesse des billets à la main, mais c'était son argent. » Et la journaliste-romancière d'expliciter : « Elle n'avait aucun goût pour la solitude – que faisions-nous tous, en bande, autour d'elle, sinon l'en protéger ? »

La Jaguar de Françoise fait vite partie sur le port du paysage urbain. Un matin, des hommes veulent la déplacer et Mado, aux premières loges, note[1] : « C'est alors qu'apparut une petite fille, une petite fille aux yeux gris clair, la tête menue encerclée dans un casque de cheveux cendrés et bouclés. Sa silhouette nerveuse était moulée dans un chandail de fine laine et un pantalon de toile bleue délavée ; ses pieds étaient nus... Tout ce jeune corps nerveux s'arc-boutait à l'assaut de la mécanique devenue tout à coup

---

1. Paru dans la revue *Lisez-moi* n° 46, avril 1956.

une sorte de forteresse amphibie, récalcitrante, maintenant au bord de l'eau, presque dans l'eau. Et c'était émouvant ce geste inhumain et impossible de ces bras fragiles d'enfant qui voulaient à tout prix soulever le monde, son joujou, sa voiture[1]. »

Les cheveux ébouriffés, dorés par le soleil, les joues poudrées de sel de mer, Françoise écrit au moment de la sieste son nouvel opus sur son cahier Clairefontaine à spirale et use du stylo-plume à l'encre bleue : « Cela m'est égal qu'il y ait du monde dans la maison, l'important c'est que je sois seule dans la pièce où je travaille », dit-elle. Elle tente d'appeler René Julliard depuis l'hôtel de La Ponche mais les lignes avec Paris sont alors inexistantes, le rappel automatique n'existe pas et il faut refaire les mêmes numéros dix à vingt fois. « Françoise était toujours d'une courtoisie exquise et patientait sagement, la tête calée dans ses oreillers avec son petit déjeuner », se souvient la propriétaire de l'hôtel.

Saint-Tropez vit l'un de ses derniers étés de tranquillité. Bientôt Brigitte Bardot tourne pratiquement sous leur balcon *Et Dieu créa la femme*... Elle devient dès la fin de 1956 le mythe que l'on connaît et un symbole sexuel dans le monde entier. Une folie douce s'installe à Saint-Tropez. La mode s'empare du village. Félix et Hélène Giraud rachètent L'Escale, Georges Bain s'installe au Café des Arts, place des Lices, François Guglietto abandonne Megève pour tenir la cave de L'Esquinade. On ne parle plus que de stars, de fêtes, de farces, de folies, de couples faits et défaits. Bref, Saint-Tropez devient le lieu où il faut être vu, reconnu, photographié. Y rôde un voluptueux parfum de scandale et de plaisirs illicites. Personne n'imagine encore la horde des touristes internationaux

---

1. Madeleine Chapsal, *Envoyez la petite musique*, Grasset, 1984.

que va amener dans leur village la brusque fausse gloire de leur fief.

C'est donc encore le temps béni de Saint-Tropez et Françoise en gardera toujours l'amère nostalgie. Très potaches, les amis organisent des batailles de tartes à la crème ou de yaourts sur la plage. Ils dansent le hully-gully au piano-bar de Chez Palmyre. Ils prennent des bains de minuit. Ils traînent dans le village vide, fous rires dans la pénombre. Un seul bistrot est ouvert à l'aube, ils y dégustent des croissants à 6 heures du matin. Françoise boit beaucoup mais sans vraiment sombrer dans l'ivresse, « juste assez pour se maintenir continûment dans un état de griserie sans faille qui tient lieu de bonheur, une anesthésie douce où l'on perd totalement, insoucieusement, la notion du temps ». On se cultive aussi et les Tropéziens voient la romancière, les mains dans les poches de son jean, se hâter vers la librairie Gerstel, au bout du port, y faire provision de littérature américaine ou du dernier Nathalie Sarraute. « Françoise ramenait toujours à La Ponche une pile de livres qu'elle abandonnait sur place dès qu'elle les avait lus et que je recueillais comme autant de trésors », se souvient Simone Duckstein[1].

Toute la bande suit d'un œil amusé le tournage du film de Roger Vadim au fil des jours. Bientôt Françoise fait la connaissance de Brigitte : c'est au petit matin, sur la plage des Salins et chacune sort son chien. Une longue amitié va les unir. Ensemble Sagan et Bardot vont faire les beaux jours et surtout les belles nuits de Saint-Tropez. Ensemble, elles représentent, le temps d'une génération, le symbole de la libération de la femme de toutes les contraintes, de tous les préjugés, de tous les interdits. Pendant que l'une

---

1. Lire *Balade dans le Var : sur les pas des écrivains*, éditions Alexandrines, 2010.

brille sous la plume, l'autre étincelle sous les feux des projecteurs. Françoise a son pseudonyme Sagan et Brigitte son diminutif B.B. On dira ainsi Sagan, Bardot, les nommant par leur patronyme comme des chefs de guerre, lorsqu'il sera entendu qu'elles sont des femmes de caractère. La liberté avec laquelle les deux femmes mènent leurs vies dans les années 1960 est étrangère à tout calcul, à tout impératif idéologique. « Liberté, Facilité, Volupté », telle pourrait être leur devise. Ces deux égéries ne vont jamais se perdre de vue.

Aujourd'hui Brigitte Bardot qui vieillit loin du cinéma, au doux soleil de La Madrague, raconte avec émotion : « Nous étions comme deux sœurs jumelles, reliées par nos destins. Nous avons véritablement débuté ensemble. Nous avons été, l'une pour l'autre, des novatrices en instaurant, pour les femmes, de nouvelles manières de se comporter. Françoise, dont le talent d'écrivain m'a toujours émue, touchée, amusée, éblouie, reste une image très forte de liberté quasi absolue. Liberté de dire, de penser, d'avancer, de marcher, de se conduire, et même de conduire pieds nus. Elle a osé braver tous les interdits. Elle a inventé une façon d'être, créé des anticonformismes et brûlé la vie par tous les bouts. Tout ce que j'ai fait, elle l'a fait. Depuis les nuits de fête jusqu'à l'amour des beaux garçons. L'un de ses principaux traits de caractère était une vraie générosité. Elle restera l'une des personnes les plus généreuses que j'ai connues. Elle n'économisait rien, surtout pas sa personne. Ce n'était pas par hasard qu'elle a fini par se retrouver dans la dèche. Je me souviens d'avoir séjourné, une année, dans sa propriété normande et d'y être tombée en admiration devant un très beau tableau qui trônait sur un des murs. Il représentait des petites bonnes sœurs dans un potager avec des carottes et des choux. C'était une œuvre charmante, un peu dans le style naïf du Douanier

Rousseau. Plantée devant, je me suis écriée : "Qu'est-ce que c'est joli !" et à peine avais-je fini ma phrase que Françoise décrochait le tableau et me le mettait dans les bras pour me le donner. J'ai toujours ce tableau chez moi. Pour mes quarante ans, elle m'avait fait la surprise d'organiser à Saint-Tropez, au Club 55, un dîner chaleureux auquel elle avait convié mes amis. C'était elle qui avait tout arrangé. Nous sommes toujours restées en contact au fil des ans, malgré l'éloignement. À la fin de sa vie, je me souviens qu'elle souffrait d'arthrose comme moi et je lui ai proposé que nous nous fassions hospitaliser, en partageant une même chambre, pour nous faire opérer ! Il y a quelque chose qui m'a frappée et troublée terriblement, c'est qu'elle a été enterrée le jour de mes soixante-dix ans. Comme un dernier signe, un dernier trait d'union après tant d'années où nous avons vécu un parallélisme complet. Nous nous aimions et nous nous comprenions. »

Françoise Sagan la trouve timide et gaie, changeante mais pas arrogante, un peu trop sensible, nostalgique mais avec l'humour au bout du drame. Elle écrit sur elle en 1975 le texte d'un album composé de photos de Ghislain Dussart : « Chamfort dit quelque part : "Il faut que le cœur se bronze ou se brise." Je crois que cette phrase serait exactement applicable à Brigitte Bardot. Elle a bronzé son corps, puis brisé son cœur, puis brisé son corps et bronzé son cœur et je crois que maintenant brisure et bronzage sont réunis dans un camaïeu parfait, équilibré et assez radieux... »

On voit même Françoise Sagan jouer la journaliste de luxe pour deviser avec l'actrice dans les colonnes de *Jours de France* du 10 mars 1975 :

Françoise SAGAN : Au fond, on est affreusement saines toutes les deux. Parce que nous avons reçu une éducation bourgeoise ?

Brigitte BARDOT : C'est vrai. Je sais que je suis saine. Par moments, je me dis que cette simplicité, c'est un peu ridicule, démodé, mais il n'y a rien à faire, je suis comme ça...

F.S. : Est-ce que tu ne sens pas comme un blocus autour de toi. Au fond, de notre célébrité, toutes les deux, on s'en est toujours moqué. Tu n'as pas l'impression, comme moi, que tout a été trop vite, que ce succès était en quelque sorte disproportionné avec ce que l'on avait fait, ce qu'on était.

B.B. : Je ne comprenais pas très bien ce qui m'arrivait. Je n'ai d'ailleurs toujours pas compris...

F.S. : Ça t'a déçue ?

B.B. : Je me suis sentie un peu écœurée, saturée... À côté...

F.S. : Je crois qu'on s'en est tiré dans la mesure où on n'a pas été dupe. En plus, moi, j'aime bien écrire.

B.B. : Écrire, ce n'est pas pareil. Toi, tu es toute seule et tu fais ce que tu veux avec la page blanche et ton crayon.

F.S. : Tu sais, quand je lis Proust, j'ai l'impression que ce que je veux et ce que je peux, ce n'est pas pareil...

Et l'écrivain et la star de s'échanger des recettes rive gauche dignes de Ménie Grégoire :

— À propos, comment fais-tu pour rompre ? Moi, mes ruptures, je les fais chez Lipp.

— Ce que tu es snob ! lui rétorque Bardot.

— Pas du tout, je suis romantique. Chez Lipp, quand tu entres sur la gauche, il y a une table qui...

— Alors, quand tu vas déjeuner chez Lipp avec un Jules, il doit se dire : « Qu'est-ce qu'elle va me raconter ? »

— Non, j'y vais aussi déjeuner sans rupture... Alors, tu vois, à cette table, tu t'installes et tu commences à raconter ta petite histoire. Tu es embêtée, bien sûr, mais il y a des gens qui passent : « Bonjour », « Comment ça va ? », etc.

Alors, ça distrait et tout se passe dans la confusion, sans drame. Dans ces cas-là, je suis assez lâche. Et toi ?

— Moi, je suis super-lâche ! lance Brigitte. J'ai horreur des ruptures, je trouve que ça ne devrait pas exister. C'est triste, moche.

Françoise donne aussi à Brigitte ses recettes pour alléger la pression médiatique : « Au début, j'avais trouvé une bonne méthode pour les décourager. On me voyait à toutes les générales, dans toutes les boîtes... Eh bien ! au bout de quelques mois, les journalistes étaient excédés de moi. Et j'ai eu la paix ! »

Comme Brigitte, Françoise aime à Saint-Tropez vivre dans ce doux écoulement du temps, prisant cette paresse bohème qu'incarne à ses yeux la comédie tropézienne qu'elle joue et qu'elle s'invente jusqu'à créer un mythe. C'est pour Françoise et pour sa cohorte d'amis le premier été des grands épuisements que l'eau salée lave sur les corps bronzés comme la mémoire du soleil. Dans ces échos des rires se niche la certitude que rien de mal ne peut vraiment vous arriver, que les vacances ressemblent à un bonheur fixe, à un souvenir invariable, comme un pied de nez au chagrin et à l'ennui.

5

SLC, SAGAN LES COPAINS

C'EST LA FIN DE L'ÉTÉ ET FRANÇOISE LOUE son premier appartement à Paris, sur deux niveaux, rue de Grenelle, qu'elle décide de partager avec son frère. Il comprend une cuisine inutile, un grand salon avec piano, un sofa ostentatoire en fausse panthère et, au premier étage, deux chambres munies de vastes salles de bain. Ils ont pour voisin mystérieux l'ambassade d'URSS et les gardiens se précipitent au petit matin sur les bolides du clan Quoirez afin que Son Excellence ne soit pas réveillée par leurs démarrages.

Elle rend, très fière, son manuscrit à René Julliard et insiste pour qu'*Un certain sourire* soit dédié à Florence Malraux. L'éditeur est rassuré après la lecture et programme la sortie le 6 mars 1956. Le livre est dans la lignée du premier, scandaleux par le fond, classique par la forme. L'auteur possède une fois de plus une façon singulière de raconter une histoire comme si de rien n'était, par le biais de personnages « spectateurs » qui semblent ne jamais réellement prendre part à leur vie, comme si tout leur échappait hormis la solitude et une souffrance qu'ils retournent bien souvent contre eux-mêmes plutôt que de l'imputer à autrui.

La trame en est simple : Dominique, étudiante en droit à la Sorbonne, tombe amoureuse d'un homme marié, Luc, l'oncle de son petit ami de surcroît. Elle découvre avec lui la simplicité d'une aventure extraconjugale, l'abandon, le bien-être, mais également la solitude. C'est en trois parties et à travers la voix de Dominique que l'histoire se déploie. Comme dans *Bonjour Tristesse*, on retrouve un triangle amoureux en huis clos avec, en son centre, une narratrice insouciante et lascive, blasée avant l'heure, en proie au sentiment du vide et de l'ennui. *Un certain sourire* devant l'adversité, l'irréparable, le diktat des caprices. Sous le badinage galant, qui ne marivaude jamais et qui laisse les mots en plan au profit des étreintes muettes, un certain sourire à fleur de lèvre, de corps, d'âme, peut-être...

Ses familiers, qui redoutent chez Françoise Sagan une sorte d'angoisse devant la nouvelle déferlante qui s'annonce avec la parution imminente, la voient au contraire se détendre, s'équilibrer, prendre de la distance et de la hauteur au fur et à mesure que l'on se rapproche de la sortie. Et pourtant l'enjeu est de taille. La critique du *Figaro* donne le diapason : « Encore une fois, Mademoiselle Sagan nous déconcerte. Certes, on l'attendait impatiemment – et beaucoup avec des fusils – à la suite de *Bonjour Tristesse*, mais la plupart de ces fusils se sont baissés devant ce livre simple, toujours sensible et plus proche de la vie ordinaire que *Bonjour Tristesse*. *Un certain sourire* montre une naïveté, une vulnérabilité que ne laissait pas espérer le premier. » *L'Express*, lui, entonne le refrain de ce qui sera la rengaine de la critique pendant des décennies : « Ce monde clos de la comédie bourgeoise, maris, maîtresses, épouses, amants, elle n'en est pas encore sortie. En sortira-t-elle ? »

Mais le reproche le plus permanent est le fait que la romancière, avec une facilité étonnante, décrive un amour initiatique et novateur ainsi qu'une jeunesse bercée au whisky, à la cigarette et aux voitures, ce qui est la description de sa jeune légende. Du côté du style, on retrouve surtout ce que la presse commence à appeler « une petite musique », faite de phrases courtes, de formules justes, de touches d'humour. Dans ses premières œuvres, fines, grinçantes et légères, les héros se rencontrent, s'amusent, s'aiment, se désaiment, mentent, trahissent, transgressent, trichent, s'ennuient, souffrent, se quittent, se retrouvent seuls puis oublient l'amertume et la tristesse, et repartent à la chasse au bonheur. La complicité de l'auteur avec ses personnages est juste et touchante.

Son domaine de prédilection est, à l'évidence, la fragilité des liens amoureux, la vie facile teintée de sensualité, de cynisme et d'indifférence. Dotée de la cruauté des êtres fragiles, elle adore raconter les nuits carnivores des couples et les banderilles au cœur. La solitude et son corollaire, la langueur, constituent sa grande affaire. Le succès de ses romans (et *Un certain sourire* atteint vite les 550 000 exemplaires) n'est pas aussi mystérieux qu'on le dit alors. Il existe une stupéfaction du public à voir s'exprimer avec justesse et sincérité une jeune femme qui élude les tentations aimables du « roman féminin ». Sagan fait entendre une voix qui ne hausse guère le ton mais dévoile tendresse et amertume. On est très près des romans de Nimier, mais la désinvolture y semble plus gracieuse et la tristesse plus douce. Rien d'étonnant à ce qu'elle prise cet écrivain, dans lequel elle retrouve les mêmes postures d'indifférence et de quête d'innocence devant la vanité du monde.

Françoise Sagan

Françoise Sagan a la chance de s'épanouir en littérature à la mi-temps d'un siècle où les jeunes talents ont devant eux ces terrains vierges à investir. Ils peuvent espérer s'affirmer en prenant joyeusement d'assaut les vieux repères pour en édifier d'autres à la mesure ou à la démesure de leurs rêves. Ils ont des montagnes à soulever, des préjugés à abattre, des mœurs à changer, des pratiques à innover, des genres littéraires à créer, des maîtres à brûler, des censeurs à étriper, des écoles de pensée à saccager, des bastions à prendre pour en construire, sur les ruines, des nouveaux et des glorieux. La voiture, le blue-jean, les copains, le jeu, la danse, le whisky, la cigarette, la nuit, les fêtes sont autant de totems hédonistes remportés sur l'ennui.

En ce sens, elle est un puissant témoin de son temps. Elle en incarne la vacuité, la dispersion, le désespoir ; elle sait peindre les mortelles douceurs de l'amour et les signatures éclatantes du plaisir, les sortilèges qui font que l'être aimé sous vos yeux devient un ennemi et que les passions du cœur ne font que traduire les exigences contradictoires de l'âme. Mais établir de beaux livres mélancoliques ne suffit pas à écrire une légende trépidante. Dans ces années 1950, elle est la réplique féminine de *L'Homme pressé* cher à Paul Morand. Pour elle, le risque est une griserie et elle voue un culte à la vitesse et raffole des jeux absurdes dont la mort n'est pas exclue. Prenant la vie pour un tapis vert, elle joue avec presque tout. Sagan est devenue Sagan parce que, avec sa vie-bolide, elle incarne à sa manière saccadée la formidable envie de s'aventurer dans les territoires où les personnes de son âge ne mettent pas les pieds.

Les territoires des gens de lettres, des académiciens, des salons parisiens où sa jupe cardigan et son manteau de panthère bousculent les costumes gris et les chapeaux mous de la IVe République, elle y débarque, bronzée et pas peu fière d'elle, en garant son coupé Jaguar sur les plates-bandes tracées au cordeau par les jardiniers d'un ordre socialement établi et elle envoie valser les oripeaux d'une société en noir et blanc ankylosée dans ses certitudes. La « Mademoiselle Chanel » de la littérature a le chic pour envoyer tout cela promener avec une grâce insolente et le soutien de toute une bande d'amis. Et le pire, c'est quand, hussarde sur le toit, elle distribue ses billets de banque à qui en a besoin ou qui sait l'émouvoir. Sa générosité n'a d'égale que sa prodigalité.

De Saint-Germain à Saint-Tropez, le soleil ne se couche jamais sur la bande à Sagan. Car, à peine déconcertée par une célébrité déferlante et une fortune enivrante, Françoise Sagan devient une figure de proue du Tout-Paris bohème. Pour elle, la fête doit naître de l'imprévu, de l'aventure, du mystère. Son noctambulisme est joyeux : les heures de bavardage incongru, les rencontres étranges, les grandes idées, les projets fous, les copains, le frottement intellectuel ou physique, parfois les deux, avec des êtres dont on ne sait ni d'où ils viennent, ni où ils vont, mais avec qui on est en parfaite harmonie, grâce à l'alcool ou pour toute autre raison : une guitare rauque, un piano larmoyant, un mot, un regard. Autour de Françoise et de son frère Jacques toute une joyeuse cohorte d'amis devient omniprésente. Il y a Michel Magne, Annabel Schwob de Lur (pas encore Annabel Buffet), Bernard Frank, Jacques Chazot, Jean-Paul Faure, Voldemar Lestienne, Alexandre Astruc, Juliette Gréco. Cette bande, cette seconde famille choisie au hasard des rencontres fait vite partie de sa panoplie. Sagan cultive l'amitié clanique.

Michel Magne en est un pilier. Grâce à lui, Françoise va écrire des chansons, imaginer un ballet, *Le Rendez-vous manqué*. Leur rencontre se fait simplement, comme il l'a racontée à Gohier-Marvier : « J'avais lu *Bonjour Tristesse* par curiosité, parce que tout le monde en parlait autour de moi. C'est un chef-d'œuvre de poésie, de sensibilité. C'est plein de soleil, d'amour, tout cela voilé d'un peu de mélancolie. Ça m'inspirait de la musique. Depuis longtemps, je cherchais un parolier, et soudain je pensais que ce serait merveilleux si Françoise Sagan voulait bien écrire quelque chose pour moi. »

À vingt-cinq ans, Michel Magne, de formation classique, a déjà fait parler de lui. Il expérimente les sons synthétiques des ondes Martenot, donne un concert au palais de Chaillot et lorgne vers la musique de films. Il sait allier le plus grand professionnalisme à l'invention la plus créative. Provocateur, lyrique, farfelu, romantique, imprégné des principes dadaïstes et avant-gardistes, il a tout pour plaire. Il se débrouille pour avoir le téléphone de Françoise Sagan. Elle lui répond : « Venez. » Vingt minutes après, il est dans l'appartement du boulevard Malesherbes. « C'était le matin, racontera-t-il, et elle m'a reçu alors qu'elle sortait de son bain. Tandis que je lui parlais, elle avait appuyé son coude contre sa jambe, et, assise sur le rebord d'un fauteuil, elle soutenait de sa main son visage incliné. Elle disait "C'est intéressant... oui, je vais réfléchir..." Elle ressemblait à une collégienne studieuse qui promet de travailler mieux encore. Dès cet instant, j'ai eu envie de la revoir. Il fallait que je la revoie. Je ne pouvais plus rien faire que d'attendre de ses nouvelles[1]. »

Elle lui téléphone et ils se donnent rendez-vous au cabaret des Trois-Maillets. Il est 3 heures du matin et ils bavardent dans une odeur de tabac refroidi et de champagne tiède. Leur complicité est immédiate. Ils se ressemblent d'ailleurs : même bouche mince, avec la lèvre inférieure un peu courte, et où se dessine un sourire d'ironie légère.

---

1. Goyer-Marvier, *Bonjour Françoise*, op. cité.

Mêmes yeux longs, un peu étroits. Même nez tout d'une ligne un peu convexe, un peu trop longue, écrasée à son extrémité.

Il s'assied devant le clavier et ses doigts, effleurant les touches, dessinent une phrase musicale. Françoise sort de sa poche un calepin et un stylo-bille et déclare : « J'ai un titre : *Sans vous aimer*. » Son compagnon continue de jouer et elle de griffonner. De temps en temps, ils s'interrompent tous deux pour chantonner.

> *Sans vous aimer*
> *Sans l'avoir jamais pu*
> *Je m'en vais oublier cet été*
> *Vous et l'été*
> *Jamais disparus*
> *Leur mémoire va bientôt s'effacer*

Et d'écrire le refrain :

> *Tes mots du soleil*
> *Et tes mots de la nuit*
> *Reviennent assourdis*
> *Et l'automne en sourit*
> *Toujours, toujours*
> *Je n'aime que toi*
> *Prends-moi, prends-moi*
> *Prends-moi dans tes bras*
> *Je n'aime que toi*
> *Ne me quitte pas…*

Annabel crée la chanson, mais Juliette Gréco en fera par la suite un succès. Michel Magne raconte : « Françoise a compris tout de suite ma musique, et moi j'avais déjà compris son sens de la poésie. Il suffisait que je joue une mesure pour qu'elle trouve le titre, le premier vers d'un poème. Il suffisait qu'elle assemble des mots pour que je trouve un air. » Ensemble, ils vont composer trente-deux chansons pour Annabel, Mouloudji, Eddie Constantine, Juliette Gréco, Anthony Perkins. Ce sont des poèmes très courts qui disent le doux ennui des fins d'été et des amours à l'agonie. Ou la tendresse se voile parfois d'une moquerie :

> *Et les derniers baisers*
> *La fenêtre ouverte*
> *Sur l'aube déserte*
> *La vie, l'amour*
> *C'était la vie*
> *L'amour tant pis...*

Plus tard, elle écrira pour Yves Montand, Charles Aznavour, Régine et Johnny Hallyday, mettra des paroles sur des musiques de Georges Auric et Frédéric Botton, mais rien n'égalera le charme doux-amer de ses textes pour Michel Magne en 1955-1956. Elle le rejoint souvent à son appartement de la rue Lepic, cinquante mètres avant le Moulin de la Galette. De nature extraprofessionnelle, d'abord amicales, puis amoureuses, les relations Sagan-Magne les pousseront à prolonger quelque temps leur idylle musicale. Il sera même question d'écrire des chansons pour Édith Piaf. Ils partent ensemble aux États-Unis à l'été 1956 avec l'envie irrésistible d'aller écouter Billie Holiday. La diva du Jazz chante au fin fond du Connecticut.

Ils prennent un taxi pour faire les trois cents kilomètres et se retrouvent dans une boîte de « country music » avec un public bavard et braillard. Dans *Avec mon meilleur souvenir*, Sagan a raconté son pur émerveillement : « Nous vîmes surgir une femme noire et forte, longue, avec des yeux fendus, qu'elle ferma un instant avant de se mettre à chanter et de nous faire chavirer aussitôt dans des galaxies : gaies, désespérées, sensuelles ou cyniques selon son gré. » Ils sont au comble du bonheur et passent quinze nuits, quinze aubes dans cette boîte incessamment enfumée à l'écouter fredonner de sa voix voluptueuse, rauque et capricieuse : « *A cigarette bares a lipstick's traces/. An airline ticket to romantic places/Still my heart has wings/These foolish things remind me of you.* »

Elle est si touchée que deux Français aient traversé tout l'Atlantique pour venir l'écouter qu'elle leur tapote la tête dans les coulisses, bienveillante fée, et laisse même Michel Magne – au comble du bonheur – l'accompagner.

À New York, le 14 novembre 1956, dernier soir de leur séjour à New York, le compositeur et l'écrivain se rendent dans un petit bar français de Broadway. Ils boivent leur dernier scotch d'outre-Atlantique lorsqu'une querelle violente, ponctuée de jurons, éclate entre des Blancs et des Noirs. Sans prendre parti, et plein de ces bonnes intentions dont l'enfer est pavé, Michel Magne tente de séparer les adversaires. Il ne voit pas arriver un violent coup de poing qui le fait chanceler. Un homme s'élance vers lui, prêt de nouveau. Telle Fantômette, Françoise s'empare alors d'un siphon et en dirige le jet dans le visage de l'adversaire. On se balance bientôt des bouteilles dans tout l'établissement et la police, promptement arrivée, vient mettre un terme à la rixe.

La presse mondiale va se faire l'écho de cette bagarre de bande dessinée. Et, dans l'avion du retour, un peu mélancoliques d'abandonner cette ville magique et, plus encore ravis de mystifier tous leurs amis, ils se couvrent de sparadraps sur le visage pour justifier la rumeur. Françoise affiche une tête de momie. Cinquante photographes les attendent à leur arrivée au bas de la passerelle pour les mitrailler quand une hôtesse de l'air pincée dévoile le pot aux roses à la presse : « Je les ai vus se coller les sparadraps dans l'avion. » L'affaire fait grand bruit et cette blague de potache ajoute un nouvel épisode à la saga Sagan.

Michel Magne s'éloigne de Sagan au début des années 1960. Il connaîtra le succès dans la musique de films – cent dix partitions en tout. L'incendie de son château brûlera toutes ses archives. Ruiné par le fisc, il finira par se suicider en 1984. Une même aura tragique entoure cet autre pilier du clan Sagan des années 1950 : Annabel. Sa mère met fin à ses jours alors qu'elle a sept ans, son père se suicide en 1965 et son futur mari, Bernard Buffet, en fera autant en 1999. Le premier disque d'Annabel chantant Sagan, un 45 tours EP, paraît chez Fontaine en 1956 avec quatre titres : *La Valse, Les Jours perdus, Le Jour, Pour toi et moi*. C'est Michel Déon qui la présente à Françoise alors que la chanteuse se produit au Carrol's, une boîte lesbienne tenue par une homosexuelle habillée d'un smoking impeccable, « Frede ».

Née en 1928, Annabel Schwob de Lur est, au milieu des années 1950, une figure unique et définitive que seul Paris peut produire, à la croisée de tous les chemins : sérieux et ironie, masculin et féminin, élégance et grivoiserie. Une femme à la voix profonde et grave. Elle joue les danseuses aux pieds nus dans les cabarets germano-pratins, au Tabou et à La Rose rouge et déclame des textes. Elle est aussi un mannequin à la silhouette gracile que le couturier Jacques Heim emploie. Même Cocteau la « caste » pour une apparition furtive dans le film de Melville *Les Enfants terribles*. Elle a belle allure avec ses yeux très longs, étirés vers les tempes, noirs, sa bouche large, bien dessinée, aux lèvres charnues, son port de tête, ses hanches étroites de toréador, ses longues jambes. Elle irradie.

Avec Juliette Gréco, elle est l'une des égéries de Saint-Germain-des-Prés mais aussi de Saint-Tropez qu'elle connaît depuis sa plus tendre enfance. « Quand j'ai commencé à habiter rive gauche, raconte-t-elle dans un livre autobiographique[1], les groupes s'étaient formés par affinités je suppose, et ne s'interpénétraient pas. J'aurais dû logiquement entrer dans celui des peintres et des sculpteurs, il n'en fut rien. Le nôtre était formé de futurs écrivains, d'acteurs, de musiciens et de quelques fous dont la seule ambition était de vivre. » De fait, Juliette Gréco se brouille avec elle lorsqu'elle se met à chanter, sans doute de crainte de se faire voler la vedette par une amie, presque une sœur jumelle : type physique et territoire identiques, alors même que les deux muses sont, au-delà des apparences, assez éloignées l'une de l'autre. « Il y a dans le comportement féminin un fatras d'états d'âme, d'hésitations, de petites histoires, de susceptibilités exaspérantes », justifie Annabel. Une soirée mémorable organisée par Régine sera même censée les réconcilier. « La fêlure était là. J'ai commencé à trier mes amis, écrira la future Mme Buffet. Aimer pour aimer, aimer en aveugle, attention danger... L'ambition est un moteur bénéfique, l'arrivisme et la cupidité, eux, aiguisent les dents. J'appartenais au bataillon des célébrités locales. Je cherchais toujours la voie dans laquelle j'allais m'engager. »

Annabel fait donc la chanteuse et chacune tente de limiter ses territoires. Dans un premier temps, à Gréco les institutions littéraires (Sartre, Queneau, Prévert), à Annabel les jeunes auteurs, à commencer par Sagan. À Gréco tout le sérieux d'une Sorbonne de carton-pâte, à Annabel la frivolité d'un café en terrasse. La première « surjoue » avec génie le texte, la seconde choisit le naturel fringant. Sagan finira par préférer la grande prêtresse sartrienne à l'épouse de Bernard Buffet, sans doute à partir du moment où

---

1. Annabel Buffet, *D'amour et d'eau fraîche*, Sylvie Messinger, 1986.

Annabel publiera chez Julliard ses premiers romans. Jacques Chazot sera interpellé lors d'un dîner par une convive :

— Vous qui l'aimez, est-ce vrai qu'Annabel a écrit les premiers romans de Françoise Sagan ?

Il voit rouge et remet les choses en place. Fou furieux, il dîne avec Françoise et lui répète l'histoire. La réplique de Sagan ne s'invente pas : « Mais Minou, ne t'énerve pas. Tout ça n'est pas grave pourvu qu'elle ne dise pas que j'ai écrit les siens... »

Mais au moment de leur rencontre en 1956, aucune fausse note ne vient troubler leur amitié. « Françoise m'a tout de suite donné l'impression d'une fille agréable à vivre, sympathique, pas bavarde et gentille. Elle devint très vite pour moi une amie dont j'ai oublié facilement qu'elle était un écrivain célèbre et comblé. À Saint-Tropez, elle ne pouvait pas travailler dès qu'un rayon de soleil surgissait. Elle abandonnait sa machine à écrire et se jetait à l'eau joyeusement. Je garde à tout jamais l'image d'une jeune fille pleine de vie, qui dansait pieds nus, d'une jeune fille rieuse et échevelée. J'ai toujours vu Françoise avec une peau hâlée et des cheveux presque blonds. Elle disait : "Dans la famille, le bronzage est une hérédité." À la fin des vacances, elle avait toujours sur la nuque une mèche presque blanche à force de sel et de soleil et elle ne se trouvait jamais assez hâlée, assez blondie. J'ai le souvenir d'avoir passé quinze jours avec elle aux Canaries qui, à l'époque, semblaient au bout du monde. Françoise était craintive en avion. À Madrid, nous avons eu une panne, ce qui redoubla ses craintes. Nous nous étions décidées à partir comme cela, tout d'un coup, parce que nous avions besoin de chaleur, de repos. Toute la journée nous restions étendues au soleil, côte à côte. Nous nous sentions amies, nous étions bien dans notre peau. »

SLC, Sagan les copains

Et ta main a fait naître
Le soleil sur ma nuque éblouie

Françoise est attirée par le charme androgyne de son amie. Elles font du naturisme dans des dunes et l'on imagine sur le sable le corps mince de Françoise écrasé par la chaleur, féline, et près d'elle cette grande femme très languide qu'est Annabel, rieuse et échevelée. De tendres complicités se tissent entre elles. Françoise passe régulièrement sa main, en essuie-glace devant des yeux clignotants, fume compulsivement cigarette sur cigarette et, comme elle est intelligente, raconte des choses amusantes avec un sens pétillant de la formule. Bien sûr, elle parle en phrases ponctuées de points de suspension. Son débit saccadé ne cesse de s'accélérer au point que, dans sa conversation précipitée et hachée, les mots se recouvrent. Elle rate deux, trois syllabes, mais s'en fiche et reprend dans sa gaucherie de bafouilleuse. Elle est vraie, elle est libre, elle est drôle.

Avec Juliette Gréco, les relations sont affectueuses et passionnées. Rien n'est banal chez « la muse de l'existentialisme ». Car, à cette époque, elle continue de traîner derrière elle les volutes capiteuses d'une légende existentialiste, avec l'image d'un style de vie bohème, même si elle vit dans un bel appartement de la rue de Verneuil. Florence Malraux les présente l'une à l'autre et, aussitôt, elles se trouvent mille points communs. Les deux femmes s'amusent d'un rien, pratiquent toujours des blagues d'enfant, refusent toute limite aux plaisirs des sens, à la fois ingénues et infernales, rieuses et éperdues. Leurs liens sont presque une histoire de parenté (et Charlotte Aillaud, la sœur de Gréco, se lie évidemment aussi avec Françoise), de complémentarité, d'élans évidents et troublants. Amies et plus qu'amies, tant Gréco aime les femmes, leur langage et leur humour, leur courage et leur force.

Françoise Sagan

Bientôt la « fleur vénéneuse » de Saint-Germain-des-Prés pose sa voix sur les paroles de Sagan et cela donne un disque 45 tours tout simplement magique intitulé *Juliette Gréco chante Françoise Sagan*. D'instinct, elles scellent leur entente par des chansons : *Sans vous aimer*, *Le Jour*, *La Valse* et *Vous mon cœur*. Claude Bolling participe aux enregistrements. Deux autres titres se heurtent à la censure du label Fontana : *L'Adultère* et *Oui, mais, oui mais*. Cruauté teintée de mélancolie, ode à la liberté et à l'acidité des esprits composent un cocktail doux-amer. Plus tard, Gréco chantera la musique de *Bonjour Tristesse* aux trombones déchirants signée Georges Auric et sera la voix du *Doux oiseau de la jeunesse* sur une musique de Frédéric Botton cette fois. Sagan sauvera Gréco d'une tentative de suicide et toutes les deux connaîtront le plus beau four théâtral de Françoise : *Bonheur, impair et passe*.

Juliette Gréco se souvient : « La première fois qu'on s'est vues, c'était chez moi. Elle est arrivée avec un tigre en peluche sous le bras, un cadeau pour moi car elle trouvait qu'il me ressemblait un peu... On a commencé à papoter et nous sommes devenues amies. Et nous n'avons jamais plus cessé de rire... Il n'y avait pas plus léger, plus gai, plus tendre, plus intelligent. Il n'y avait pas de plus merveilleuse personne. C'était quelqu'un qui échappait aux normes. Elle était excessive, généreuse, tendre, humaine, portée sur les autres, pudique et secrète aussi. D'elle, les médias ou le public n'auront récolté que l'écume. Ils sont passés à côté, plus intéressés par son personnage public que par son être intérieur. Je garde d'elle des souvenirs de vacances, de bonheur, de fous rires partagés. Nous avons vécu des étés miraculeux, brûlants, salés, enfantins et joyeux. Avec elle, c'était infernal, car elle savait que j'étais téméraire et elle me poussait à faire des bêtises, elle était très farceuse. Nous étions deux farceuses impénitentes, ne prenant pas vraiment la vie au sérieux. Mais j'étais plus radicale que Françoise. Elle, elle prenait des détours infinis pour tout, pour dire au revoir aux gens comme pour en tromper quatre à la fois. Elle était comme un enfant fragile, un être pur, traversé de toutes sortes de flèches. Je lui avais suggéré de se faire interdire de casino. Mais elle prenait sa voiture et allait jouer de l'autre côté de la frontière. Elle passait à travers la nuit comme d'autres le jour. Alors qu'elle s'y étourdissait, prenait des risques de "trompe-la-mort" au volant de ses bolides, moi je chantais, enchaînais récitals et films. Nous nous comprenions, nous nous sommes beaucoup protégées. Pourtant, elle avait un penchant pour l'autodestruction, le romantisme, moi pas. Ce qui nous a éloignées, finalement, c'est sa dépendance à la drogue. Je n'ai pas supporté de la voir se détruire. C'est terrible de voir quelqu'un pour qui on a de l'amitié, du respect, de l'amour, de l'admiration, se détruire. Il y avait toujours cette complicité instinctive entre nous mais, de ma part, une complicité de plus en plus attristée. Elle m'en a sûrement voulu de mon éloignement. Elle l'a vécu comme un abandon. Mais c'était insoutenable. Donc je suis partie[1]. »

L'autre pilier de la bande – le plus âgé – est le scénariste-réalisateur-écrivain Alexandre Astruc, l'inventeur de la « caméra-stylo ». Né en 1923, il se reconnaît volontiers un certain génie parent de celui d'Orson Welles. Quelques années auparavant, une jeune cousine avait demandé à Alexandre Astruc, réalisateur du film *Le Rideau cramoisi*, de bien vouloir passer chez elle, afin de lui présenter une admiratrice inconnue. Absorbé par la préparation des *Mauvaises Rencontres*, il décline l'invitation. Mais, à la fin de l'année 1954, il retrouve cette jeune fille. Par le miracle

---

1. Juliette Gréco, *Je suis faite comme ça*, Flammarion, 2011.

d'un livre de 188 pages, elle est devenue Françoise Sagan. Leurs chemins se sont fatalement croisés aux carrefours de quelques bars, de quelques amis communs.

Conquis par la densité du charme de Françoise et sans doute un peu opportuniste, il lui propose de travailler avec elle sur un scénario. « Pourquoi pas ? répond Françoise, prête à toutes les aventures. » Il la rejoint à Saint-Tropez, même si le climat ne se prête guère aux activités intellectuelles et, pendant toute une semaine, le projet ne quitte les poches d'Astruc que pour gésir sur les planchers de cabines de bain. Au bout de ce temps, gorgés de soleil et de repos, les deux jeunes gens décident de passer un après-midi à mettre sur pied leur synopsis. Le soleil ardent et les volets pourtant clos n'offrent qu'une mince barrière à la chaleur oppressante.

— Alors ? commence Françoise.

— Eh bien, enchaîne mollement Astruc. J'ai réfléchi. Ce qu'il nous faut, c'est une histoire à trois personnages.

— Je vois : le mari, l'amant, la femme.

— Ne plaisante pas. Travaillons.

Le soir même, l'intrigue est sur pied. En exergue du texte, Françoise a écrit ces deux vers de Baudelaire :

> *Je suis la plaie et le couteau*
> *Et la victime et le bourreau.*

Le film se tournera en 1960 sous le titre *La Proie pour l'ombre* avec Annie Girardot, Daniel Gélin et Christian Marquand. Alexandre Astruc dira : « Est-ce parce qu'elle a des antécédents languedociens, venue d'une terre noire et dure comme le granit ? Mais elle me fait l'effet d'une petite paysanne, penchée sur sa feuille blanche ou bleue qui lui tient lieu de champ, et de laquelle elle fait surgir ces belles jeunes femmes rusées et entières, fières ou humiliées, qui vont jusqu'au bout de leur chemin en sifflant comme le Petit Chaperon rouge pour se donner du courage dans la nuit qui tombe sur la forêt. Des paysannes, elle a toutes les vertus : l'économie qui, dans son style, se fait précision, rareté du trait ; l'obstination, l'amour du travail bien fait. » Il la voit au milieu des fêtes et des plaisirs, s'arrêter brusquement, regarder non pas autour d'elle mais en elle, les yeux tournés vers le dedans sous ses sourcils en forme d'accent circonflexe. Il lui semble alors entendre le bruit de son intelligence en éveil, comme le déclic d'une petite machine qui se mettrait brusquement en marche. Alexandre Astruc sera pourtant sévère sur la cour de traîne-savates de son amie. Il est mal à l'aise du va-et-vient bordélique qui les entoure. « Pour moi, c'était déjà la nausée, malgré les attentions délicates de Françoise, écrit-il dans *La Tête la première.* »

Il est pourtant au premier rang des invités pour fêter les vingt et un ans du prodige à Saint-Tropez. Que nous disent les journaux sur la soirée ? « Entre ses deux professeurs de cha-cha-cha, Jean et François, la romancière a soufflé le gâteau de ses vingt et un ans au bar de L'Esquinade. Tout le monde a revêtu la chemise multicolore battant sur le pantalon de toile qui est la livrée estivale de Saint-Tropez. » Cette nuit-là l'alcool coule à flots dans la cave créée par les frères Roger et François Félix. Marcel Achard et sa femme Juliette, et Georges Kessel (le frère de Joseph) en vacances à l'hôtel de La Ponche, se joignent à eux. Les paparazzi immortalisent ce moment festif.

La majorité lui apporte surtout le droit de pouvoir enfin jouer dans un casino. Elle part évidemment au casino du Palm Beach de Cannes, flanquée de Michel Magne et Alexandre Astruc. Cet univers de jeu, feutré et enfumé, fascinant et entêtant, s'ouvre désormais à elle. Sans un regard pour Darryl Zanuck, Jack Warner et autres gros clients de l'établissement en ce mois de juin 1956, elle reste longuement observatrice debout devant une table de baccara, avant de murmurer un timide banco. Mais le croupier ne tourne même pas la tête. Au bout de quelques minutes, agacée, elle répète à tue-tête : banco. Cette fois, le croupier l'entend. Face au tapis vert, elle oublie les visages alentour, joue et découvre avec étonnement que ses numéros favoris sont le 3, le 8 et le 11. Elle comprend d'instinct qu'elle préfère le noir au rouge, les impairs aux pairs et les manques aux passes. Elle perd un peu puis touche un numéro plein, ce qui lui paraît tout naturel mais provoque la stupeur de ses compagnons. Elle a décidé d'être très flegmatique et va perdre ses gains sur une table de chemin de fer et, devant ses difficultés à lire les cartes non chiffrées, on lui adjoint un charmant croupier qui décide à sa place de la conduite à tenir.

Très vite, elle en saisit les règles et apprend qu'avec deux cartes, pour peu que leur valeur soit un 8 ou un 9, on peut gagner cinquante millions anciens d'un seul coup, quitte à les remettre en jeu pour en gagner cent ou tout perdre, toujours avec deux cartes. C'est grisant ! Plus que l'énormité des sommes, c'est la rapidité de leur déplacement qui la fascine. Elle s'imagine bien jouant son destin, comme ça, en deux coups renversants. L'amour du jeu et du hasard, ses bouffées d'adrénaline, ses vertiges lui deviennent indispensables. Elle jouera toujours au-dessus de ses moyens, y laissant des reliquats de son train de vie, même si elle a acheté le manoir d'Équemauville, grâce au fruit d'une miraculeuse nuit de roulette au casino de Deauville. Elle finira par se faire interdire de casino en France mais ira, en douce, jouer en Belgique, en Allemagne et en Angleterre.

L'un de ceux qui comprennent le mieux sa passion du jeu est Jacques Chazot. Cet ex-danseur étoile de l'Opéra-Comique tient sa place dans la capitale, où ses mots vipérins et sa conversation de haute volée créent autour de lui comme un tourbillon de courants contraires. Recherché et redouté en même temps, il réalise cette prouesse de mener une vie de danseur avec l'autodiscipline que cela requiert tout en refusant rarement un dîner en ville. Il a créé le personnage snob par excellence de « Marie-Chantal », et joue une piécette à sa gloire à la Fontaine des Quatre-Saisons. Avec Annabel et deux ou trois amis, Sagan l'invite à dîner après sa représentation. C'est un coup de foudre amical. Dans son *Pense-bêtes*, Chazot dit : « La première fois que j'ai dîné avec elle, nous avons ri ensemble, et seuls, aux mêmes mots graves. Elle est la femme que j'admire le plus au monde et que j'aime le mieux. Son intelligence, son charme, ses qualités de cœur et la solidité de ses sentiments me touchent et me rassurent. Nous sommes très peu à bien la connaître. Beaucoup se targuent de son amitié. Mais les sentiments de Françoise sont rangés par petites cases. J'ai la chance d'être dans la première, l'inaccessible. »

Avec son humour pince-sans-rire, celui qui sera le parrain de son fils Denis l'aide surtout à voir la vie en rose et en rosse : « Contrairement à ce que l'on se plaît à imaginer, à dire, Françoise n'est pas du tout une sorte de complexée qui longe les murs. Elle est plus lucide et dure qu'on a tendance à le croire : lucide et dure avec elle-même, mais qui le penserait quand on voit son petit visage, ses grands yeux merveilleux ? Nous avons tous envie de la protéger. La personne qui, pour la première fois, prend un verre avec Françoise s'imagine qu'il va falloir la conduire à un taxi comme une pauvre paumée dans la vie, la déposer chez elle, l'aider pour ceci et encore pour cela... Cette impression qu'elle donne, c'est une espèce de don du ciel qu'elle a reçu ; comme l'on pense que jamais elle ne saura se débrouiller seule, on la préserve, elle en est très consciente et l'apprécie. Au début, j'ai fait partie de ces gens-là, je me suis senti entièrement responsable d'elle. Elle ne pouvait faire un pas sans que je m'occupe de tout. Enfin, je croyais m'occuper de tout, en réalité elle savait exactement ce qu'elle voulait et elle le faisait. » Et le danseur d'ajouter : « Avec Françoise, c'est un peu comme le mariage : pour le meilleur et pour le pire. D'ailleurs, un de ses premiers cadeaux qu'elle m'a faits portait cette dédicace : "Pour le meilleur et pour les pires." »

Un soir, leur complicité franchit un palier supplémentaire. Ils dînent ensemble, ils sont seuls et heureux de l'être. Méditative, Françoise boit une gorgée de vin, le regarde, repose son verre et constate :

— On s'entend vraiment très bien, on vit pratiquement ensemble...

— Alors ? interroge en passant Jacques Chazot qui attend la suite avec un drôle de petit ascenseur dans l'estomac.

— Pourquoi ne pas nous marier ?

Oui, pourquoi pas ? se demande-t-il. « Notre amitié était amoureuse, ce glissement n'avait rien d'étonnant. Sans vraiment y croire, j'avais pensé à cette possibilité. Dire oui, c'était facile, et comme Paris s'en amuserait et comme nous nous amuserions de lui », écrit-il dans ses mémoires. Il lui répond pourtant :

— Tu sais Françoise, il n'y a qu'avec toi que je pourrais me marier. Mais il n'y a pas le feu. Nous sommes heureux comme cela. Attendons encore un peu.

Elle ne dit rien, et, devenus soudain plus brillants, comme libérés, ils parlent d'autre chose. Mais la scène taraude le danseur. Quelques mois plus tard, ils se retrouvent exactement au même endroit pour dîner. La similitude le trouble. Il s'entend lui dire le plus sérieusement du monde :

— Françoise, il y a un certain temps, ici même, tu m'as demandé de t'épouser... Ce soir, si tu es d'accord, c'est moi qui te le demande.

Comme la fois précédente, elle boit un petit coup, repose son verre, lui sourit avec indulgence et répond avec un rien de lucidité :

— Mais Minou, ce soir je ne suis pas déprimée.

En chevalier servant, Chazot l'aide merveilleusement à affronter les aléas de sa célébrité. *France-Dimanche, Ici Paris* ou *Noir et Blanc* publient régulièrement des photos volées d'elle. La presse italienne n'est pas en reste. Les paparazzi sont souvent à ses basques. Jacques et Françoise descendent ainsi à Venise en 1957 au *Danieli* où une suite leur est réservée. Le matin, le danseur ouvre les rideaux du salon pour voir les gondoles. Ce n'est pas cinquante photographes, mais une légion qui, le nez en l'air, l'appareil à l'œil, tient les fenêtres dans son objectif.

— Tu veux voir Venise ? ironise-t-il.

— Hon..., répond-elle du fond de son lit.

— Viens, mets ton nez aux rideaux, surtout en les tenant à moitié fermés.

Elle se lève et voit le spectacle. Ils sont cernés. Le duo finit par sauter dans un taxi-vedette par une petite porte donnant sur le canal. Mais les photographes les suivent jusqu'à la mer. Où filer ? « À Cortina d'Ampezzo », décide Françoise dans un éclair de génie. Ils louent une voiture et un chauffeur, très habitué aux têtes couronnées. Ils attaquent la route de montagne et la voiture bourrée de bagages, de valises, plus le chien Youki que Françoise adore et emmène partout, valse dangereusement. Bientôt, c'est la panne en pleine montagne. Mais là, en haut du troisième virage, une auberge leur tend les bras. Ils y entrent et, tandis que Chazot parlemente, Françoise s'approche du juke-box, fouille dans sa poche et y découvre une pièce, l'introduit dans l'appareil, choisit son disque, appuie, ça marche. Son compagnon est stupéfait.

— Mais comment as-tu fait, tu n'as pas changé d'argent ?

— Je ne sais pas, je l'avais.

Elle le regarde avec l'air d'une petite fille prise en faute, à la fois ravie et gênée d'être l'objet de faits incontrôlables. Ils trouvent une voiture de rechange, arrivent à Cortina, croyant enfin avoir la paix. Le lendemain matin, comme à Venise, Chazot tire les rideaux, s'attendant à la paix des montagnes et ils voient le chalet cerné par les photographes. Ils résistent et se cachent à l'intérieur. Mais comme leurs fenêtres donnent sur le téléphérique, toute la journée, les bennes remontant et descendant les skieurs passent devant eux, bourrées de journalistes qui les immortalisent au téléobjectif. C'est intenable. Aussitôt, Françoise imagine une fuite plus haletante. Elle s'arrange pour louer un hélicoptère, embarque bagages et chien pour Klosters en Suisse, où ils trouvent enfin la paix.

Jacques Chazot sait son amie toujours pleine d'imprévus. Ainsi, la veille d'un départ pour la Normandie, il lui demande :

— On part bien demain ?

Sérieuse, presque grave, elle lui répond :

— Cela dépend de la chèvre.

Que lui raconte-t-elle encore ? Qu'est-ce qui les attend ? Il pense que c'est une plaisanterie, un surnom qu'elle a donné à quelqu'un qui doit les accompagner. Il interroge sur le ton léger de celui qui sait à quoi s'en tenir :

— Quelle chèvre ?

— Carmen !

Elle lui explique alors que, passant rue du Bac le matin même, elle a vu un forain qui faisait travailler une chèvre répondant au nom de l'héroïne de Bizet ; la pauvre montait à une échelle double et en redescendait péniblement. Ce spectacle pouilleux, râpé, avec cette chèvre à la corne terne, au poil triste, lui a paru spécialement navrant et elle demande au gitan :

— Combien ?
— Combien quoi ?
— La chèvre !

L'homme lance un prix extravagant. Françoise sort illico son carnet de chèques. L'animal lui est livré juste à temps pour qu'elle puisse l'emmener en Normandie. Le transport se fera naturellement en Ferrari. Françoise exulte alors devant Chazot : « Pour elle, ce sera le vert paradis ! On la mettra dans le pré. Le gardien s'en occupera. Elle nous donnera du lait. » Cet aspect gastronomico-bucolique ne manque pas de surprendre son ami. Mais Françoise continue à gambader dans le rêve : « On pourra faire des fromages et peut-être nous donnera-t-elle un chevreau ? » L'idylle marie-antoinettesque ! Un mois plus tard, la malheureuse chèvre a les deux oreilles déchirées, broyées par un chien. Sans méfiance, elle ne connaît que les cabots du cirque et non les rustauds de campagne. Ensuite, les applaudissements lui manquant, elle veut grimper sur la margelle comme sur son échelle pour y faire la belle. Toujours est-il qu'elle tombe dans le puits et s'y noie. Un destin tragique de vraie chèvre de saltimbanque. Rideau pour Carmen !

Parfois, l'impassibilité de Françoise devant les surprises de l'existence stupéfie son ami. Un de ses proches, de passage à Paris, lui donne ainsi rendez-vous à son hôtel, un palace bien entendu, pour boire un verre. On ne sait pourquoi – car ce n'est pas son habitude – elle arrive assez en avance et s'assied dans le hall. Une dizaine de photographes se regroupent autour d'elle, se bousculent, la mitraillent. Elle prend l'air le plus détaché possible, se demandant pourquoi elle est l'objet d'un tel rush. Pas de nouveau livre sorti ? Autour d'elle, les gens, ceux qui attendent, se reposent ou passent, la regardent curieusement. Au bout d'un certain temps, un monsieur s'approche d'elle et s'incline très protocolairement : « Mademoiselle, si vous voulez bien me suivre, on va vous recevoir de suite. » Françoise s'étonne d'un tel déploiement de cérémonie pour prendre un verre avant le dîner, jamais cette manière d'agir n'a été celle de son ami. Docile, elle suit l'inconnu, une porte s'ouvre et elle se retrouve face à la Première Dame du Vietnam, Mme Nhu, qui, ayant été prévenue de la présence de Françoise dans le hall a cru qu'elle était venue la voir. Elles restent un long moment à bavarder comme deux vieilles copines. Quand Françoise sort, son ami est parti. Le lendemain, les journaux titrent, très Marie-Chantal : « Françoise Sagan reçue par Mme Nhu. »

« C'était une relation d'une qualité rare, dira Chazot, un amour total. Il n'y avait entre nous aucune jalousie, aucune possessivité. Je continuai à avoir parallèlement des aventures masculines. Simplement, nous étions bien ensemble. La tendresse, l'amour sans les doutes, sans les orages de la passion. » Françoise écrira pour lui le livret du ballet *L'Échange d'un regard* sur *La Moldau* de Smetana qu'il créera en février 1966 à l'Opéra de Marseille avec Tessa Beaumont dans des costumes et décors d'Édouard Dermit. Elle restera son amie jusqu'à sa disparition, le 13 juillet 1993.

Dans le clan Sagan, Bernard Frank, né en 1929, occupe la place la plus privilégiée. C'est en mai 1954, lors d'un cocktail donné par les éditions Denoël, alors rue Amélie, que ce jeune homme brun aux sourcils en bataille croise la jeune romancière. Florence Malraux, qui a hérité de ses parents le sens de la mise en scène, des rencontres historiques, les présente l'un à l'autre. Françoise, avec son visage de chat aux yeux vifs, le séduit. Elle goûte son verbe laconique. « J'avais lu son *Bonjour Tristesse* et elle ne m'ignorait pas. Nous avions du répondant ! La littérature sans la télévision balbutiait encore. Les écrivains se fiançaient par correspondance. Les mésalliances étaient mal vues comme il se doit. Nous étions voisins, presque cousins. Sagan était du boulevard Malesherbes, et moi de l'avenue Wagram. Monceau était notre parc. Pendant l'été de la même année, avec un certain décalage, en différé, *Paris-Match* nous servit de boîte aux lettres, me donna de ses nouvelles. Tiens, elle était à Hossegor, c'est drôle, au même moment j'étais au Pilat à me morfondre. Comme j'aurais pu être heureux si je l'avais su... Enfin je lui ai téléphoné en automne 1954. J'allais m'occuper de *La Revue blanche*. Si elle voulait en être, ça serait bien. Et bien sûr qu'elle voulait en être ! Il faudrait qu'il y ait Malraux et Sartre, et Faulkner, pourquoi pas ! "Vous ne croyez pas que ce sera difficile de les avoir ?" Mais non, elle ne pensait pas. Avec elle, rien ne semblait impossible[1]. »

Le projet ne se réalise pas mais Bernard entre dans la vie de la jeune femme. Grâce à elle, Bernard Frank éprouve, à partir de 1954, le succès par procuration. Tout bénéfice pour lui. Françoise gagne trop d'argent et il est urgent de le dépenser gaiement ensemble. Il partagera avec elle nombre d'appartements ou de maisons. Ils se sépareront de temps à autre, au gré de leurs amours, mais il reviendra et elle l'acceptera toujours. Jusqu'aux dernières années où, ne se supportant plus, ils vivront chacun de leur côté, sans pour autant se perdre de vue. Françoise aura été la femme de sa vie comme Bernard a été l'homme de sa vie.

Tandis que Françoise vit intensément sa légende, Bernard, en dilettante éclairé, suscite des jalousies littéraires,

---

1. *Le Nouvel Observateur* n° 2082.

porte des jugements iconoclastes dans ses chroniques pour les journaux et laisse une œuvre de mémorialiste en « Frank-tireur ». Comme le raconte Martine de Rabaudy qui passa *Une saison avec Bernard Frank*, « Sagan déboulait à l'improviste de Paris pour sonner l'heure de la récréation et l'enlever, sans laisser au moteur de sa Jaguar le temps de se refroidir. Valise bouclée à la hâte, comme un pensionnaire en fin de trimestre, Bernard sautait dans le bolide pétaradant et tous deux repartaient, pressés d'aller "faire les fous" et de reprendre leurs parties de gin-rami, en se noyant des nuits entières dans de l'alcool. »

De fait, côte à côte, Bernard et Françoise dégagent une incroyable complicité. L'un est lourd, brun et laconique tandis que l'autre est blonde et volubile. Il marmonne, elle bafouille. Il a une voix grave, elle a un tout petit timbre. L'un a la rondeur d'un ours, l'autre un museau d'écureuil. Il se refuse à conduire un véhicule alors que Françoise ne pense qu'à ses chères voitures. Il est un pessimiste serein, elle est une optimiste inquiète. Mais il lui ressemble quand il prend l'habitude de ramener ses cheveux vers ses sourcils comme Sagan avec sa mèche. Il est surtout son alter ego en excès. Pour certains de ses personnages, Sagan s'inspire évidemment de son « Bernie chéri ». Certainement pour le Sébastien de *Château en Suède*, frère insupportable d'Éléonore. Plus encore pour celui de Marc dans *Les Merveilleux Nuages*.

Sagan se sent en sécurité avec Frank et il est vrai que sa peur de la solitude est l'un de ses grands traits de caractère. Il ne prend pas son rôle de protecteur et ami à la légère. Chez elle, il est omniprésent, répond au téléphone, accueille les amis, prépare les cocktails, anime la conversation, sort le chien. L'homme de compagnie rêvé ! Un de ses amis souligne le côté féminin de sa nature. Surarmé de tant de côtés, il est fragile et joue dangereusement avec les femmes de la puissance qu'il en tire. Il donne envie qu'on le protège. « J'aime vivre près de Bernard Frank, dit Sagan, parce qu'il est drôle, équilibré, sûr... Et puis il sait qu'on perd aussi bien les êtres à force de vouloir les comprendre qu'à force de ne pas le faire. » Lui porte le talent de son amie aux nues : « Je ne dirai qu'un mot du charme étrange de ses romans en apparence sans mystère. De quoi est-il fait ? De l'adéquation entre l'écrivain et ses pensées. Françoise Sagan dit les choses. Elle n'est pas un Dostoïevski raté, ni Tolstoï, ni Faulkner, ni Joyce, ce que sont tant d'écrivains ambitieux qui tentent de se vêtir d'habits qui ne leur vont pas. Elle emplit "sa littérature" sans la charger. Elle a la maîtrise de son petit monde. Elle est originale à l'intérieur de ses clichés... En littérature, il n'y a pas de grands ou de petits milieux. Il y a une façon de leur faire passer la rampe. »

Bernard Frank s'intègre dans le paysage Sagan. Comme le remarque son ami Henri-Hugues Lejeune, « il est son encaisse-or d'intelligence, comme pour Catherine II M. Diderot ». Il l'aide à faire prendre l'air à ses lectures, garder le cap à sa culture. Elle lui confie ses manuscrits et écoute ses conseils avisés. C'est si précieux pour un écrivain, un lecteur de cette qualité. Il est surtout cette présence constante au manoir du Breuil en Normandie. Bernard a sa chambre attitrée au premier étage. Françoise qui est l'hospitalité incarnée peut recevoir toute sa petite bande. Elle reste dans ses appartements si elle est pressée par le temps pour finir un roman ou si les gens l'ennuient un peu. La maison accueille souvent des passions, des drames. C'est « Au théâtre ce soir » ! Françoise répare et console. Il y a des scènes de colère, on part bouder au deuxième étage, voire y faire sa valise. Bernard pacifie.

Tapi dans le petit salon orné d'une cheminée, il embrase du regard toute l'allée et peut deviner de loin les arrivants.

De cet observatoire, il évalue la situation, imagine le raseur, distribue les pièces du manoir, jauge l'état d'esprit de chacun. Il sait se montrer paternel, donne de sages conseils, défend ses amis avec fidélité sans jamais les juger. Un oiseau rare dans lequel Françoise voit une sorte de jumeau intellectuel. « Françoise Sagan et moi, dira-t-il, c'est un peu comme Jean-Paul Sartre et Simone de Beauvoir. » Une amitié légendaire qui a défié les ans.

Comme le souligne Jérôme Garcin dans un portrait du *Nouvel Observateur* : « Bernard est celui qui a partagé les vacances à Saint-Tropez, les virées au casino, les dimanches sur les champs de courses, les bouteilles de whisky, les accidents de la route, les nuits chez Castel, le Manifeste des 121, les parties de belote, les innombrables domiciles parisiens, le manoir du Breuil, le lit défait d'Annick Geille, les incertitudes du cœur, la fortune, la dèche, les dettes, la timidité et cet adorable bafouillis qui rendait leurs dialogues impénétrables, leur intelligence codée, leurs fous rires enfantins, leur complicité clandestine... Ces deux charmants petits monstres s'étaient en effet reconnus pour ne plus jamais se séparer. Un vrai couple, en somme. »

Un couple de légende vient parfois s'unir à la petite bande : Jules Dassin et Melina Mercouri. Depuis leur rencontre à Cannes en 1955, le réalisateur américain et la volcanique actrice grecque vivent une tumultueuse passion. Françoise Sagan a ainsi raconté[1] : « Ils se connaissaient à peine quand je les rencontrai et après des années dures – dures grâce à son intolérance à l'intolérance – Jules Dassin, chassé d'Hollywood par le maccarthysme, venait de sortir *Du rififi chez les hommes*. Melina, elle, après quelques succès orageux, commençait à trouver Paris vide

---

1. *Paris-Match*, 13 octobre 1978. Voir le livre de l'auteur, *La Véritable Melina Mercouri*, Pygmalion, 2001.

d'hommes aussi fous qu'elle. Ils étaient facilement heureux et malheureux à la fois, à cause de ce passé, leur passé si différent dans les racines, l'existence et les formules, mais si proche par leur nature même et leur but profond : le spectacle. Ils s'arrangèrent, avec, j'imagine, bien des soupirs ou des cris, pour faire de ces différences une addition positive et qui ne laissait plus de place à la mélancolie. Ils eurent des heures pénibles, je les vis fauchés, inquiets, tristes, désespérés. Je les vis heureux, exultants, enchantés de la vie, mais je ne les vis jamais ni amers, ni résignés, ni triomphants, ni surtout jamais rassurés. »

Et la romancière d'égrener ses souvenirs avec le couple : « J'ai mille flashes, dans ma mémoire, de Melina et Juli. Premier flash : Melina arpente le salon d'un de leurs innombrables appartements de passage. Melina gronde, les cheveux dressés et la voix rauque. Juli, en face, l'air accablé, terrassé, l'œil bleu luisant parfois dans ma direction d'un fou rire attendri. Deuxième flash : Juli et Melina sortent de l'Olympia où je les ai menés voir Piaf qu'ils ne connaissaient pas. Il pleut et ils pleurent. Ils y retourneront tous les soirs. Troisième flash : Melina, le visage tragique, me dit : "Juli est un monstre" dans sa chambre avant que Juli dans l'entrée ne me dise : "Melina est nerveuse, non ?", l'air puni. Quatrième (et cinq millionièmes flash) : Melina rit aux éclats grâce à Juli qui rit aux éclats grâce à Melina. » Il y a d'autres souvenirs, bien sûr, plus secrets, plus émouvants ou plus étincelants, mais le dernier de ces flashes est quand même l'un des meilleurs et l'un des plus sûrs. Jules Dassin et Melina Mercouri, cet Américain russe aux yeux bleus, et cette Grecque aux yeux d'or s'amusent follement ensemble.

De Sagan, Melina dira : « Elle est une véritable amie, toujours là quand on a besoin d'elle. » La romancière aime son allure flamboyante, sa générosité débordante, son exubérante joie de vivre et sa voix rauque de tragédienne. Et, quand Françoise voit Melina et Jules au chômage, bien avant le triomphe de *Jamais le dimanche*, elle décide d'écrire pour eux et fait des efforts surhumains : « Dassin est sûr d'être le seul homme qui m'ait fait lever, un mois durant, à 8 heures du matin, en plein hiver, pour écrire avec lui un scénario palpitant, commandé par des producteurs perspicaces, mais surpris par la ruine avant la fin de nos efforts. »

Jules Dassin et Melina Mercouri sont surtout aux premières loges au moment de l'accident de voiture du printemps 1957. Melina va avoir la présence d'esprit d'alerter la gendarmerie et de réclamer par téléphone les premiers secours, lui sauvant sans doute la vie.

6

UNE CERTAINE ALLURE

Le jeu, la vitesse... Tout ce qui grise dans l'ivresse du risque. Elle aime vivre son existence pied au plancher. Madeleine Chapsal, dans son livre *Envoyez la petite musique*, raconte une scène révélatrice : « Elle possédait depuis peu la Jaguar et se trouvait sur une route de campagne où elle roulait, comme à l'accoutumée, assez vite, lorsque déboucha d'un chemin de traverse un cultivateur qui engagea, tranquillement et sans un regard vers le bolide, son attelage à bœufs sur la voix principale. Freiner ? Trop tard. "Je n'ai pas pris le temps de réfléchir, me dit Sagan, j'ai appuyé à fond sur l'accélérateur, la voiture a bondi et nous sommes passés à cinq centimètres du museau de ces braves bêtes ! Dans le rétroviseur, j'ai vu le paysan qui levait les bras au ciel ! Après, je n'arrivais plus à rouler, mes genoux claquaient, mes dents aussi. Nous nous sommes arrêtés pour boire de l'alcool ! Nous étions blancs !" Reste qu'elle est persuadée d'avoir eu le seul bon réflexe : triompher de l'obstacle par la vitesse. »

Bientôt elle s'offre un cabriolet Aston-Martin, l'Aston DB2/4 Mark 2 qui peut grimper à 175 km/h. Elle aime rouler sans contrainte, presque surfer sur l'asphalte, elle qui note : « Quand on va vite, il y a un moment où tout se met à flotter dans cette pirogue de fer où l'on atteint le haut de la lame, le haut de la vague, et où l'on espère retomber du bon côté grâce au courant plus que grâce à son adresse. » En cet hiver 1956-1957, loin de la vie parisienne et de ses tentations, elle habite le moulin du Coudret, à Milly-la-Forêt, qu'elle loue à Christian Dior. Véronique Campion et Voldemar Lestienne, épisodique chevalier servant, lui tiennent compagnie. Elle écrit là les pages qui formeront son roman *Dans un mois, dans un an*. Le décor néo-Louis XVI, boiseries blanches, meubles laqués blancs, tentures grises et portes vitrées à carreaux biseautés l'apaise. Elle aime le petit plan d'eau avec un pont de bois aux rampes torsadées, le bassin qui sert de piscine et le jardin de curé, parsemé de fleurs, de légumes et de plantes médicinales.

Nous sommes le 14 avril 1957. Un dimanche gris où la campagne se fait paresseuse. Jules Dassin, Melina Mercouri sont les invités de Françoise pour le déjeuner ainsi que l'agent théâtral Alain Bernheim et son épouse Marjorie. Le matin, elle fait ses courses dans Milly, achète des poulets rôtis et laisse ses compagnons de week-end préparer la table. Vers 14 heures, Jules Dassin appelle enfin pour dire qu'ils sont près d'Orly, qu'ils ont eu un pneu crevé, qu'ils sont très en retard. Que l'on commence sans eux, recommande le réalisateur. Mais la maîtresse ne veut pas en entendre parler. Elle insiste même pour aller à leur rencontre, laissant Annabel et Jacques Quoirez seuls au moulin. « Ils étaient trois devant, dira un témoin qui voit sortir l'Aston-Martin du chemin qui relie le parc à la route. Derrière il y avait un grand jeune homme. Ils riaient et

Une certaine allure

bavardaient tous. Elle s'est engagée doucement sur la route. Puis elle a démarré très vite vers Auvernaux. »

Il a un peu plu et le ciel est bas. La route est dangereuse avec des déclivités inattendues. Juste avant Corbeil, l'Aston-Martin retrouve la 203 des Dassin. Grandes embrassades méditerranéennes. On se donne rendez-vous au moulin. Il est 14 h 30. La voiture de sport prend la tête, la Peugeot suit. Bernard Frank, Voldemar Lestienne et Véronique Campion bavardent joyeusement avec Françoise. « Ta voiture, c'est un veau », ironise l'un des passagers. Alors, elle appuie un peu sur l'accélérateur. Elle freine dans une courbe et la voiture flotte. Les pneus sont insuffisamment gonflés et beaucoup moins à gauche qu'à droite. Elle tente de freiner à fond, elle est toujours en quatrième. La voiture dérape sur vingt-trois mètres, heurte le bas-côté, bascule dans le fossé en un double tonneau, termine sa course folle dans un champ de blé. Les trois passagers sont éjectés. Sauf Françoise qui reste coincée sous une tonne et demie de métal, la cuisse écrasée et la poitrine brisée.

Les Dassin et leurs amis arrivent les premiers sur les lieux. Comme un fou, le réalisateur se précipite vers l'Aston-Martin dont les roues tournent encore. Melina hurle, invoque Hadès, le dieu des Enfers, mais court vers le bord de la route pour arrêter les voitures qui passent afin de prévenir les secours. Une fois le véhicule remis sur ses roues, Dassin et les siens se rendent compte que Françoise est dans un sale état. Ses fuseaux de velours vert déchirés laissent apparaître sa cuisse broyée. Son sweat-shirt remonté découvre sa poitrine défoncée. Du sang coule de sa tempe, de sa joue gauche. Il en ruisselle sur son chemisier et tout le long de ses jambes.

Ont-ils vraiment tenté un bouche-à-bouche avant l'arrivée des gendarmes venant de Corbeil ? Le rapport du capitaine Boileau notera ce détail morbide : « Une mousse rosâtre coulait de ses lèvres. Elle essayait de parler, mais les mots crevaient sur sa bouche comme de grosses bulles. » On l'emporte sur une civière avec Voldemar Lestienne qui, des trois autres passagers, semble le plus atteint. Bernard Frank s'en sort avec un bras cassé et Véronique Campion avec le bassin fracturé.

Bientôt son frère, Jacques Quoirez, arrive. Resté à Milly, inquiet de ne pas voir sa sœur et ses amis revenir, il est à son tour parti sur la route dans sa Jaguar et apprend le drame qui s'est produit. Quarante-cinq minutes se sont écoulées entre le moment de l'accident et celui où la fourgonnette noire emporte enfin la civière, en direction de l'hôpital de Corbeil. À son arrivée, Françoise est portée par les gendarmes tout le long des couloirs de l'établissement. Les amis sont livides et une infirmière entraîne Jacques dans l'encoignure d'une porte de la couleur des murs :

— Monsieur, c'est une question de minutes. Il faut appeler un prêtre. Il faut lui donner l'extrême-onction.

L'archiprêtre de Corbeil accourt bientôt en ce dimanche, précédé du tintement de la cloche des agonisants, tout noir au milieu des enfants de chœur. Il place un crucifix sur les draps, entre les mains de Françoise. Il prie longtemps.

Tous semblent soudés dans une même respiration contenue, Melina Mercouri déchiquetant presque son komboloï d'impuissance. Jacques tente de joindre un chirurgien, ami de la famille. Par chance, celui-ci est en train de jouer aux cartes avec un de ses éminents confrères, spécialiste de neurochirurgie. Ils accourent à Corbeil. Le professeur Juvenel se penche sur le corps meurtri, pose ses doigts de praticien sur les paupières fermées et délivre cette sentence :

Une certaine allure

— Il faut l'emmener à la clinique de Neuilly, tout de suite.

L'ambulance fonce sur les pavés d'Orly précédée de la Jaguar rouge de Jacques Quoirez, Klaxon bloqué, puis de deux motards détachés par le préfet de Seine-et-Marne, comme dans une scène du film *Orphée* de Cocteau. « Je ne me posais qu'une seule question, dira le frère meurtri, Françoise vivrait-elle jusqu'à Paris ? » L'amour infini fait-il des miracles ? « J'aimais mon frère, avoue-t-elle, c'est peut-être pour lui que je choisis de vivre, dans l'ambulance, lorsque mon cœur, après un temps d'arrêt, se remit en marche. »

D'emblée, le professeur Juvenel diagnostique une double fracture du crâne, fracture de la cage thoracique, fracture du bassin, du poignet, de la clavicule. Craignant une perforation intestinale, un spécialiste de l'hôpital Lariboisière est consulté. À son chevet défilent le professeur Lebeau, chef du service de neurologie de Lariboisière, le professeur Chrétien, spécialiste de pneumologie et le professeur Patel, professeur de chirurgie abdominale à Tenon. Le docteur Louis-Jacques Schwarz[1], le médecin traitant de Françoise, est accouru et tente de rassurer les familiers de la romancière qui attendent dans un petit hall, voisin de la chambre 36. Il faut patienter, espérer, en surveillant le cœur.

À la presse, aux dizaines de journalistes et reporters accourus en toute hâte, le professeur Lebeau à 0 h 45 déclare :

— Il y a un mieux, mais ce mieux ne veut pas dire grand-chose. Il y a trois jours graves à passer, trois jours pendant lesquels il nous est impossible de nous prononcer. Mais nous ne pouvons envisager une opération. En tout cas ni ce soir ni cette nuit. Il faut attendre.

---

1. Il écrit une chronique médicale dans le *France-Soir* de Pierre Lazareff, qu'il signe du pseudonyme de Medicus.

Toute la presse fait ses gros titres avec l'accident sur lequel plane à cet instant l'ombre de la mort : « La romancière Françoise Sagan capote à 140 à l'heure près de Milly » ou « Sur la route des enfants terribles, Françoise blessée » ou bien « Héros romantiques Dean et Sagan sont frère et sœur ». L'accident de Sagan envahit même la une des journaux américains. Les rédactions du monde entier préparent sa nécrologie, les rotatives sont prêtes à imprimer le dénouement fatal. « Sa mort, que l'on pressentait dans la nécessaire ambiguïté du texte, se souvient un journaliste, était déjà scandaleuse par excellence. Elle n'aurait pas péri comme cent autres victimes de la route. Françoise Sagan aurait reçu le châtiment de son excentricité. »

Le noir des caractères typographiques prend presque des allures de deuil. Les éditorialistes font évidemment la morale, tel Jean Farran qui écrit : « Mais qu'y a-t-il donc au-delà du style Dean-Sagan, au-delà des chandails, des scotchs, des pieds sur la table, des cheveux dans les yeux, des portes de voiture qui claquent, de Buffet, et des chanteuses noires ? Qu'y a-t-il donc au-delà de ces puérilités qui a réussi à faire d'eux des idoles ? Il y a cet embarras à vieillir qu'on appelle exagérément le mal de vivre. » Heure par heure, les journaux et radios tiennent informés les Français de son état de santé. L'accident d'une romancière aussi jeune, aussi douée, frappe les imaginations.

À Neuilly, de temps en temps, un éclair bleu de flash efface la nuit de l'avenue, ruisselant sur une carrosserie de voiture. Derrière les vitres, on découvre un profil. Le père de Françoise arrive de Suisse, sa mère de Cajarc. Sans cesse des télégraphistes et des fleuristes franchissent les grilles. Le personnel tout entier des éditions Julliard adresse une énorme corbeille d'hortensias. Un fan-club italien affrète un autocar pour se rendre sur place et dépose des bottes d'œillets à la réception. Près de mille bouquets lui parviennent en quelques jours. C'est en écoutant la radio de sa voiture que Guy Schoeller a appris l'accident. Il se rend à la clinique et passe la nuit à veiller en compagnie de Jacques Quoirez. La légende veut qu'il ait prononcé, en se penchant sur le visage marqué et endolori de Françoise inconsciente, cette formule digne d'un mélo : « Si tu guéris, je t'épouse ! »

Enfin, après trois jours d'attente incertaine et après avoir subi un pneumothorax, Françoise parvient à émerger du « grand trou noir ». Jacques Quoirez et Alexandre Astruc sont alors à son chevet dans la petite chambre blanche.

— Qu'est-ce que je fais là ? s'étonne-t-elle.
— Tu as cogné, lance Jacques.
— Eh bien ! J'ai dû cogner fort !

Elle ne veut pas croire à l'accident et on doit, pour l'en convaincre, lui montrer une photographie de l'Aston-Martin réduite à un tas de ferraille :

— Quel dommage, une si belle voiture ! dit-elle nostalgique.

Le 17 avril, Jacques Quoirez peut donner lui-même des nouvelles de sa sœur à la meute de reporters : « Il faut encore attendre dix jours pour être absolument sûr que Françoise sera sauvée. Mais les quarante premières heures les plus dangereuses sont passées. » Marie Quoirez, interrogée elle aussi, souligne : « Elle nous a paru très lucide. Les médecins ont pu lui ôter les pansements qui lui recouvraient le visage et lui laver les cheveux. Elle a la figure encore très enflée, mais elle m'a parlé clairement. »

La presse la voit déjà se remettre à grands coups de scotch, entourée d'innombrables copains. Mais les médecins, qui lui posent des agrafes afin de réduire sa fracture de la clavicule, la préviennent : elle devra cesser toute activité pendant six mois et ne reprendre une vie normale que dans un an. Pour soulager les douleurs consécutives à toutes ses blessures, les médecins ont recours à l'antalgique du moment, le morphinique que tout établissement hospitalier doit prescrire à ses patients hyperalgiques : le Palfium sur lequel nous allons revenir. Quand elle quitte le 30 avril la clinique Maillot sur une civière, elle sait qu'elle entame une lente et douloureuse convalescence. Sa polynévrite – une inflammation des nerfs – lui provoque des douleurs dans tout le corps, l'empêchant presque de marcher. Flanquée de la divertissante Annabel en garde-malade, elle part faire ses premiers pas à Beauvallon, sur le golfe de Saint-Tropez, dans une villa que lui prête l'industriel René Mer. Mais elle souffre de telles crampes douloureuses qu'Annabel doit parfois se lever la nuit pour placer des compresses sur ses jambes. La seule chose qui fasse alors de l'effet est le Palfium 875.

Synthétisé au début des années 1950 par le professeur belge Paul Janssen sous le code R875, le dextromoramide (nom de la molécule active) vient tout juste d'être commercialisé en 1957 sous le nom de Palfium. Morphinique de synthèse, par opposition aux dérivés morphiniques obtenus « naturellement » (par distillation du broyat de pavot), le dextromoramide est cinq fois plus puissant que la morphine de base. Le Palfium se présente sous la forme d'une poudre blanche dont la consommation se fait par absorption (comprimés de 5 mg) ou injection (ampoule de 5 mg). Ses effets, très rapides mais assez fugaces (demi-vie courte), sont très supérieurs à ceux des autres morphiniques de l'époque. La médaille a ses revers, et non des moindres : hypotension artérielle, source de malaises, nausées et vomissements, dépression respiratoire et risque élevé de surdosage notamment en cas d'insuffisance, très fréquente chez les alcooliques chroniques. Sans parler de la dépendance qu'il induit et qui sera fatale à Françoise puisqu'il sera finalement retiré du marché en juin 1999, jugé trop « toxicomanogène » après quarante-deux ans de prescription en toute légalité...

Trois mois de ce régime « forcé » transforment Sagan en une droguée. Pour elle, la dépendance va en effet durer quarante-deux ans, avec des hauts et des bas, des cures de désintoxication, dont la plus célèbre donne naissance au livre *Toxique*. Car, rebutée d'en être dépendante, elle entre à l'automne 1957 dans la clinique du docteur Morrel, à Garches en banlieue parisienne, afin d'y perdre le goût de ce mauvais ami. Une telle cure de sevrage a lieu sous surveillance médicale étroite. À grand renfort d'hydratation, on diminue progressivement les doses du produit dont on veut sevrer le patient et on lui substitue une autre molécule qui ne crée pas de dépendance et que l'on pourra cesser de donner une fois le sevrage accompli. Pour cette substitution d'époque, le médicament utilisé est de la clonidine.

Dans son récit *Toxique* qui fait tant penser à l'*Opium* de Jean Cocteau, on retrouve ses invariants que sont la souffrance, l'angoisse du manque, les aléas d'une relation thérapeutique bien spécifique, le long et méchant cousinage avec la sensation de déchéance, l'hypothèse de la lente remontée vers une vie débarrassée d'une béquille longtemps indispensable et devenue mortifère. Dans ce journal, Françoise croit toucher le fond et seule l'écriture la sauve du désespoir. Les mots ont soudain du poids. *Toxique* est le journal d'une femme qui évacue ses pensées nocives, acides, sur l'acceptation de la mort. Ou comment l'écriture devient un exutoire purgeant l'organisme de ses substances toxiques.

De sa souffrance physique, peu de chose nous parvient. Sa pudeur ou son élégance la retiennent d'en parler avec précision. Les tourments du manque, en revanche, sont bien là, tout comme son inquiétude devant ce sentiment de perte de contrôle : « Il paraît que ça va devenir difficile.

Je le crois volontiers depuis ce matin. Il faut, paraît-il s'accrocher. L'esprit monte et descend entre deux crises, sans cesse. Décrocher le téléphone, garder cet air courageux, expliquer posément que décidément ce n'est pas supportable comme ça. Ils feront quelque chose, quelque chose qui retardera le moment où je partirai. Tout ce que je fais est contre moi, c'est assez épouvantable. » Un mot revient, « l'ampoule », important comme l'est l'attente de sa venue, car c'est elle qui réduira les symptômes du manque et calmera le jeu. Elle note effrayée : « La seule solution est d'attendre que ce soit vraiment douloureux. Et non pas prodigieusement énervant comme maintenant. Je m'épie ; je suis une bête qui épie une autre bête au fond de moi. » L'angoisse, la dépression l'envahissent avec une violence terrible qui la ravage et la laisse sans voix.

Dans l'édition que fera Julliard de *Toxique* en 1964, les dessins saisissants de Bernard Buffet accompagneront les textes et plus encore, le non-dit qui se cache derrière eux. Ils décrivent l'attente lancinante, la lassitude du corps, la solitude, la peur. Certains mots ou pans de phrase sont ainsi repris par le peintre, tracés avec la force de son trait noir, reconnaissables, pointus, presque gothiques. Derrière ses illustrations dont les traits sont pourtant ceux d'Annabel suinte le malaise, transparaissent les faiblesses d'une femme dont le corps n'est qu'un poids épouvantable, mais aussi sa force, ce sentiment de jeunesse qui ne l'a jamais quittée : « Je n'ai pas vieilli en fait, je n'ai renoncé à rien. » Avant de sortir de la clinique, elle achève son journal par ces phrases lucides : « Je me suis habituée peu à peu à l'idée de la mort comme à une idée plate, une solution comme une autre si cette maladie ne s'arrange pas. Cela m'effraye et me dégoûte mais c'est devenu une pensée quotidienne et je pense être à même de la mettre à exécution si jamais... »

Une certaine allure

Tous ses amis affirmeront qu'après l'accident et son séjour amer à la clinique du docteur Morrel, Françoise Sagan n'est plus tout à fait la même. Quelque chose s'est cassé irrémédiablement. Elle dit même : « J'ai changé d'abord parce que j'ai découvert que j'étais vulnérable. Et ensuite parce qu'avant j'étais nocturne et que maintenant, forcément, je deviens diurne. » Elle découvre, à ses dépens, qu'elle est faite de chair, d'os et de sang et aussi que la chance est sans doute une amie volage. La réalité âpre et définitive est qu'elle ne pourra plus se passer de la drogue. En ce sens sa cure à Garches est un semi-échec, infructueuse. Les ordonnances complaisantes du docteur Schwarz se multiplient dans les années qui suivent. Quand il n'en trouve plus dans les pharmacies françaises, Jacques Quoirez se rend en Belgique, dissimulant les ampoules par dizaines dans la capote de sa Jaguar, faisant un véritable trafic de stupéfiants sans s'en rendre compte.

Qu'a-t-elle connu de si particulier, de si différent des autres malades soignés avec de la morphine, pour qu'elle en devienne une victime soumise et captive ? Pourquoi cet échec ? Interrogeons le docteur Philippe Nahy, qui s'est penché sur son dossier médical. « Plusieurs éléments conditionnent la réussite d'un tel sevrage : l'adhésion inconditionnelle du patient, particulièrement difficile, car tout bon accro doit trouver un intérêt à se sevrer, des médicaments de substitution efficaces (la clonidine ne l'était guère, mais il n'y avait rien d'autre en 1957), un accompagnement de psychothérapie qui a manqué à Sagan (mais cela était rare à l'époque dans cette indication) et du temps, beaucoup de temps. Sagan n'a jamais su laisser du temps au temps. Sa nature addictive tendant à substituer constamment une raison d'exister par une autre, son tempérament excessif et la qualité de la prise en charge globale de ce sevrage à l'époque ont cumulé tous les handicaps pour la réussite d'une telle cure. Dans ces conditions, son échec était couru d'avance. »

Tous les proches sont mis à contribution et les pharmacies de garde vont prendre l'habitude des ordonnances de Palfium rédigées pour Françoise Quoirez. Même Denis Westhoff conserve un souvenir d'impuissance face aux crises de sa mère : « À des moments que je serais incapable de situer, lorsque ma mère était malade, qu'elle était assiégée intérieurement, qu'elle était si malheureuse, au point parfois de nous envoyer tous promener et d'exiger la venue immédiate d'un médecin – parce qu'elle savait qu'au terme de ses atermoiements il finirait par lui faire une piqûre pour la calmer –, j'ai voulu comprendre les raisons de ses douleurs, de ce calvaire pour lesquels son extraordinaire force et son intelligence devenaient tout à coup si malhabiles. Comprendre cette relation intime et infernale avec ses substances. Comprendre pourquoi ce qu'elle avait de plus cher, sa liberté, avait pu être sacrifié si longtemps à petit feu sur l'autel de ces flacons[1]. »

En juillet 1976, dans un article paru dans *L'Express*, Sagan rend d'ailleurs hommage « aux bons docteurs de SOS Médecins » sans préciser la nature des prestations fournies. Ce sont eux qui, les nuits de manque, lui délivrent le Palfium tant espéré... Que ressent-elle alors ? Qu'est-ce qu'être « palfiumane » ? Nous interrogeons une ancienne utilisatrice qui souhaite garder l'anonymat : « On s'en procurait facilement, du moins jusqu'aux années 1985-1990. Après, il fallait ruser, connaître le nom des médecins qui, post-soixante-huitards toujours rebelles, ou jeunes diplômés soucieux de se créer une clientèle, ne rechignaient pas à en prescrire quelques boîtes. Leurs noms, comme des dealers, s'échangeaient discrètement entre initiés.

---

1. Denis Westhoff, *Sagan et fils*, Stock, 2012.

Une certaine allure

La rapidité d'action du Palfium était sidérante. Moins de cinq minutes après avoir avalé les comprimés, c'était presque "un flash" qui t'arrivait d'un coup, tellement fort. Ça rappelait celle de l'héroïne. En un instant, la moindre lumière t'éblouissait, les objets se distordaient et ta vie devenait belle. On se sentait fort, presque invulnérable. Il n'y avait plus de limites. Mais le Palfium ne tenait pas au corps. Ses effets retombaient très vite – trente minutes, guère plus – et t'incitaient à en reprendre plus souvent et davantage à chaque fois. Car après, tu étais mal, très mal. Tu avais froid. Tu tremblais alors que tu étais en nage. Tu n'avais pas faim, tu avais mal au ventre. Tu ne pensais qu'à une chose, en reprendre ! Cet engrenage était une sacrée dépendance. »

Est-ce un hasard si tous ses romans et ses pièces de théâtre mettent au premier plan une « héroïne » et si tous ses personnages sont dépendants de quelque chose. Tant d'allusions à la drogue fleurissent son œuvre, comme autant de bouteilles inconsciemment jetées à la mer, autant d'appels au secours. Dans *Le Garde du cœur*, Lewis est un amateur de LSD. Zelda, le personnage de *Il fait beau jour et nuit*, confesse son goût des paradis artificiels. Dans *Un profil perdu* puis dans *Le Lit défait*, elle évoque sans fausse pudeur les adjuvants auxquels elle a eu recours à maintes reprises. Julius Cram, le puissant homme d'affaires de *Un profil perdu*, renouvelle ainsi son stock de pastilles à New York. Quant à Édouard Malignasse, auteur dramatique dans *Le Lit défait*, il avale régulièrement des « pilules psychotoniques ». Sans oublier l'autre personnage du roman, atteint d'un cancer, qui se drogue afin d'apaiser lui aussi ses souffrances. Sagan mêle ses passions et ses vices dans la vie comme en littérature.

Annick Geille dans son livre *Un amour de Sagan* relate une scène symptomatique : l'écrivain s'est réfugiée en vacances en Guadeloupe et il faut à tout prix réveiller dans la nuit un pharmacien pour obtenir impérativement le médicament convoité. Marie-Thérèse Bartoli, la secrétaire de Sagan pendant seize ans, a raconté dans *Chère Madame Sagan* un épisode presque banal : « Un matin, je suis seule avec Françoise dans l'appartement. Tout est calme. Je travaille dans mon bureau lorsque je la vois sortir de sa chambre et avancer en titubant, les mains à la gorge, comme si elle étouffait. "Je suis mal, je suis mal…", gémit-elle en arpentant le couloir. Elle passe devant moi sans me regarder et retourne dans sa chambre… La veille, elle a laissé ce petit mot sur la table : "J'ai soif, j'ai mal partout…" Dois-je intervenir ? Au bout de quelques minutes, ne l'entendant pas, je la rejoins dans sa chambre. Assise sur son lit, le visage crispé, elle se tord les mains. Je comprends tout à coup que ce que je prenais pour des manifestations d'angoisse est peut-être lié à l'usage de calmants dont elle était en manque. »

Denis Westhoff lui-même se souvient qu'« elle était terrifiée à l'idée d'être la proie des flammes, d'être confrontée à une douleur, d'être face à la solitude, et elle faisait tout pour que cela n'arrive pas. Et il fallait que nous la satisfassions de quelque manière que ce fût. Alors, la mort dans l'âme, Oscar (le chauffeur) finissait par partir chercher un produit qu'il savait qu'il n'obtiendrait probablement pas car il manquait la souche… Il devait user de stratagèmes, retourner dans les officines… Il devait inventer des fables, citer le nom de ma mère, montrer le plus grand accablement pour persuader le pharmacien de le laisser repartir avec les fameux produits[1]. » Sagan tentera bien plusieurs cures de sevrage aux opiacés. Mais le Palfium ne sera qu'une partie du problème. L'alcool, le tabac, la cocaïne,

---

1. Denis Westhoff, *Sagan et fils*, op. cité.

tous ses paradis artificiels l'entraîneront sur un chemin de croix médical : pancréatite chronique, ostéoporose et enfin embolie pulmonaire mortelle. Tous ces problèmes sont intimement imbriqués et trouvent leurs origines dans ses multiples dépendances. Écrire une biographie de Françoise Sagan, c'est presque travailler avec le *Guide Vidal* sous le coude.

En cet été 1957, Françoise reprend peu à peu goût à la vie. Les séquelles de l'accident, la désintoxication lui donnent une certaine gravité, un poids supplémentaire qui lui fait voir la vie autrement, peut-être avec moins de désinvolture et en même temps avec une légèreté accrue, persuadée que la vie décidément ne tient qu'à un fil, et qu'il faut alors, ce fil, le faire vibrer le plus possible avant qu'il ne se casse comme elle-même l'a été. Elle part pour le Lavandou assister au tournage de *Bonjour Tristesse*. Une rencontre au sommet a précédé sa venue. L'idée de confronter, lors d'un cocktail médiatisé, Françoise Sagan à Jean Seberg, l'auteur prodige et son héroïne, a germé dans la tête d'Otto Preminger. Que l'auteur du roman soit indisposée de ne pas avoir eu son mot à dire du casting ne l'effleure même pas. De fait, le contact entre Françoise et Jean est glacial : poignée de main d'une extrême mollesse. La mine rébarbative, Sagan allume une cigarette et rejette longuement la fumée.

Après la mort de l'actrice, elle confiera qu'elle ne s'est pas du tout sentie inspirée par ce choix. À un journaliste qui l'interroge : « Et vous, Françoise ? Entre Cécile et Jeanne d'Arc, laquelle des deux vous ressemble le plus ? » Elle tapote sa cigarette pour en faire tomber la cendre et lance : « Cécile est amorale. La morale, elle n'y croit pas. Elle n'est ni cynique ni perverse. À part son plaisir, elle se fout de tout. — Rien à voir avec Jean Seberg, alors ? » L'écrivain hausse les épaules : « Cécile est une fille qui peine à s'affirmer, pas une star. Elle n'est ni américaine, ni mannequin, ni sainte nitouche. Elle n'est ni pucelle ni gravure de mode de papier glacé. C'est une adolescente d'aujourd'hui. »

Preminger, un peu inquiet de la tournure que prend l'entretien, intervient et parle de sa distribution : David Niven, Deborah Kerr, Mylène Demongeot. Aucun photographe ne saisit vraiment alors la moue un peu dubitative de Sagan. Les clichés de la rencontre vont s'étaler en une des couvertures de magazines à gros tirages de l'époque. Sagan n'aura plus son mot à dire et n'assistera pas aux rushes. Si les scènes d'introduction en noir et blanc du film fonctionnent, celles en Technicolor paraissent aux antipodes de l'univers du roman. Avec amertume, l'auteur constatera que jamais le point de vue de Cécile n'est adopté alors que, au centre de l'histoire, elle en est l'unique déclencheur. En fait de parti pris, un discours du genre moralisateur se dessine. À la sortie du film, la critique sera assez fielleuse. Le *New Yorker* réclame « une bonne fessée » pour Cécile l'amorale, le *Saturday Review* conclut que Preminger n'est pas parvenu à transformer la Cendrillon de Marshalltown en actrice digne de ce nom. Certains soulignent le manque d'émotion : « Jamais nous ne sommes émus. » Pourtant le film a ses qualités et du court roman de Sagan, grave par inadvertance, Preminger a tiré une tragédie en trois actes, superbe, hiératique et figée.

La romancière part finir d'écrire à l'hôtel Lutétia son livre *Dans un mois, dans un an*. « Room-service » devient son mot préféré. Mais les charmes d'un palace réservent parfois des surprises. Un jour que la fenêtre de sa suite est restée ouverte, les vingt dernières pages du livre s'envolent boulevard Raspail et elle est obligée de les réécrire à la hâte car René Julliard attend son manuscrit pour le publier le 2 septembre. Après toute la publicité accordée à l'accident automobile de son poulain, il espère un razde-marée chez les libraires. Deux cent cinquante mille exemplaires sont commandés d'avance. Le mythe Sagan n'est pas un vain mot. Le livre est dédié à Guy Schoeller, homme à femmes et grand séducteur devant l'éternel, qui s'impose désormais dans le rôle convoité de chevalier servant. Le titre s'inspire d'un vers de *Bérénice* de Racine, très explicite : « Dans un mois, dans un an, comment souffrirons-nous... »

Troisième roman. On devine, dès la couverture, qu'il s'agit de l'écoulement du temps et du vieillissement des passions. Dans *Bonjour Tristesse* et dans *Un certain sourire*, l'auteur racontait une histoire, celle d'une femme qu'à tort ou à raison le lecteur identifiait avec la romancière. Dans ce nouveau livre, point d'héroïne, point de fil conducteur. C'est tout un groupe de personnages qui, placés sur un tapis roulant, vont ensemble devant nous d'un mouvement rapide et continu, vers une autre année et vers l'oubli. Bernard, qui est marié avec Nicole, aime Josée, jeune fille riche et libre. Alain, quinquagénaire, qui est marié avec Fanny, aime Béatrice, actrice belle et violente qui n'aime personne, mais se prête à un jeune cousin provincial d'Alain, puis à un directeur de théâtre. Josée a pour amant, sans trop savoir pourquoi, un étudiant en « duffle-coat » : Jacques. Mais Josée, tout en préférant Jacques, s'endort un soir près de Bernard, et Édouard, qui adore Béatrice, ne comprend pas ce qu'il fait près de Fanny. Le hasard, le désir, l'ambition, la pitié font mouvoir ces tristes marionnettes.

À la fin de l'année, tous se réunissent lors d'une soirée, écoutant la même musique que l'an passé. Les personnages de Françoise Sagan constatent sans amertume et sans défense la fuite irréparable du temps. Un vague parfum de néant flotte dans ce livre et il en est même le thème central : les êtres humains sont plongés dans le temps et emportés par le courant des jours. Chacun, au moment où il souffre, croit ses passions éternelles. Puis tous se retrouvent d'un an plus vieux, apaisés par la faiblesse, autour de leurs passions refroidies.

Certains critiques éreintent le livre, tel Henry Muller qui écrit : « Ses centaines de milliers de lecteurs vont désormais connaître ce roman. Seront-ils déçus comme nous le sommes ? C'est sans doute à craindre. On attendait autre chose d'une jeune romancière de vingt-deux ans, qui avait su montrer dans ses deux premiers ouvrages qu'elle possédait un don – d'autant plus étonnant qu'il était précoce – de peindre des sentiments de créer des atmosphères, de décrire les nuances des âmes et des cœurs, d'analyser les passions. Peut-être même de refléter dans ses écrits la pensée d'une certaine jeunesse, triste, âpre au plaisir, lucide sur les possibilités de la vie, mais capable de lutter. Avec quelle ténacité intelligente l'héroïne de *Bonjour Tristesse* ne poursuivait-elle pas son dessein ! Pas un de ces personnages de *Dans un mois, dans un an* n'est capable de tant de persévérance, de combattre pour ce qu'il veut et ce qu'il désire. » D'autres tel André Maurois le portent cependant aux nues. Même Jean-Paul Sartre, en privé, l'affectionne. De fait, Sagan prouve ici qu'elle sait bâtir et animer des personnages, que sa faune est variée. On passe d'un couple à l'autre. Puis les couples se dissolvent pour en former de nouveaux. L'image du contrepoint musical s'impose. On est surpris par la densité de certaines phrases, la finesse et la justesse psychologiques.

Quand les journalistes l'interrogent sur l'écriture d'un roman, elle répond de façon très pertinente, presque à la façon d'un musicien : « Quand je commence un livre, j'écris d'abord un premier jet très libre. Surtout pas de plan, j'aime par-dessus tout improviser, avec l'impression de tenir les fils du récit et de les faire bouger à ma guise.

Puis, je travaille sur ce texte. J'équilibre les phrases, j'élimine les adverbes, je vérifie le rythme. Il ne faut pas qu'il manque une syllabe, un pied quelque part. Écrire est aussi un travail d'artisan. Dans une phrase de roman, le nombre de « pieds » n'est pas fixé, mais on sent très bien si la phrase est boiteuse en la tapant ou en la prononçant à haute voix. J'aime la langue française, mais une erreur de français ne me fait pas bondir, j'essaie seulement d'écrire convenablement... Le titre d'un livre me paraît important. C'est un peu une manière de l'habiller. Je choisis toujours des titres qui me plaisent. Mais je les trouve presque toujours après avoir terminé. »

Françoise Sagan s'est toujours défendue de puiser dans sa vie la matière de ses livres. Pourtant la critique et les lecteurs qui se penchent sur son œuvre y relèvent des passages entiers qui disent ses goûts, ses états d'âme, ses foucades, ses fantaisies et sa vision douce-amère de l'amour. Mais quand elle parle du cynisme des quadragénaires, de l'effondrement des femmes abandonnées, que sait-elle de ses modèles ? Ou a-t-elle rencontré cet oncle voyageur d'*Un certain sourire* « qui a les yeux gris, l'air fatigué, presque triste » ? À qui pense-t-elle en écrivant « un jour j'aimerai quelqu'un passionnément et je chercherai un chemin vers lui, avec précaution, avec douceur, la main tremblante » ?

Guy Claude Schoeller pourrait être dans ses romans un de ces héros qui subjuguent les filles de son âge. Né le 11 juillet 1915 à Paris, il a quarante-deux ans et semble d'une élégance soigneusement londonienne. Un grand bourgeois qui a toujours jeté un regard d'épervier sur les femmes, avec un tableau de chasse impressionnant. Il réussit d'ailleurs à franchir le cap de la quarantaine en restant célibataire. Une garçonnière luxueuse du cours Albert-Ier, pleine d'argenterie et de gravures anglaises, abrite de longues conversations nocturnes entre amis. C'est là, devant un feu de bois, qu'il déclare un soir à son entourage que Françoise Sagan est « la fille la plus intelligente qu'il eût jamais rencontrée ». Il la pare de la qualité suprême car ce directeur des exclusivités à la Librairie Hachette, que les journaux enferment dans un personnage suranné de Don Juan cosmopolite, prise l'esprit et l'intelligence. Il a reçu chez les jésuites d'Évreux, puis au collège Bossuet, une solide formation. Il a cette véritable culture qui consiste à faire oublier ce qu'on sait. Il est riche de tous les livres qu'il a lus et dont on ne parle pas. Il a le courage d'apparaître léger quand il est grave et la pudeur de sembler cynique quand il est tendre. Il est brillant, cavalier, amateur de safaris et séduit Françoise par ses qualités d'écoute et sa générosité. Peut-être espère-t-elle aussi trouver en lui un second père, un protecteur, comme son héroïne d'*Un certain sourire* ?

Il aime en Françoise ses lèvres sensibles et son ironie lucide. Sans doute imagine-t-il l'accrocher comme un nouveau trophée à sa collection bien étoffée ? Lorsqu'il parlera d'elle à l'imparfait, ce sera pour souligner : « Elle exerçait une certaine emprise avec son esprit. Elle aimantait les gens. Elle était attirante parce que complexe. Elle était très en avance sur son temps. Elle était généreuse, drôle, vive. » Ce qu'elle aime en lui ? Lui. Le grand dandy svelte. Il la fascine parce qu'il est dangereux et exigeant. Quand tout va bien entre eux, Françoise mène une vie bohème entre ses livres et ses copains. Guy la conseille, la supplie de ne pas jeter l'argent par les fenêtres et de prendre le temps d'écrire, encore et encore. Guy sait reconnaître, à travers le brouhaha du succès, l'authenticité de l'écrivain. Mais quand ça ne marche pas avec lui, elle reprend ses habitudes où la musique et le whisky coulent à flots. On se couche à l'aube, on se lève à l'heure du thé.

Une certaine allure

Guy, le premier, parle de mariage, mais avec précaution, comme d'une lézarde possible dans le mur d'une certaine solitude. Il en parle et puis n'en parle plus. Il est devant le mariage comme un chat devant l'eau froide, avançant une patte et la retirant aussitôt. Il a échappé jusqu'ici à l'hippogriffe nuptial sur une route pourtant peuplée de femmes, semée d'embûches. Derrière lui, toutes celles qui ne l'ont pas gardé. Devant lui, Françoise, ce garçon manqué à la coupe de cheveux courte unisexe qui se croit encore un destin de jeune fille rangée.

Guy lui dit un jour de 1956 à Saint-Tropez qu'il l'aime trop « pour la traiter comme les autres » et qu'il ne peut faire qu'une chose pour elle : l'épouser. Mais deux ans se passent sans qu'il se décide vraiment. Brillante tactique. Ce marivaudage cynique la perturbe un peu. Viennent ensuite l'accident et la convalescence douloureuse. Enfin la demande tant attendue comme un rebondissement inattendu. Sa décision de se marier à la fin de 1957 réveille en elle des sentiments bourgeois. Sa modernité est comme bridée par des réflexes traditionnels. Quoi qu'en pensent ses amis, elle croit au mariage. Le 20 février, Guy Schoeller et Françoise Quoirez signent leur contrat sous le régime de la séparation des biens chez maître Maurice de Ridder, le notaire du futur époux. La presse qui apprend qu'elle va convoler les pourchasse pour tout savoir de la cérémonie.

De fait, tous les éditorialistes semblent perplexes, voire pessimistes devant ce mariage annoncé et personne ne voit l'auteur de *Bonjour Tristesse* s'engager dans ce bonheur commun, dans ce grand partage fraternel, dont elle a toujours privé les héros de ses livres. *Paris-Match* y va de son couplet réticent : « Dans les romans de Sagan, la solitude est au bout de l'étreinte et l'échec est inscrit dans l'amour. Les passions se consument, les sentiments ne durent pas, hommes et femmes vivent côte à côte, amis, amants, mais jamais ensemble, libres mais dissociés, un instant réunis mais bientôt séparés, condamnés demain, dans un mois, dans un an, à se retrouver seuls, face à leur miroir, le visage marqué d'une nouvelle défaite, d'une ride de plus. »

Le 13 mars 1958, Guy Schoeller et elle arrivent séparément à la mairie du 17e arrondissement de Paris. C'est quasiment une émeute parmi les photographes qui les empêchent presque de se rejoindre. Lui arbore un costume-cravate bleu marine sous son pardessus, elle porte un tailleur dragée de Nina Ricci. Les témoins sont pour Schoeller Gaston Gallimard et son avocat maître Sauerwien ; pour Sagan, son frère Jacques et Pierre Lazareff, le puissant directeur de *France-Soir*. L'adjoint au maire, Jean Loubet, qui officie, croit bon de conclure son petit discours par ce clin d'œil : « Madame, j'espère qu'avec un certain sourire, pas pour un mois ni pour un an, mais pour toujours vous direz : Adieu Tristesse. » Pour toute la presse, c'est « Bonjour Hyménée » et les jeunes mariés doivent jouer des coudes pour rejoindre l'Alfa Romeo noire de Guy Schoeller. Direction Louveciennes, à la Vieille Grille, la villa d'Hélène et Pierre Lazareff où les attendent leurs amis pour le repas de noce. La lune de miel n'est prévue qu'à l'été, dans l'inévitable Saint-Tropez.

Ils partent d'abord habiter au 35, rue de l'Université, à deux pas de chez Julliard, au troisième étage d'un immeuble balzacien. Huit grandes pièces. Yolande, la femme de chambre de Guy, allume des feux de bois. Sa cuisinière prépare les repas. Françoise ne peut plus camper selon ses habitudes ; elle est dans un appartement bourgeois où elle est censée jouer la maîtresse de maison, un rôle dont elle va vite se lasser. Sagan ne sera jamais vraiment Françoise Schoeller. Trop d'imprévisible, trop d'aléatoire, trop de malicieux, trop de bohème la gouvernent pour accepter de mener la vie mondaine et un peu monotone de son mari. Ce n'est plus une Aston-Martin qui rugit devant la porte, mais, tous les matins, une Versailles noire pilotée par Jean, le chauffeur en livrée de Guy, qui vient chercher Monsieur pour le conduire à son bureau, chez Hachette. Françoise dort encore et son mari se glisse dehors, comme le font les maris bourgeois, pour aller jouer son rôle d'homme sérieux derrière un fauteuil directorial, parmi les secrétaires et la paperasse. Le mariage change tout. On aime toujours les mêmes choses, on s'efforce d'avoir les mêmes goûts. Mais il faut vivre ensemble !

— Madame n'est pas rentrée ? demande Guy à sa domestique quand il arrive rue de l'Université, après une journée exténuante chez Hachette.

Madame n'est évidemment pas rentrée et Guy lui a pourtant dit qu'on dînait en ville, qu'il faudrait s'habiller, qu'on ne pourrait pas être en retard. Guy se prépare, nouant sa cravate lentement devant la glace. Il regarde sa montre, Françoise n'en a pas. Quand elle arrive, essoufflée, son chien sur ses pas, il jette encore un coup d'œil à sa montre. On les attend. On attend les Schoeller. Françoise ne s'y fera jamais. Et puis le couple donne aussi des soirées et elle ne s'y pliera jamais totalement. Son hospitalité est charmante, mais son organisation est des plus vagues. Elle lance volontiers ses jeans et ses chandails en boule ; aussi la vue des costumes anglais et des chaussures de Guy luisantes et alignées à l'infini la plonge-t-elle dans une stupeur mi-coupable, mi-accablée.

Ne soyons pas injustes : il y a un style vestimentaire Sagan. Elle est entrée en scène vêtue comme une jeune fille rangée, en robe de débutante et petits souliers. Puis, irradiée par le soleil de Saint-Tropez, elle a retroussé son jean et adopté la marinière, pieds nus dans le sable avec un grand chapeau de paille. Ultramoderne, elle sait détourner les codes vestimentaires de la bourgeoisie. Si ses robes et ses manteaux paraissent bien sages, elle les porte avec des cheveux courts, comme un petit garçon insolent, personnifiant une certaine androgynie qui va tant inspirer les créateurs. Elle prise les sautoirs et les gros bijoux sur son chemisier. Dans ses bolides, elle ne cède jamais un pouce de féminité. Elle a le chic d'être elle-même, même avec un simple pull en cachemire.

Mais les grands dîners parisiens de Guy l'accablent d'ennui, avec son lot de snobs de la finance (le P-DG des Chargeurs réunis est un intime de Schoeller) et de mondains. Jacques Chazot et Bernard Frank lui manquent soudainement. Elle aspire à retrouver ses amis à elle chez Régine ou à la Licorne. Et quand elle le fait, elle rentre au petit matin alors que lui part pour monter à cheval. Derrière le quadragénaire aux yeux dorés, derrière ce pli ironique à la commissure des lèvres, elle découvre un homme bien occupé qui tient à ses occupations, un monsieur qui a des relations, travaille dix heures par jour, se lève tôt, envisage d'acheter un appartement avenue Foch. C'est la vie, une vie comme toutes les vies avec des contraintes et de la ponctualité. Françoise n'en a pas l'habitude. Le miracle du talent, la féerie du succès l'ont dispensée des obligations. Elle veut continuer mariée son école buissonnière avec son frère et ses amis. Des gens qui n'ont pas de montre. La romancière des amours qui finissent mal s'est embarquée dans le mariage avec une candeur de petite fille. Elle y a cru. Guy, lui, essaie d'y croire, loyalement, mais sans espoir, spectateur de cette nouvelle aventure où il veut pourtant préserver son plumage de célibataire. Victime de lui-même. Victime de sa liberté.

« Il affichait ses liaisons avec de ravissantes Parisiennes, susurre Charlotte Aillaud. Françoise était écrasée par ces vexations. » Dès juillet, soit cinq mois après leur mariage, des rumeurs persistantes de divorce circulent déjà. Les époux démentent. Mais il existe une photographie presque éloquente du couple, en voiture, à Saint-Tropez. Françoise a son visage fermé des mauvais jours, lui le regard perdu d'un homme dépassé par ce qu'il a lui-même provoqué. Un soir qu'elle dîne en tête à tête avec lui, elle constate qu'elle n'a même plus envie de lui raconter sa journée. Pas même l'envie d'entrer dans le moindre détail. Un constat brutal et sans équivoque. Elle décide de se séparer de lui sans en divorcer encore. Elle lui assène un plaintif : « Cela suffit. Je m'en vais ! » Elle sait qu'avec Guy, tout est achevé et est impossible. Ils n'ont pas été mariés huit mois et elle part s'installer au 52, rue de Bourgogne où Jean-Paul Faure, le petit-fils d'Élie Faure, joue les chevaliers servants. Ils se revoient avant que le divorce ne soit prononcé.

Dans *Derrière l'épaule*, elle se plaît à évoquer leur marivaudage : « À Saint-Tropez où, venu chacun avec un autre partenaire, nous nous rencontrions, en cachette, dans des lieux discrets et prêtés par des amis dépassés. Les cours, les petites ruelles, les étreintes rapides, les boîtes de nuit ou les plages nous servaient de cachettes. Nous étions pourtant mariés encore devant la Loi et je trompais mon amant avec mon mari. » Du Sagan pur jus ! Et la romancière de conclure avec une légèreté mélancolique : « Sur une terrasse à Gassin, appuyée contre Jean-Paul, qui me plaisait et qui plaisait, lui-même, beaucoup aux femmes, j'oubliais Guy peu à peu. »

Quand un mari et son épouse se cachent pour se rencontrer dans le décor truqué de Saint-Tropez, on peut croire qu'ils s'aiment encore… Pourtant, d'un commun accord, ils demandent le divorce. Ils se présentent le 12 février 1960 au tribunal de grande instance de la Seine. Le mariage est dissous par jugement le 29 juin 1960, aux torts réciproques et sans qu'aucune pension alimentaire soit spécifiée. La vie privée de Françoise est étalée devant le grand public mais quelque chose en elle la rend indifférente. Elle ne parlera jamais de son désarroi, elle n'aura jamais un mot méchant sur son ex-époux jusqu'à sa mort en octobre 2001.

Ce mariage a été un « rendez-vous manqué », comme le ballet du même titre dont elle a écrit l'argument et qui est créé à l'opéra de Monte-Carlo le 3 janvier 1958 avant sa présentation au théâtre des Champs-Élysées à Paris le 18 février de la même année. En 1957, l'imprésario Albert Sarfati a l'idée, au premier abord extrêmement judicieuse, de solliciter les talents conjugués de jeunes célébrités telles que Bernard Buffet (vingt-neuf ans), Françoise Sagan (vingt-deux ans) et Roger Vadim (vingt-neuf ans) pour monter un ballet sur une musique de Michel Magne (vingt-sept ans). L'idée les amuse et ainsi naît cette œuvre. Or il va être démontré qu'en additionnant les dons les plus diversement brillants, on ne donne pas forcément naissance à un chef-d'œuvre. Françoise se met au travail et imagine une intrigue contemporaine : l'histoire d'un jeune homme qui attend la première visite de la femme qu'il aime. Après avoir renvoyé des amis importuns, il finit par se persuader qu'elle ne viendra plus et se suicide. Le point culminant de l'œuvre est un long pas de deux amoureux entre le danseur Vladimir Skoutaroff et Toni Lander, même si Noëlle Adam, en vamp de la surprise-partie, vole la vedette à ses partenaires.

On a du mal à imaginer aujourd'hui le ramdam que provoque en 1958 la création de ce spectacle qui réunit les jeunes gloires du moment. C'est le ballet d'une génération. La presse est sur les dents. On murmure même que Juliette Gréco et Brigitte Bardot ont refusé chacune un rôle. Lisons la presse de l'époque : « Quand on apprit, il y a quelque mois, que Françoise Sagan avait écrit l'argument d'une œuvre chorégraphique, c'est-à-dire un "roman à danser", on put croire qu'allait naître le ballet du demi-siècle et que l'auteur de *Bonjour Tristesse* allait apporter au ballet moderne l'élixir de jouvence. »

Les journalistes imaginent déjà une bataille d'Hernani de la danse, voire un scandale qui secouerait l'apathie des choréphiles. De fait, dès le lever du rideau, on est plongé dans un climat de modernité : le projecteur éclaire... un tableau de Bernard Buffet où, entre Lui et Elle, figés sur leurs chaises, s'illumine le cadran marquant l'heure du rendez-vous. Le texte de l'argument se lit sur l'écran de toile, comme à l'époque du cinéma muet. La toile se lève et découvre la vaste garçonnière imaginée par Buffet, avec l'horloge fatidique. En une heure trente, Vadim reprend pour sa mise en scène la technique du cinéma : sous-titres, retours en arrière et projection de photos couleur des rues de Paris. Quinze changements de décors en quinze minutes. Le ballet a coûté trente-cinq millions de francs et comporte un orchestre symphonique de trente musiciens.

Noëlle Adam se souvient de la folie douce du *Rendez-vous manqué* : « C'est Vadim qui, le premier, m'avait recrutée, il voulait une ballerine qui soit un peu comédienne pour ce roman dansé. Ensuite, j'ai rencontré Françoise qui était d'une timidité incroyable. Elle osait à peine parler. Elle m'avait écrit ce rôle de jeune fille sexy qui déboule dans la surprise-partie avec une bonne bouteille de chianti et séduit le mec d'une autre. On m'avait teinte en brune et j'arborais un collant noir et des talons périlleux. J'ai adoré Françoise Sagan. C'était un personnage fou, incroyablement attachant. Elle avait une folie douce. J'aimais sa sensibilité à fleur de peau, et sa façon cocasse et intelligente de dédramatiser les situations. Elle opposait à autrui un front de gaîté téméraire. C'était une femme célèbre et enviable, mais il n'y avait aucune vanité chez elle. La posture du dilettantisme lui allait bien. J'avais été pressentie pour l'adaptation d'*Un certain sourire* au cinéma par Jean Negulesco et le film s'est fait avec une autre. »

La première monégasque tout comme celle parisienne réunit un parterre de rêve : le prince Rainer de Monaco, Jean Cocteau et Jean Marais, Gérard Philipe, Charles Trenet, Roland Petit et Zizi Jeanmaire, Jules Dassin et Melina Mercouri, Ludmilla Tchérina, François Mauriac, Somerset Maugham, Ali Aga Khan, Edgar Faure. À Monte-Carlo, le spectacle fonctionne mais à Paris, après la représentation, les reporters attendent les vedettes du soir chez Maxim's où doit se célébrer leur triomphe. Mais la fête tourne plutôt à la veillée funèbre. Le *Rendez-vous manqué* s'est écrasé devant une salle qui n'a pas caché sa déception. Roger Vadim se fâche même contre ses détracteurs qu'il compare aux réactionnaires de l'Algérie française. Thierry Maulnier lui réplique dans *Le Figaro* : « Monsieur Vadim, vous aussi, restez dans votre spécialité. Pas au-dessus de la ceinture ! »

Le Parisien libéré juge le ballet « comme un divertissement de jeunesse sur un thème bien mince ». *L'Aurore* souligne : « À cette œuvre désarticulée, sinon invertébrée, il eût fallu la patte d'un grand créateur imprimant son style et son métier en même temps que son nom à cette fusion de plusieurs arts qu'est un ballet. Il peut être amusant de surprendre le public, mais que restera-t-il… une fois la surprise partie ? » Même Serge Lifar y va de son couplet sévère : « Je raffole de la naïveté voluptueuse de Françoise Sagan. À part ça, c'est une pauvre gosse. Elle était perdue au milieu des officiels et je lui ai dit : C'est affreux, Françoise, mais je t'aime bien. Allons danser. Elle est modeste, elle a souri. » Malgré cet échec médiatique, le ballet fait salle comble à Paris, Londres et New York.

Paris, Saint-Tropez, Cannes, Monaco... Ce que Françoise aime par-dessus tout, c'est ne jamais rester au même endroit quand elle commence à en sentir le poids des habitudes, de la routine, de l'indifférence. Elle est en train d'écrire son quatrième roman qu'elle a intitulé *Aimez-vous Brahms..*, avec deux points de suspension seulement, comme le suggère Léon-Paul Fargue, qui pensait le troisième superflu. Le livre doit paraître le 2 septembre 1959, avec un tirage de 150 000 exemplaires. Elle part pour Klosters afin de l'avancer. Elle laisse à Paris les accessoires de sa vie turbulente et travaille à son nouveau roman d'un balcon de bois peint où le soleil déferle par-dessus les neiges des Grisons, les dernières neiges avant les crocus, avant les edelweiss. Sa petite musique opère désormais du côté de Brahms, dans une tonalité plus romantique.

7

EXTRASAGANTE

1959 ET 1960 CONSTITUENT DES ANNÉES FERTILES avec *Aimez-vous Brahms..* et *Un château en Suède*. Le goût du succès a quelque chose de si facile qu'il accroît sa façon d'être libre et désinvolte. La vie ressemble à de grandes vacances permanentes ponctuées de quelques obligations.

On comprend toutefois qu'à l'été 1959, elle ait envie de fuir la Côte d'Azur et d'opter pour la Côte de Grâce. Bernard Frank nous donne les clefs de ce changement dans un article paru dans *Vogue* : « Longtemps, je me suis demandé pourquoi Françoise avait choisi la Normandie, elle qui, d'après les journaux qui, pour une fois, coïncident avec ses propres commentaires, n'aime à l'exception d'un Paris domestiqué, que le soleil, les longues étendues ; ces pauses profondes coupées de diableries nocturnes. Ce que je me rappelle, c'est une sorte de conférence de presse qu'elle me tint de retour de Gassin où nous avions bu, à la Pentecôte, un nombre incalculable de dry, et où il était dit que la Côte, l'été, ça n'était plus tenable. »

Françoise lui vante les charmes britanniques de la Normandie et d'une maison de location rare, dégotée par

Chazot : « C'est tout ce que tu aimes. Le confort. Des couloirs. Une ribambelle de chambres avec de vieux meubles. Des arbres. Des prairies douces pour le cœur. Des pluies miracles. L'odeur des pommes. Les feux de bois dans la cheminée. Des haras. Des chevaux tranquilles. » Et la romancière de décréter : « C'en est assez des shorts, des Vachonneries en tout genre. Nous nous enrubannerons désormais de Rothschild, de smokings, de longues robes du soir. Et puis, entre chien et loup, nous marcherons en suivant les allées cavalières qui dominent la mer, la vraie mer. On galopera le long de la plage. Nous ferons les antiquaires. » Personne d'autre que Sagan pour se montrer convaincante et dépeindre la plus belle des fictions.

Les voilà donc partis en direction du manoir du Breuil, sis à Barneville-la-Bertran (que tous les chroniqueurs situeront, de façon approximative, plutôt à Équemauville). On les imagine, Chazot, Frank, Sagan et le chien et le chat entassés dans un coupé filant à l'anglaise, quittant Paris, dépassant Mantes-la-Jolie, Elbeuf, Beuzeville, le Grand Clos et enfin Honfleur. À travers les bocages et les sousbois, ils prennent la côte d'Équemauville, la route de Trouville, puis longent le bois du Breuil. Parfois, la route s'étrécit et se perd sous des voûtes de lierre. Le soleil ricoche entre les feuillages. Et quand la lumière frappe à nouveau, Françoise doit sortir la tête de côté pour ne pas rester aveuglée par les éclats sur le pare-brise. Vient le chemin du Clos et, enfin, la maison altière et grise leur apparaît au bout d'une longue allée festonnée de hêtres, de marronniers et de tilleuls, couronnée de deux immenses tulipiers. Elle a belle allure et l'on comprend que Lucien Guitry y ait passé une partie de son enfance, que Sarah Bernhardt y ait dormi plusieurs fois, que Sacha Guitry l'ait choisie pour sa nuit de noces avec Yvonne Printemps et que les mousquetaires – Alphonse Allais, Alfred Capus, Tristan Bernard, Jules Renard – l'aient souvent fréquentée.

Certes, il faut venir à bout d'une route capricieuse pour apercevoir les plages de sable blanc qui bordent les eaux glacées de la Manche mais cette saison estivale 1959 est exceptionnellement ensoleillée. L'été déploie deux grands mois ses longs nuages satinés, ses mouettes paresseuses. Dans … *et toute ma sympathie*, elle chantera les douceurs de cette nature-là : « Vous vous allongez sous un arbre. Vous regardez les feuilles innombrables, éblouissantes sous un ciel bleu, vide ou habité selon vos croyances. Vous sentez sous vos mains le piquant de l'herbe drue, vous respirez cette odeur de la terre gavée de soleil, vous entendez un oiseau s'extasier derrière vous, à haute voix, sur la beauté du jour. Nulle trace d'être humain… » Ce paysage la rassérène : damier du bocage normand, cheval bai qui s'ébroue, gravier mauve chiné de mica sous les saules devant la maison, effluves mêlés de pommiers et de roseraies.

Mais il y a Deauville et ses tentations, à seulement douze kilomètres, Deauville et ses jeux en début de soirée. Façades roses et blanc cassé, guirlandes de lumières et le casino tout au bout, posé comme une onctueuse meringue glacée. Françoise pousse les portes en fanfare, se dirige vers la banque, règle les entrées et signe un chèque à l'employé. Il faut défier le sort et lui faire rendre gorge, tel le torero qui entre dans l'arène pour dompter sa peur plus que le taureau. Quatre mètres sous plafond, une vingtaine de tables. Les lustres en cristal pleurent sur les joueurs, la salle bruisse de talons et de voix et la fumée s'accroche en volutes torsadées au velours des rideaux. Son visage s'éclaire de joie. « Faites vos jeux », répètent les croupiers en veste rouge, imperturbables sous le halo des lampes disposées le long des allées. Le noir, le rouge, les impairs et les pairs, les manques et les sixtains, le bruit sec des râteaux qui récupèrent les jetons sur le tapis et cet effroi unique, presque vertigineux, ce moment de silence, telle une prière secrète, où le hasard fait son œuvre et délivre son oracle.

Sagan, madone des casinos, gagne avec ce sang-froid que ses voisins lui envient. À peine retient-elle son souffle tandis qu'elle rafle la mise. Un murmure gagne l'assistance quand elle rejoue tous ses gains sur le huit, qui sort deux fois de suite. Chaque fois, elle renchérit et reprend son bien avec une désinvolture qui n'est qu'un masque frondeur. Les plaques tombent en un cliquetis réjouissant si bien qu'un croupier lui propose le renfort d'un plateau. Ses gains s'élèvent à quatre-vingt mille francs de l'époque (ce qui correspondrait aujourd'hui à deux cent mille euros).

Comme elle est joyeuse cette sortie au petit matin dans Deauville et ses lumières, ses clignotements pâles et minuscules. La voiture décapotable qui regagne le manoir a un parfum de comédie napolitaine. Et le reste d'appartenir à la légende, telle que l'a racontée Sagan : « Nous rentrâmes enchantés à la maison, pour tomber, devant la porte, sur le propriétaire lui-même, son inventaire sous le bras, qui me fit remarquer sévèrement qu'il était 8 heures du matin, heure fixée pour notre départ. »

Ils commencent l'inventaire besogneux quand le maître des lieux lui demande à tout hasard si elle ne voudrait pas acheter la maison. Elle répond vaguement qu'elle est une locataire née et qu'elle n'achète jamais rien quand il oppose cet argument tentant : « Étant donné les travaux à faire, je ne la vends pas cher, je la vends quatre-vingt mille francs. » La coïncidence est trop miraculeuse pour que Françoise ne se décide pas : « Nous étions le 8 août à présent, j'avais gagné avec le 8, il la vendait huit millions anciens, il était 8 heures du matin, que vouliez-vous que je fisse contre tout cela ?... Je tirai des billets de mon sac à main du soir, qui en débordait, et les lui mis dans la main, avant d'aller me coucher, triomphante, dans ce qui allait être mon seul bien sur terre, une maison toujours un peu déglinguée... »

De maison d'une saison, elle devient la maison de toute une vie. Certes longtemps, la propriété sera menacée de vente, mais Françoise parviendra contre vents et marées à la garder. En 1991, à la suite d'un incendie causé par un court-circuit, des travaux importants sont effectués dans tout le bâtiment, lui faisant perdre un peu de son âme. Puis, dans ses années de dèche, le manoir du Breuil devient le théâtre d'un ballet macabre : les huissiers enlèvent meubles et objets les uns après les autres, et Ingrid Mechoulam, la dernière compagne de l'écrivain, les rachète en douce pour en regarnir les pièces de la demeure. Finalement, la maison lui échappe jusqu'au moment où sa protectrice parvient, dans un ultime coup du sort, à la racheter à la banque Dexia. Grâce à sa générosité, Sagan pourra encore en profiter jusqu'à sa mort. La propriété appartient désormais à Jacques Gounon, P-DG d'Eurotunnel depuis 2005, et la gouvernante en est toujours la fidèle Mme Le Breton. On a enfin mis le chauffage dans la maison du gardien.

Mais revenons à cet été 1959, où le manoir devient désormais son repaire. Tantôt refuge bucolique où elle puise l'inspiration, tantôt demeure mondaine où elle reçoit ses proches. Chaque été, ses amis viennent y passer au moins un week-end et elle fera construire en 1973 une piscine, en prévision des journées chaudes. Régine prend toujours la chambre rose, la plus lumineuse, et Bernard Frank la verte du premier étage, qui donne à l'ouest. Une autre chambre sera « la chambre des enfants » occupée à partir de 1962 par son fils Denis. Un long couloir mène à l'unique salle d'eau de l'étage. Françoise s'installe tout en haut, sous les combles comme si elle veillait sur le sommeil de ses hôtes. De son lit de cuivre, elle peut voir le soleil se lever d'un côté et de l'autre le soir tomber. Sa pièce a le privilège de posséder une grande salle de bain, un dressing-room et une petite terrasse-solarium. Le secrétaire, la commode, les pastels de Suzanne donnent un ton Louis-Philippe.

Quand, bien plus tard, elle ne pourra plus monter, elle s'installera dans la chambre du rez-de-chaussée, au ras de prairie. De l'autre côté de l'escalier, Jacques Quoirez dort le plus souvent dans la « chambre Napoléon » au sol rouge et au style Empire. Tout le monde se retrouve dans la salle de jeu qui s'ouvre par trois immenses fenêtres sur le grand pré, sauf si Françoise préfère s'isoler pour écrire au rez-de-chaussée. Les vastes pièces meublées de bric et de broc, des coussins partout, des fauteuils en rotin, des abat-jour de guingois et des vanneries anciennes chinées à Honfleur apportent à l'ensemble une touche chaleureuse.

Françoise passe donc tout le mois d'août 1959 dans sa nouvelle propriété et René Julliard y organise la promotion de son nouveau roman. Bernard Frank a ainsi raconté dans l'hebdomadaire *Arts* : « Cet été, nous étions quatre en Normandie. Quatre ou six, ou huit, je ne sais plus. Je me souviens qu'il y avait Chazot, une blonde boudeuse, un spécialiste du saut en hauteur qui touchait la corde régulièrement dès qu'elle s'élevait à plus de 1,60 m. C'était la faute à ses espadrilles, disait-il. Et puis Youki, gros chien peureux qui nous faisait rire. Et puis Napoléon, un chat tendre qui aimait dormir dans le lit même du critique. Il y avait un essaim de journalistes et de photographes, tous plus séduisants les uns que les autres, et qui venaient des quatre coins du monde, de *Match*, de *Jours de France*, de *Elle*, de bien plus loin. Tous ces messieurs réunis, je vous le jure, cela faisait un beau parc d'automobiles. Ils n'avaient pas de mauvaises intentions. Ils voulaient seulement que Sagan aille près d'une vache, ou d'un tronc d'arbre, ou d'une Bristol. Pour faire peuple, pour faire jeune vague, les plus vicieux poussaient l'excentricité jusqu'à lui proposer d'entrer dans une 2 CV Citroën ou de boire un grand verre de lait. Nous, les Barons, très dignes, très courtois, pas cabots pour un sou, nous n'étions pas contre ces procédés, simplement nous ne voulions pas qu'on nous gâche nos parties de cartes. » Tous les magazines font de son livre l'événement de la rentrée littéraire 1959. Bernard Frank lui-même le proclame : « Il faut à tout prix que je trouve une nuit pour lire, avant 500 000 personnes, ce futur best-seller. Il me reste quinze jours pour être un happy few au lieu d'un mouton. »

L'intrigue d'*Aimez-vous Brahms..* est douce-amère. Françoise Sagan met en scène l'attachant personnage de Paule, décoratrice, divorcée et qui vit seule. Elle est séduisante et pourtant son visage a perdu sa fraîcheur. Elle aime Roger depuis six ans et résiste patiemment à ses infidélités. Elle est son point d'ancrage, elle le sait. Mais l'attente et la solitude l'éprouvent chaque jour davantage. Elle rencontre un jeune homme, Simon, le fils d'une cliente, qui s'éprend d'elle passionnément, l'emmène écouter Brahms en concert. L'auteur évoque ainsi cette relation triangulaire du point de vue de chaque personnage. Mais dans le fond, il s'agit surtout de Paule, de ses doutes, de ses renoncements, de ses désirs. Sagan scrute avec tendresse les réactions de cette femme qui se laisse aimer éperdument, comme si c'était la dernière fois. L'analyse psychologique est subtile. Le ton souvent mélancolique.

La presse est assez laudative, hormis les critiques Claude Roy et Jean-François Rolland de *France-Observateur*. Dans l'hebdomadaire *Arts*, Matthieu Galey donne le diapason : « Ce drame cornélien de la solitude ne m'a pas autrement étonné. Sagan revient à ses premières amours, mais avec une gravité nouvelle. C'est sans conteste de tous ses romans, le plus riche, le plus mûri, le plus profond. »

Il s'en vend 265 000 exemplaires en un temps record. Il ne reste plus qu'à le porter à l'écran pour en redoubler les ventes. Anatole Litvak, dont la sensibilité est très proche de celle de Françoise, choisit un trio subtil avec une Ingrid Bergman partagée entre Yves Montand et Anthony Perkins : un casting de rêve. Françoise se montre très présente pendant le tournage et fait même de la figuration en dansant avec Sacha Distel. Elle le préférera à toutes les autres adaptations de ses romans.

Bientôt c'est au théâtre qu'elle s'offre une nouvelle carrière qui débute brillamment par un triomphe : *Château en Suède*. En effet, à la fin de l'année 1959, elle revient sur une esquisse de pièce de théâtre jetée sur le papier avant son accident près de Milly-la-Forêt. Jacques Brenner publie le texte inédit dans *Les Cahiers de saisons*, distribué par Julliard. André Barsacq, le dynamique directeur du théâtre de l'Atelier, est immédiatement séduit par les dialogues. Il lui demande de restructurer la pièce et de lui donner une colonne vertébrale. Avec ce dosage ravageur chez elle de profonde humilité et de culot timide, elle s'y met et revoit son manuscrit. En trois semaines, la version finale est achevée.

Première pièce à l'affiche pour Françoise et une certaine maladresse de jeune auteur qui la sert ici. Ignorante des règles dramatiques, son intrigue improbable est animée par des dialogues élégants, d'un cynisme charmeur. Cette « joyeuse histoire d'enfermés » selon sa définition est un marivaudage moderne, vivement enlevé. Comment résumer la pièce ? En Suède, dans un château perdu, vit une étrange famille. Hugo Falsen (Philippe Noiret) y fait vivre non seulement sa sœur Agathe (Marcelle Arnold, vite remplacée par Yvonne Clech), douce maniaque de l'histoire, sa femme Éléonore (Françoise Brion) et le frère de cette dernière, Sébastien (Claude Rich), mais encore sa première femme, Ophélie (Annie Noël) qu'il séquestre après avoir fait croire à sa mort. On ne divorce pas chez les Falsen. Au reste, tout le monde s'accommode fort bien de cette situation, comme du déguisement historique qu'Agathe, férue du passé, impose à tout le monde. Seulement, au début de l'hiver, survient un jeune visiteur, Frédéric (Henri Piegay) et le jeu se noue. Éléonore et Sébastien vont jeter leur dévolu sur lui pour se distraire. Éléonore le rejoint la nuit, Sébastien excite la jalousie d'Hugo. Ils veulent rendre Frédéric doublement fou, et d'amour et de peur. Mais grâce à Ophélie le jeu va leur échapper, ils vont en perdre les rênes, et la neige, la terrible neige, va isoler, quatre mois durant, le château, ses habitants et leurs complots. Qui en sortira gagnant ?

C'est une pièce-promenade où les personnages passent entre les flocons de neige bleutée et les répliques taquines. Il est clair que la romancière se risque à la scène par pur amusement. Le dialogue avance dans la ouate crissante des hivers baltes, rythmant les petits matins des amants-chagrin. L'intrigue est tirée par les cheveux, le cynisme élégant, le charme prenant.

Françoise vit intensément sa première expérience théâtrale : « J'y allais tous les jours, dira-t-elle, fascinée que j'étais d'entendre mes mots, mes réflexions ou mes répliques dites par des voix humaines. Je voyais naître "Sébastien" dans Claude Rich, "Hugo" chez Philippe Noiret, "Éléonore" chez Françoise Brion, etc. Je regardais, émerveillée, ces gens que je ne connaissais pas, qui ne me devaient rien et qui, pour moi, se pliaient aux caprices de mon imagination : je leur en avais une grande gratitude. » Le théâtre l'enchante. Elle aime le pourpre et l'or de la scène, les jeux de lumières, les gestes larges des comédiens. Elle apprécie les deux mois de répétitions quotidiennes qu'elle suit, de l'ombre de la salle, en prenant des notes sur un petit carnet. Elle savoure son nouveau royaume, un fragile rectangle, clôturé de fenêtres en trompe l'œil et de fausses bibliothèques. Elle prise l'intensité des coulisses, cette douce famille éphémère, son odeur, les rapports passionnels. Le virus ne la quittera plus.

La pièce est créée le 9 mars 1960 dans une certaine fébrilité. Françoise est tendue et découvre le trac d'une première. Son spectacle va-t-il passer la rampe ? Tous les ingrédients sont pourtant réunis. Seule dans sa loge, vêtue de son manteau de panthère, elle attend le verdict d'une salle comble. Les rappels la rassurent. Jean Anouilh, à l'orchestre, s'agite dans son fauteuil en murmurant à voix perceptible qu'il aurait pu écrire cette pièce. Cocteau, Sartre, Mauriac sont là. Le vieil académicien lui dit de sa voix rauque : « C'est beau, c'est gai et c'est même mieux que tout cela : c'est grave. »

Sagan fait rire et, dès le lendemain, la presse la sacre auteur dramatique. Les critiques sont enthousiastes. Bertrand Poirot-Delpech dans *Le Monde* n'hésite pas à écrire qu'il « aime passionnément la première pièce de Françoise Sagan ». Guy Leclerc avoue dans *L'Humanité* : « Nous avons été envoûtés. » Max Favalelli dans *Paris-Presse* a la révélation d'une autre Françoise avec « une pièce vive, alerte, crépitante d'intelligence », alors que « ses romans lui tombaient des mains ». Jean-Jacques Gautier au *Figaro* est plus réservé. Il y voit « une éthique un peu sommaire, un bon petit romantisme d'enfant de ce siècle-ci ». Pour Pierre Marcabru dans *France-Soir*, c'est « le triomphe de l'imitation spontanée » et Lerminier dans *Le Parisien libéré* tire

En 1938, Françoise, dite « Kiki », avec son frère Jacques Quoirez.

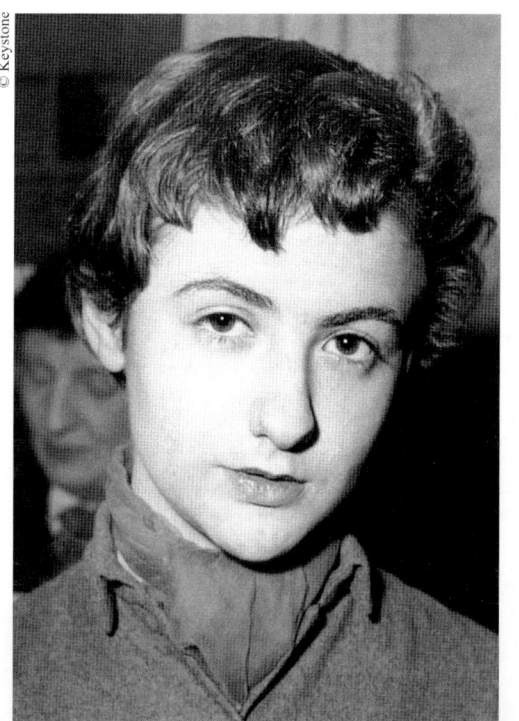

À dix-neuf ans, en mai 1954, elle obtient le prix des Critiques pour *Bonjour Tristesse*.

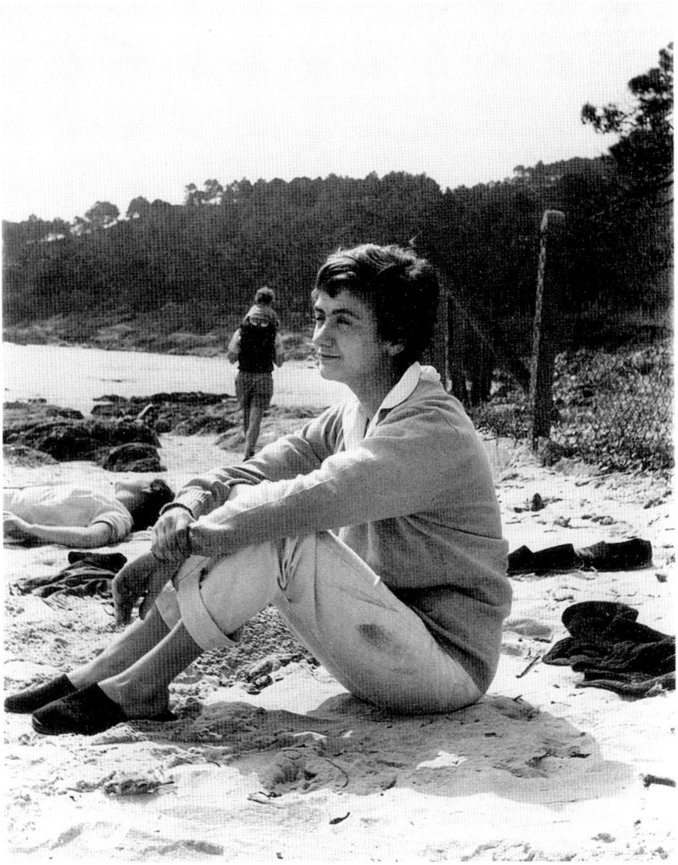

© Lipnitzki-Viollet

Sur la plage près de Saint-Tropez en 1956.

Boulevard Malesherbes, elle pose fièrement en manteau de panthère près de sa première Jaguar XK140.

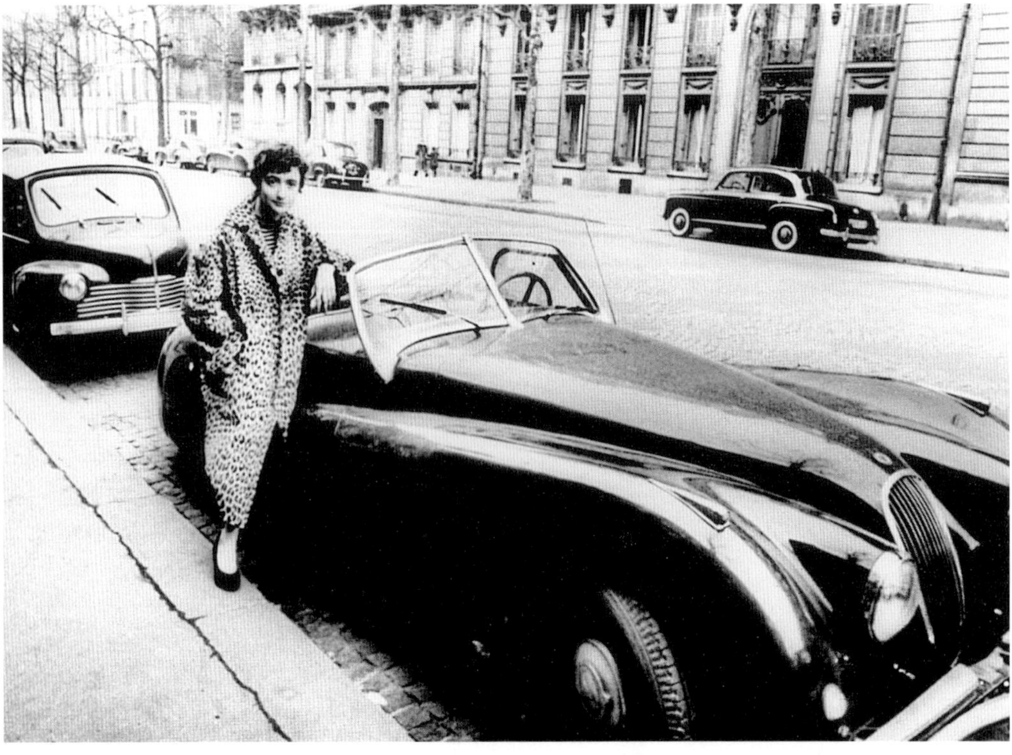

© Photo Thomas McAvoy

Sur le port de Saint-Tropez, la vie est une fête de chaque instant.

Week-end dans une maison louée à Adainville. Michel Déon (debout) couve Françoise des yeux. Michel Magne et Annabel Buffet (assis) écoutent le guitariste Gérard Dulac.

Le noyau dur de la bande à Sagan à Saint-Tropez en 1956.
De gauche à droite, Bernard Frank, Françoise Sagan, Michel Magne, Florence Malraux et Jacques Quoirez (de dos).

Françoise Sagan au volant de sa voiture en compagnie de Michel Magne, assis au premier plan, Jacques Quoirez à l'arrière, Florence Malraux (visage caché) et le chien Popov.

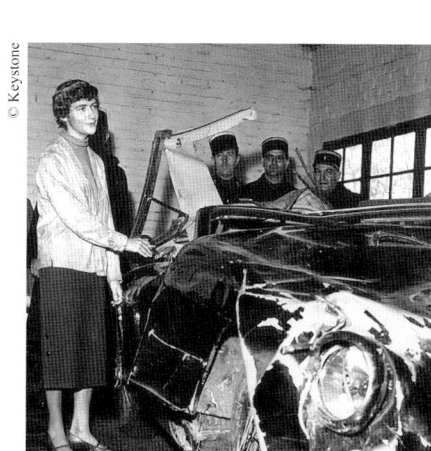

Après son spectaculaire accident de voiture, elle se prête à la reconstitution le 10 octobre 1957 et découvre son Aston-Martin broyée.

« Bonjour hyménée » ! Françoise Sagan épouse Guy Schoeller le 13 mars 1958 à la mairie du 17e arrondissement.

Baise-main de Charles Trenet lors de la première parisienne du *Rendez-vous manqué* au théâtre des Champs-Élysées, le 21 janvier 1958.

Le metteur en scène Roger Vadim et Françoise Sagan dans l'ivresse de la première du *Rendez-vous manqué*. La critique ne sera pas tendre.

1959, trois monstres sacrés au festival de Cannes : Sagan et Gréco avec Orson Welles en garde du corps.

Répétition en janvier 1960 de la pièce *Château en Suède*, sous l'œil avisé d'André Barsacq. Philippe Noiret et Françoise Brion (assis à chaque extrême) sont les plus concentrés.

Peggy Roche lors de son mariage avec Claude Brasseur le 27 mars 1961.

Françoise Sagan sur le tournage d'*Aimez-vous Brahms..*, en compagnie du réalisateur Anatole Litvak et des interprètes Ingrid Bergman, Anthony Perkins et Yves Montand.

Pendant les répétitions des *Violons parfois*, en novembre 1961, avec Marie Bell et le metteur en scène Jérôme Kilty.

Une certaine allure...

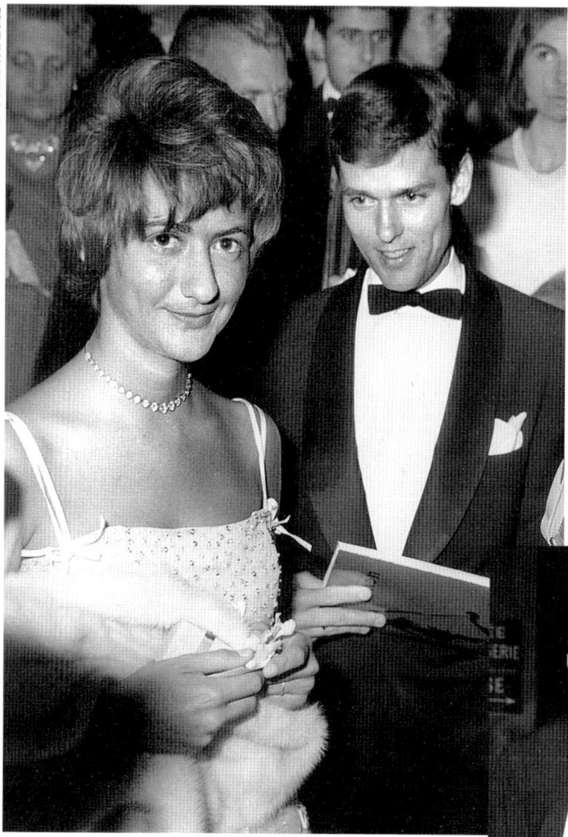

Le regard amoureux de Bob Westhoff que Françoise épouse le 8 janvier 1962. Leur fils Denis vient au monde le 27 juin 1962.

Avec le célèbre avocat maître Floriot, Françoise, lors de la conciliation avant le divorce, finalement prononcé le 30 mars 1963.

Triomphe de Danielle Darrieux dans sa pièce *La robe mauve de Valentine*.

Françoise Sagan entourée de la troupe de *Bonheur, impair et passe*, créé en janvier 1964 : Jean-Louis Trintignant, Michel de Ré, Daniel Gélin et Juliette Gréco. La pièce est un four.

L'inévitable portrait chez Harcourt.

Pantalon du soir de rigueur au Lido avec Juliette Gréco et Jacques Chazot, en décembre 1964.

Avec Catherine Deneuve et Yves Saint Laurent, en 1970.

Gainsbourg-Sagan. Deux *serial lovers* qui ont tant en commun : cigarette, whisky et l'amitié de Brigitte Bardot.

Un lien subtil l'unit à Michel Piccoli, mari de Juliette Gréco à la ville et son interprète à l'écran dans *La chamade*.

En 1972, avec son fils Denis lors d'une partie de pêche dans la campagne irlandaise. Plusieurs étés de suite, elle et Bob Westhoff y loueront une maison.

Le regard attentif et lucide lors d'une soirée chez Marek Halter.

Jean-Claude Brialy et Massimo Gargia entourent Françoise dans une audacieuse tenue, lors de la remise des « Best » en 1988.

L'ultime demeure de l'écrivain : le manoir du Breuil en Normandie. La maison de presque toute une vie.

Sa vie dissipée, sa santé précaire et ses addictions l'ont précocement vieillie.

Un chic bohème, avec un goût prononcé pour les bijoux théâtraux :
la douce influence de Peggy Roche.

cette conclusion : « Les acteurs donnent à cette comédie une épaisseur que son schématisme appelle de nécessité. »

C'est le succès de l'année et on joue vite à guichets fermés. « Je découvris cette année-là les charmes du succès théâtral – les applaudissements à certains moments, les silences à d'autres –, le charme du public qui semblait en or puisqu'il aimait ma pièce. J'écoutais avec délices la rumeur publique : *Et en plus, elle sait écrire des pièces !* » Ce coup d'essai est un coup de maître. Elle a vingt-cinq ans, décidément tous les talents et Broadway commande illico presto une adaptation en anglais de sa pièce.

Philippe Noiret évoquera en 2004 pour *Le Nouvel Observateur* son souvenir sur ces représentations : « J'ai eu la chance de créer *Château en Suède*. C'était un petit bijou étrange qui a obtenu un succès épatant. À tel point qu'André Barsacq – à l'instar de Louis Jouvet reprenant *Knock* de Jules Romains – remettait *Château en Suède* à l'affiche de l'Atelier pour se renflouer chaque fois qu'il avait fait un bide. Je tenais le rôle de Hugo, le mari, un des personnages principaux de cette histoire un peu perverse située dans une demeure improbable perdue dans les neiges, habitée par des gens d'aujourd'hui habillés Louis XV. J'ai connu Françoise Sagan à cette occasion. Brièvement, mais avec cette intimité qui se noue quand on travaille ensemble sur une pièce. Outre son esprit et son intelligence, elle était d'une profonde gentillesse, qualité qui passe pour dérisoire mais que je trouve très importante. Je crois qu'elle s'amusait beaucoup aux répétitions : sans doute le théâtre était-il pour elle la découverte d'un travail en commun. Elle avait bien compris le côté artisanal de cet art. Barsacq lui a fait beaucoup retravailler son *Château en Suède*. Elle s'est exécutée avec une spontanéité, une modestie que j'ai peu rencontrée dans ce milieu. Je venais du TNP. *Château en Suède* était mon premier boulevard, du moins au sens que l'on prêtait à ce mot avant-guerre, autrement dit du niveau d'un Salacrou ou d'un Audiard. Ayant joué Tchekhov ou Shakespeare chez Vilar, j'arrivais avec un peu de suffisance. Je me suis vite rendu compte qu'interpréter Sagan n'était pas commode : il fallait avoir la courtoisie de ne pas alourdir la pièce, délicieuse, fruitée, craquante comme une meringue, avec en arrière-fond une saveur plus grave, courtoisement maquillée. *Château en Suède* était une aquarelle. »

Françoise peut savourer son succès avec sa nouvelle amie de cœur : Paola Sanjust di Teulada. Après Guy, la figure emblématique du père de substitution, Françoise opte pour la douceur des femmes. Paola n'a jamais caché son fort penchant pour les dames. Ce qui ne l'empêchera pas d'épouser le comte Charles de Rohan-Chabot, aussi bisexuel qu'elle : « Paola a été très présente lorsque Françoise a compris que Guy Schoeller poursuivait ses aventures comme avant son mariage. La tendresse de Paola l'aida à passer le cap du divorce. On les voyait partout se tenant le bras, se souvient Charlotte Aillaud, la sœur de Gréco. Françoise aimait sa joie de vivre, son charme, sa générosité. Disparue trop tôt[1], elle a apporté à Françoise l'assurance de sa gaieté et de son aisance parfaite. » Née le 15 mai 1933, Paola est la fille du baron sarde Orazio Sanjust di Teulada et de Simone Stern, issue de la célèbre dynastie bancaire des Stern, cousine des Rothschild. Comment ne pas tomber amoureuse de cette grande jeune femme aux mains fines, aux yeux bleus, un rire qui fronce le nez et retrousse une lèvre cruelle sur les dents qui miroitent, d'une simplicité parfaite, confiante et charmeuse ? « Paola était drôle et pleine de vie, se souvient un témoin

---

1. Le 11 septembre 1974. Elle laissera une fille, Delphine, née en 1964 de son union avec Charles de Rohan-Chabot.

de l'époque, elle organisait les dîners et les sorties avec beaucoup de grâce. Elle plaisait beaucoup aux femmes et l'on se battait pour elle. »

Si Françoise aime les femmes, elle cache ses liaisons qui restent clandestines. Si dans sa vie intime elle est très libre, à la ville elle respecte les conventions. Pleine de contradictions, elle est issue d'un milieu bourgeois très plaine Monceau où l'éducation la conduit à ne rien dire officiellement de ses amours lesbiennes. Elle ne s'en cache pas en petit comité mais fait le choix de ne rien en dire. Un mensonge par omission bien pratique. Si elle n'a pas de tabous personnels, elle respecte l'étiquette de son milieu. Elle n'apparaît jamais sur les photos avec ses maîtresses du moment : lorsqu'elle sort du théâtre ou du casino, elle attrape le bras d'un copain – souvent celui du danseur Jacques Chazot, homosexuel lui aussi. Jamais elle n'évoquera en public sa bisexualité. Même en mars 1986, quand elle accepte une interview pour la revue des homosexualités *Masques*, elle ne saisit pas l'occasion pour faire son coming-out. C'est pourtant avec une femme que Françoise est enterrée au cimetière de Seuzac : Peggy Roche, son vrai grand amour. Comme si elle s'appartenait enfin.

En ce début des années 1960, Paola et Françoise vont entremêler leurs destins d'une façon toute saganesque. Charles Maurice de Rohan-Chabot a une liaison avec le mannequin américain Robert Westhoff qui sera le second mari de Françoise et Paola convolera en justes noces avec le comte. Paola sera ainsi la marraine de son fils Denis Westhoff qui porte comme deuxième prénom Paolo. Nous y reviendrons.

Paola donne une tonalité chic aux amitiés de Françoise et on ne s'étonne pas que la romancière entre bientôt dans le cercle brillant de Guy et Marie-Hélène de Rothschild, mariés depuis 1957 et d'un certain Georges Pompidou, directeur à la banque Rothschild. Le Tout-Paris de la fin des années 1950-début 1960 est un microcosme et les électrons, un peu trop libres parfois, de la bande à Sagan gravitent autour des sphères que fréquentent les Lazareff. Les déjeuners du dimanche comme les dîners de Louveciennes réunissent alors les artistes, les hommes politiques et les écrivains en vogue. Hélène et Pierre Lazareff composent leurs soirées avec imagination. Chacun est sûr d'y rencontrer la personne qu'il a eu au moins une fois envie de connaître.

Quand Georges Pompidou rencontre Françoise Sagan, elle n'a que vingt-trois ans. Sa timidité et son élocution saccadée, parfois monosyllabique, laissent au couple Pompidou une première impression déroutante. Le phénomène Sagan déluré, qu'ils ne connaissent que par presse interposée, est plus complexe qu'il n'y paraît. Qu'à cela ne tienne ! Georges et Claude Pompidou ne s'offusquent pas de ce « rendez-vous manqué ». Les rencontres suivantes sont plus intéressantes. Car ils se revoient. Chez les Rothschild l'année suivante, puis chez eux, assez régulièrement. Installés au 24, quai de Béthune, les Pompidou donnent des dîners chics, se constituent un groupe d'amis au sein duquel se croisent des hommes d'affaires dont les frères Defforey (Jacques est le mari de Suzanne, la sœur aînée de Françoise), des artistes, des écrivains, des éditeurs, le marchand de tableaux Raymond Cordier, Guy Béart, Bernard et Annabel Buffet, les frères Gall, etc. Si Georges Pompidou pratique le « cloisonnement » de ses fréquentations, Sagan intègre rapidement le cercle des amis intimes du couple. Ceux qu'ils reçoivent, honneur insigne, dans leur propriété d'Orvilliers.

Ne nous trompons pas sur l'amitié Sagan-Pompidou. Les premières affinités sont minces. Avouant une faiblesse pour l'écrivain Sagan, « pour son joli français et son

Extrasagante

humour douloureux », Pompidou le besogneux a souvent du mal à comprendre cette jeune femme aux mœurs détonantes qui pourrait être sa fille. Sagan n'a, au moins en surface, guère d'atomes crochus avec lui, cet homme un peu rond dont elle juge la culture somme toute assez classique. Leurs rapports s'étofferont, mais la native de Cajarc et l'enfant de Montboudif sont trop différents pour se livrer totalement l'un à l'autre. Ils ont cependant de réels points communs. Ils sont deux terriens, attachés à leurs racines. Ils partagent le même amour de certains lieux (Saint-Tropez entre autres), le goût des belles choses, notamment celui des « bagnoles » qui roulent vite. Mais il y a surtout Cajarc, l'incontournable Cajarc. Suzanne et Françoise vantent les charmes de la région aux Pompidou. À l'automne 1962, le temps d'un week-end sans son mari, Claude accompagne Suzanne sur les routes du Lot et tombe sous le charme de cette lumière du Quercy. Le couple finit par se porter acquéreur de deux petites propriétés au Prajoux, à quatre kilomètres de Cajarc. On verra Pompidou Premier ministre puis Président de la République, venir prendre la température au village et convier chez lui les parents de Françoise.

Car lorsque, le 14 avril 1962, Georges Pompidou est nommé Premier ministre par le général de Gaulle, la nouvelle constitue une surprise amusée pour la romancière. Remariée en janvier 1962, c'est avec Robert Westhoff qu'elle se rend aux dîners à Matignon. Et Bob, en bon Américain, tutoie d'emblée le maître des lieux. L'effet produit signe son admission incontestée dans le cercle. Des attentions particulières scellent leur amitié. En 1965, Sagan offre à Pompidou sa Jaguar type E gris clair, décapotable mais si fastidieuse à recapoter. Lui, féru de voitures autant que d'art moderne, est subjugué par la ligne du véhicule.

Lorsque le 2 octobre 1964, Youki, le chien de Sagan, s'échappe du manoir du Breuil, elle est dans tous ses états. Elle alerte Pompidou pour requérir son aide. À sa grande surprise, le Premier ministre dépêche un escadron de gendarmes afin de battre la campagne de Honfleur pour le retrouver. Les recherches seront vaines, mais leur amitié s'en trouve renforcée pour des années. Elle veillera toutefois à ne pas remettre Pompidou dans une telle situation. Les Pompidou sont présents à toutes les générales des pièces de théâtre de Françoise. Lorsque, au cours d'un dîner, Claude Pompidou confie à la romancière qu'elle a cassé sa voiture et supporte mal de se faire conduire par un chauffeur de l'Hôtel Matignon, Françoise lui répond : « Puisque c'est comme cela, je te donne la mienne. » Le lendemain, elle fait déposer sa Bristol au pied de l'immeuble des Pompidou, quai de Béthune. Pour la remercier, Claude lui envoie une statue d'art nègre.

Pourtant fondamentalement de gauche, Sagan admire le général de Gaulle et est favorable à sa politique de décolonisation. Pompidou est, à ses yeux, auréolé de la gloire de son action dans les accords d'Évian. En 1965, elle s'engage en faveur de de Gaulle entre les deux tours de la présidentielle, l'homme d'État incarnant alors davantage ses valeurs que François Mitterrand. En juin 1969, sa préférence pour Pompidou face à Poher ne laisse pas de doute, même si elle ne s'étend guère sur le sujet. Répétons-le, elle est une femme de gauche mais l'heure de son militantisme politique n'est pas encore arrivée. Pompidou est élu et elle honore sa victoire à sa façon...

En se rendant chez elle, le nouveau Président de la République a la surprise d'entendre le mainate recueilli par la romancière siffloter *La Marseillaise* en le voyant entrer ! Comme d'autres artistes, ou amis, Sagan est reçue à la table de l'Élysée. Mais elle ne goûte guère les ors de la

Extrasagante

République et leur préfère les soirées moins collet monté qu'ils partagent encore en privé. Entre 1969 et 1974, leurs rencontres deviendront de plus en plus épisodiques. Pompidou, entièrement accaparé par sa fonction et ses problèmes de santé, aura de moins en moins de temps à consacrer à cette amie fantasque. La distance s'installe et ira crescendo jusqu'à la disparition prématurée de Pompidou. Mais Claude continuera à voir la romancière, à Paris ou à Cajarc.

Mais revenons à l'année 1960. Le nom de Françoise Sagan ne se cantonne pas dans les pages mondaines et littéraires. Déjà, en octobre 1958, Pierre Lazareff pour *France-Soir* a l'idée de lui demander un reportage sur le procès de Jean-Claude Vivier et Jacques Sermeus, dont les crimes bouleversent l'opinion. Ils ont cru malin de braquer des amoureux dans le parc de Saint-Cloud et encourent la peine de mort. Il n'est pas rare, en ce temps-là que les journaux dépêchent des écrivains de renom aux procès criminels. Mais, pour les vieux routiers du prétoire, c'est un choc de voir débarquer la petite Sagan, vingt ans et des poussières, bombardée « chroniqueuse judiciaire » au milieu des flashes. L'intruse ne sait même pas les titres des officiants ni les phrases de la cérémonie. Les plus mielleux s'empressent de les lui indiquer, sous prétexte de lui éviter des impairs douteux. Elle est bouleversée par la jeunesse des accusés et leur misère psychologique. Le lendemain, son article claque insolemment : « La société juge ses fruits : ça la rend féroce. » Tout est dit d'un coup de griffe, le mot « féroce » faisant son apparition dans le lexique saganien. Finalement, les deux accusés sont condamnés à mort, le second article de Françoise coupé pour « indulgence excessive » et Vivier est exécuté. Cette peine de mort la révolte.

En 1960, Cuba fête le premier anniversaire de sa révolution. À cette occasion, Fidel Castro invite dans le monde entier artistes, écrivains et journalistes. Françoise se rend sur l'île, envoyée par *L'Express* et accompagnée par son frère, bombardé photographe de presse. Y règne le joyeux désordre d'un pays qui n'a pas encore su s'organiser. Le voyage est de prime abord très gai. Le cocktail « Cuba libre » se charge de dégourdir les esprits les plus critiques. Même quand elle arrive péniblement au lieu du rendez-vous, au milieu de centaines de milliers de personnes, elle garde un regard amusé sur ce chaos indescriptible. De ce voyage naît un texte d'une vision nuancée et prémonitoire de la situation à Cuba, qui ne lui attire pas toutes les sympathies car le sujet est quelque peu tabou auprès de l'intelligentsia de gauche. Elle laisse transparaître une vérité dérangeante.

Elle dérange tout autant quand, en septembre 1960, elle signe le texte antimilitariste du Manifeste des 121 contre la guerre d'Algérie : une déclaration sur le droit à l'insoumission pour les jeunes Français envoyés là-bas. Elle appose sa griffe aux côtés notamment de Jean-Paul Sartre, d'André Breton, de François Truffaut, de Marguerite Duras, de Nathalie Sarraute et d'Alain Robbe-Grillet. Les signataires y critiquent l'attitude de la France vis-à-vis du mouvement d'indépendance algérien. Partant du constat de l'effondrement des empires coloniaux, ils mettent en exergue le rôle politique de l'armée dans le conflit, dénonçant notamment la torture.

Sous des dehors frivoles, Françoise a une idée bien précise de la justice et de la dignité humaine. Elle rencontre même clandestinement Francis Jeanson, le créateur d'un réseau qui aide les militants du FLN à fuir dès qu'ils sont repérés par la police. Conséquence de son engagement, le 23 août 1961, l'appartement du boulevard Malesherbes, où vivent les parents de Sagan, est plastiqué par l'OAS et elle reçoit des lettres de menaces dont elle n'a cure. Tout cela lui vaut aussi des insultes dans les rues de Honfleur, lorsqu'elle va faire ses courses. Elle n'a jamais voulu être le porte-drapeau d'une génération mais sa présence ostentatoire dans la vie politique et publique ne passe pas inaperçue. Elle est un auteur engagé, au sens où le dit son ami Sartre. Par engagement, il faut entendre non pas quelques déclarations généreuses du bout des lèvres, mais des actes qui, précisément, « engagent », exposent. La violence, l'hypocrisie, la pauvreté et l'humiliation qui l'accompagnent l'ont toujours révoltée.

La littérature reprend bientôt le dessus dans sa vie. René Julliard a déjà programmé la sortie de son nouveau roman au 15 juin 1961. *Les Merveilleux Nuages*, un titre emprunté à Baudelaire, est son premier livre d'une tonalité grise : l'histoire d'une passion dévastatrice jouée comme un thriller psychologique. Nous y retrouvons Josée, un des personnages de *Dans un mois, dans un an*, et son amant de passage, Bernard, devenu écrivain, riche, sans sa femme Nicole. Josée est mariée à un Américain, Alan, du genre à se faire materner et qui donne mauvaise conscience quand on pense à le quitter. Ils vivent en Floride dans une complète oisiveté et sans doute est-ce cette atmosphère d'argent facile qui fait prendre à leur couple une tournure pathologique. Josée, excédée par cette jalousie, finit par tromper Alan, puis par fuir vers sa terre natale afin de retrouver sa joie de vivre passée. Alan, aidé de Bernard, la retrouve et leur manège recommence. Ils mêlent à leur psychodrame dangereux d'autres personnages qu'ils vont prendre indirectement à témoin, jouant le jeu de la comédie de la normalité jusqu'à ce que leurs tourments transpirent. Après moult provocations, ils finissent par admettre l'impossibilité de leur amour.

Dans ce roman plus sombre et plus grave que d'ordinaire, véritable tableau clinique des impasses de la névrose amoureuse, Sagan se montre cinglante et désabusée. Le public la suit – 250 000 exemplaires vendus en un été – mais la critique est sévère et Kléber Haedens l'éreinte dans *Paris-Presse*. Philippe Labro dans *Elle* remarque même certains tics d'écriture : « Tout est tendre dans son livre : les arbres, les cauchemars, les gestes. Sans arrêt. L'adjectif tendre revient, à peu près toutes les cinq pages. J'ai compté. » Sagan en restera marquée et jettera un regard rétrospectif plein de regrets sur son livre : « Les critiques n'avaient pas tort. La jalousie et l'indulgence y sont dessinées à gros traits avec des personnages aussi privés de naturel que possible. Assez ennuyeux, en plus, bref un mauvais roman dont j'avais honte en le relisant. »

Pour se changer les idées après ce semi-échec, Françoise se lance à corps perdu dans d'autres formes d'écriture : des articles, des nouvelles et une pièce de théâtre pour Marie Bell, la désormais directrice du théâtre du Gymnase. Peut-on imaginer aujourd'hui le personnage incroyable qu'elle est ? Son bagout distrayant, son culot sans mesure, ses mensonges créatifs, le sens inné du théâtre qu'elle prolonge superbement dans la vie quotidienne, les couleurs de santé dont se teinte encore sa beauté mûrissante, ses éclats de rire joyeux, ses accents parfois canailles, ses manières d'altesse royale qui tutoie tout le monde, distribue des pourboires à la volée et laisse traîner ses zibelines, tout cela en fait un vrai monstre sacré. Elle vient de triompher dans *La Bonne Soupe* de Félicien Marceau et rien ni personne ne peut lui résister.

Tout commence en mai 1961 chez les sœurs Carita, 11 rue du Faubourg-Saint-Honoré. Côte à côte chez le coiffeur, trois clientes célèbres : Bettina, grand amour d'Ali Khan, Marie Bell et Françoise. Bettina et Marie échangent des confidences, en criant pour couvrir le bruit des séchoirs. L'ex-mannequin dit à la comédienne : « Vous devriez bien lui demander sa prochaine pièce ! » et fait les présentations. De dessous son casque, telle une walkyrie, elle lui ordonne, d'une voix d'autant plus tonnante qu'elle ne s'entend pas elle-même, de lui écrire une pièce pour son théâtre du Gymnase. Françoise, pas impressionnée le moins du monde, répond de sa voix brève, hésitante : « Dans un mois, vous aurez le manuscrit. » Quelques semaines plus tard, lorsque les deux femmes se rencontrent sur la Côte d'Azur, rien n'est encore écrit. La romancière part en croisière et ne paraît pas partager l'inquiétude de la directrice.

C'est un dimanche de septembre 1961 que l'actrice est enfin invitée dans la propriété de Sagan en Normandie. Après le déjeuner, Françoise lui remet un gros dossier rouge : « Vous allez le lire ici, au salon. Je pense que vous préférez rester seule. Je vous laisse... » De temps en temps, la porte s'entrebâille et Françoise passe furtivement la tête – impatiente de connaître le « verdict ». Enfin, c'est Marie elle-même qui appelle ; « Françoise, ma chérie, mon ange... » Les deux femmes s'embrassent en riant et – instinctivement – se tutoient. Entre elles, un troisième personnage vient de surgir, un fantôme qui peu à peu trouve sa réalité, son visage : Charlotte, l'héroïne de la pièce, une frémissante femme qui, de toute évidence, comme la Phèdre de Racine, va emprunter les traits de Marie Bell.

Charlotte, c'est la première surprise de *Les Violons parfois* : un portrait de « monstre femelle », comme Sagan n'en a jamais tracé jusque-là. Charlotte aime la vérité toute nue ; l'argent, les bijoux, le confort. Et tout cela résumé en un mot : l'égoïsme. Elle dit : « Je déteste les martyrs, les intellectuels, les bavards. J'aime les gens calés en large dans un fauteuil, ou calés en long dans leur lit. Repus, silencieux, solitaires. Les gens qui savent le prix du caviar et se fichent du prix de la baguette. » C'est pour conquérir cet équilibre que, pendant cinq ans, Charlotte a été la compagne officielle, à Poitiers d'un vieillard riche et qu'elle a obligé son amant de cœur, Antoine, à vivre lui aussi dans cet étouffant salon de province. Tous les trois formaient un petit groupe paisible et heureux. C'est du moins Charlotte qui le prétend – avec un grand rire amer – alors que son protecteur fortuné vient de mourir en laissant tous ses biens à un jeune neveu inconnu.

Cinq ans de bons et loyaux services, et Charlotte se retrouve sur la paille, avec Antoine. On peut lui faire confiance : cela ne se passera pas comme ça. Le neveu, Charlotte l'attend de pied ferme ; mais elle a déjà un obscur pressentiment : « Ce qui me ferait peur, c'est un benêt honnête, avec la loi derrière lui. La pire espèce. » Léopold paraît (interprété par Pierre Vaneck) : il est bien de cette race-là. Mieux : il est naïf, pur et bon. Il est venu de Nantes à pied et il signe d'une main innocente un acte de donation qui fait passer tout l'héritage du vieil oncle entre les mains de Charlotte. Celle-ci n'en revient pas. On lui a volé sa bataille, et par conséquent, sa victoire. Elle flaire le danger. Elle est ravie de voir Léopold repartir pour Nantes où il veut être ébéniste. Mais la pluie et une mauvaise grippe le font revenir auprès de Charlotte. Il y restera. Désormais, la tragi-comédie commence. Léopold va séduire Charlotte, en trouvant le défaut de sa cuirasse.

Le vrai thème de la pièce est celui des ravages de la pureté dans un monde pourri. Chez Jean Anouilh, elle est revendicatrice, combative et intraitable. Chez Sagan, la pureté est désinvolte et distraite, fantaisiste et charmante. À ces nuances près, il s'agit bien de la même pureté, celle qui s'oppose par la révolte ou le dédain aux petitesses de la vie et à la puissance de l'argent, celle dont nous portons en nous la nostalgie, comme d'un paradis perdu, celle que dans l'amour nous essayons de posséder, c'est-à-dire en même temps d'atteindre et de détruire.

Avec ses *Violons*, Sagan révèle un nouveau paysage peint de petites touches grises qui rappellent un peu les pièces douces-amères de Tchekhov et de Mauriac. C'est un nouveau jeu qu'elle joue – un jeu dont la pureté, la cruauté sont les protagonistes. Surtout c'est un jeu qui lui permet de rire. Elle a ri en écrivant sa pièce, en la relisant, chaque soir, scène par scène, à ses fidèles amis. Et elle sourit en écoutant ses acteurs, en leur indiquant un geste inattendu. Pendant trois semaines, elle ne cesse de sourire mais aussi d'avoir peur : « Le théâtre, c'est comme une corrida, confie-t-elle au journaliste Philippe Alexandre. On écrit une pièce, on y travaille pendant des mois, on la répète. Puis un soir, en deux heures, c'est le combat de la vérité. On est dans une baignoire, à l'avant-scène, avec quelques amis, comme un boxeur entouré de ses soigneurs. Et l'on assiste, impuissante, à la mise à mort ou à la victoire de son œuvre. »

Le 9 décembre 1961, la première des *Violons parfois* commence mal. Françoise, en tailleur Chanel, se fait maquiller sur les conseils de Marie et, le fard lui piquant les yeux, elle n'a de cesse de se couvrir le visage de noir et de vermillon au point que certains de ses proches ne la reconnaissent pas. Peut-être cela vaut-il mieux ? La pièce est un four. Pourtant, les critiques ne sont pas si sévères que cela. Georges Lerminier dans *Le Parisien libéré* note même : « Françoise Sagan est une caricaturiste rosse, mais on devine de quelle tendresse profonde et rebutée se nourrit le romantisme bafoué et victorieux de ce Léopold, qui fera peut-être le salut de Charlotte. » Robert Kanters dans *L'Express* souligne : « Même si c'est une pièce à demi ratée, il y a toujours dans le talent de Mme Sagan un mélange précoce d'intelligence et d'instinct. » Bertrand Poirot-Delpech dans *Le Monde* donne une conclusion nuancée : « On va sûrement ironiser sur cette musique trop douce, trop facile, trop naïve, presque trop sage. Beaucoup n'entendront que de paresseux coups d'archet. Personne n'aura tort. Les violons parfois... ne se perçoivent pas. C'est affaire d'oreille. »

Une cinquantaine de représentations et la pièce quitte l'affiche. Rien n'est donc jamais acquis au théâtre pour qui se livre au jugement public. À l'inverse de l'argent, la réussite ne se capitalise pas. Elle assure au mieux, et pour peu de temps, un préjugé favorable. Les plus fêtés peuvent tomber en quelques heures à l'état de débutants rabroués. C'est vraiment le seul métier où l'on doit faire ses preuves à chaque acte nouveau. Le seul amour où il faut reprendre de zéro l'excitant, mais harassant, travail de plaire. Françoise en devient philosophe qui remarque : « Trois mois d'efforts, d'agitation, de cavalcades, de réflexions, de travail en fait, réduits en une heure et demie de représentation, il y a là quelque chose d'héroïque, de fou, d'injuste, de romanesque, bref quelque chose qui fait que, quoi qu'il arrive, pas plus que je ne saurais renoncer au casino, je ne saurais renoncer, je le crois, au théâtre. »

Marie Bell et Françoise se retrouveront et partageront une alternance de fours et de triomphes. La comédienne doit même subir une douche écossaise lors d'un séjour au manoir. On lui a attribué une chambre au rez-de-chaussée et elle lit tranquillement le matin dans son lit, quand une trombe d'eau jaillit du plafond. Au premier étage, Françoise prend son bain, sans se douter que, comme les canalisations datent du siècle dernier, toute l'eau dégringole sur la pauvre Marie, très stoïque. Quand les pompiers du coin, appelés en urgence, frappent à la porte pour constater le sinistre, Marie Bell les reçoit, très diva, dans ses draps

Extrasagante

inondés, enveloppée de dentelles dégoulinantes. « Entrez, messieurs, entrez ! Voyez les dégâts », dit-elle d'un air royal.

Françoise promet le jour même de lui écrire une nouvelle pièce taillée sur mesure : « Je te vois en reine, une sorte de reine imaginaire. » Marie Bell discutaille. La reine est trop ceci, pas assez cela... Au bout d'une heure de tergiversations, Jacques Chazot s'en mêle et tranche :

— Finissons-en Françoise, écris-lui une pièce où elle sera sur un banc en pauvresse, en clocharde...

Françoise passive acquiesce et Marie Bell s'écrie :

— Oh ! quelle merveille ! En pauvresse couverte de faux bijoux...

Françoise se console de l'échec de sa pièce en emménageant dans un nouvel appartement au 28, boulevard des Invalides, dans un duplex de six pièces qu'elle décore elle-même. Pour la servir : une bonne espagnole nommée Trinité et Jean Grouet, ancien directeur littéraire, qui fait office de secrétaire. Tenir le secrétariat de Françoise Sagan consiste certes à répondre au téléphone, filtrer les importuns, taper son courrier (elle est toujours expéditive dans une lettre), prendre ses rendez-vous mais surtout gérer toutes ses affaires privées. Un secrétaire est un intendant superman qui doit affronter les problèmes de la vie quotidienne : banques, factures, impôts. Elle est incapable de s'en occuper. Elle n'a aucun sens pratique. Bien évidemment, elle perd toujours ses clés, ses lunettes de soleil, son portefeuille, annule ses rendez-vous à la dernière minute sous les prétextes les plus romanesques, collectionne les contredanses. Au secrétaire d'emmener le chien et le chat chez le vétérinaire, résoudre les problèmes de chaudière et la protéger de tous ces impondérables matériels qui gâchent la vie et son énergie.

Néanmoins, avant de partir en voyage, elle établit toujours une liste d'objets à ne pas oublier, de la brosse à dents au vernis à ongles en passant par l'Alka-Seltzer. Côté cuisine, elle se montre nullissime. Cuire une omelette constitue une épreuve. Son seul talent : disposer des biscuits apéritifs sur une assiette et déboucher le champagne. Elle a vraiment besoin de personnel pour lui préparer des petits plats. Est-elle la bonne vivante que l'on dit ? Jean Grouet se souvient des fameux repas de la bande à Sagan : « Elle se foutait complètement de manger mais demandait toujours l'avis de Bernard Frank pour le vin. » L'un de ses jeux favoris est cependant d'inventer des menus qui ne deviennent jamais réalité parce que les plats ou les boissons qu'elle imagine sont impossibles à réaliser. Parmi eux figurent le pot-au-feu de grenouilles désossées, le chameau dodu aux amandes, la tête de Brie pressée à la muscade et le sorbet à la bière arrosé de menthe sauvage.

Elle offre des folies à son « Bernie » pour ses anniversaires, des cadeaux princiers comme des montres de luxe. Elle se montre généreuse par amitié ou pour la simple raison de vouloir aider quelqu'un. Dans les hôtels, restaurants et taxis, elle distribue les pourboires à la volée. Jacques Chazot a ainsi raconté : « Pour la misère des autres, Françoise est d'une sensibilité si grande que l'on pourrait croire qu'elle culpabilise. Elle se trouve dans un bistrot à côté d'un homme qui se plaint : Je vais être expulsé. Immédiatement, elle le tire d'affaire. Agissant ainsi pour des inconnus, des gens qu'elle ne reverra jamais, elle ne peut pas faire moins pour ses familiers, ses amis. Dès qu'elle croit, dès qu'elle sent que l'on a besoin d'elle, Françoise ne peut pas résister. » Il y a le Parisien qui lui réclame « très gentiment » un téléviseur qu'elle court acheter et faire livrer. Une jeune fille veut se faire refaire le nez, « sur la photo, en effet, c'était atroce », un paysan dans l'embarras,

« la foudre était tombée sur sa jument qui mettait bas ». Sans compter les présents somptueux aux amis, les restaurants, les vacances payées à des centaines de personnes.

Le résultat de ces prodigalités, de son train de vie excessif et de ses soirées flambeuses au casino de Deauville est que René Julliard commence à tiquer devant les ardoises de sa protégée. Le fisc s'en mêle déjà. Seule solution trouvée dans l'urgence : vendre le manoir ! « La décision étant prise, il ne manquait plus que l'acquéreur, raconte Jacques Chazot. Nous étions à Saint-Tropez, durement assis sur une sorte de cosy-corner en béton, quand nous recevons un télégramme annonçant l'acheteur. Françoise bondit, crie : "Youp ! C'est merveilleux !", fait une culbute et s'assomme sur l'angle du cosy en ciment. Françoise, qui est quelqu'un de très courageux vis-à-vis de la vie, l'est beaucoup moins physiquement ; si elle perd un ongle, elle croit qu'elle va perdre la main. Assommée aux trois quarts, elle gémit, se plaint de maux de tête, se couche dans le noir en plein midi, se bourre d'aspirine et réclame le silence. Je reste à bouquiner, guettant la moindre plainte quand le téléphone sonne. C'est l'acheteur. Il ne peut pas tomber plus mal. Sèchement, je le prie de rappeler plus tard. Il rappelle. Il faut lui donner une réponse. Je vais dans la chambre de Françoise, la réveille avec précaution et lui murmure :

— Minou, il faut prendre une décision, qu'est-ce que tu fais pour la maison ?

Elle gémit :

— J'ai trop mal à la tête, décide pour moi... »

Jubilant, Jacques Chazot retourne au téléphone et répond d'une voix bien théâtrale : « Le manoir n'est pas à vendre. »

Au téléphone, l'acheteur déconfit n'est autre que Jean Anouilh.

Françoise Sagan

Rien de tout cela n'empêche Françoise de continuer à mener sa joyeuse vie, à s'étourdir, à boire et à aimer. Mais dans cette « vie à l'envers » naît bientôt l'envie d'avoir un enfant, d'un repère. Cet enfant, qui donc va le lui donner ? Elle jette son dévolu sur « Bob » Westhoff, un jeune Anglo-Saxon aux yeux verts pailletés d'or, beau comme elle les aime. Un rêve américain.

8

BONHEUR, UN PÈRE ET PASSE

Moins d'un an et demi après son divorce d'avec Guy Schoeller, Françoise Sagan épouse Robert Westhoff le 8 janvier 1962 à la mairie de Barneville-la-Bertran, la commune du Calvados dont dépend le manoir du Breuil. Dans un décor de maison de garde-barrière, on joue ce jour, à 11 heures, une pièce insolite à quatre personnages principaux : Suzanne la sœur, témoin n° 1 ; Bob le mari ; Françoise la romancière et Jacques le frère, témoin n° 2. « Nous sommes heureux de vous accueillir ce matin, Madame, et de voir qu'une grande tradition se continue : après Catherine d'Aulnoy, Flaubert, Musset, les Guitry qui habitèrent votre maison, Barneville vous reçoit et avec vous la romancière contemporaine, dont le renom n'a pas attendu le nombre des années... » Jamais le marquis Urbain de Laubespin, le maire, n'a été aussi ému. Ce n'est que la veille au soir que le futur mari est venu avertir l'élu municipal de ses intentions. Il obtient, à titre extraordinaire, une dispense de publication des bans. On a pris soin de consigner les enfants de l'école communale voisine. Pas de reporters, pas le moindre tohu-bohu. C'est Jacques

Quoirez qui prend les photos (il les vendra en douce à *Paris-Match*). Les parents de Françoise, Jacques Chazot, Véronique Campion entourent Bob, en costume marine classique, et Françoise dans un manteau noir. Le voyage de noces est prévu en Italie et, curieusement, Jacques Chazot accompagne les jeunes mariés.

C'est le 1er août 1961, à l'occasion du mariage de Donna Paola Sanjust avec le comte Charles Maurice de Rohan-Chabot, que Françoise Sagan fait la connaissance de Bob Westhoff. La fête est joyeuse au château de Bonne Fontaine. Françoise se sépare pourtant de Paola et Charles de Bob. Comme dans une intrigue aux ficelles un peu grosses, les deux délaissés décident de se rapprocher. D'emblée, elle est attirée par ce jeune homme beau et singulier, sorte de croisement entre Anthony Perkins et Rock Hudson.

Né le 3 mars 1930, dans le Minnesota, Robert James Westhoff est issu de la middle-class et n'a que dix-sept ans lorsqu'il s'engage dans l'Air Force, en falsifiant la date sur son certificat de naissance. Il passe avec succès les concours d'écoles d'officiers et se retrouve muté en 1948 à Anchorage en Alaska, où il reste trois ans. Fin 1953, il rejoint l'Indochine comme conseiller spécial à Haiphong pour assister le corps expéditionnaire français qui utilise du matériel américain. La chute des Français qui le confronte à la guerre a raison de son engagement militaire. Son statut de vétéran lui permettant d'obtenir une bourse d'études, il part pour Mexico y étudier les beaux-arts. Dans son destin, premier pied de nez, il croise la troupe de *Holiday on Ice* et est remarqué pour ses qualités de patineur sur glace. Il intègre la troupe pendant quelques mois.

De retour aux États-Unis, il s'installe à San Francisco. Il a vingt-huit ans, il est grand, beau et entame une carrière de mannequin. Il est ainsi le modèle pour les campagnes des chemises Arrow. En 1959, cet oiseau migrateur embarque sur un liner depuis New York à destination de l'Europe. Il croise à bord Charles de Rohan-Chabot aux yeux bleus et à la fine moustache blonde, qui se propose de l'héberger et de lui faire découvrir les charmes de la capitale. L'offre est trop tentante pour y résister. Bob rêve de devenir céramiste et sculpteur. Grâce à Charles, il obtient un petit atelier à Montmartre. Avec son irrésistible accent américain et ses yeux verts, il fait vite la conquête de tous ceux qui l'approchent dans les dîners et les soirées, où il est invité en tant que boy-friend de Charles. Mais Charles finit par se lasser de Bob et surtout, noblesse oblige, décide de se marier et d'avoir un héritier. Mariage très mondain donc en cet été 1961. Le plus étrange est que la lune de miel débute au manoir du Breuil, en compagnie de Françoise et de Bob. Ces derniers sont aux premières loges lorsque les éclats de voix des jeunes mariés grimpent dans les étages de la maison. Le ton monte, les portes claquent, les esprits s'emportent, laissant impuissants Françoise et Bob qui préfèrent s'esquiver et filer sur la côte. Denis Westhoff affirme qu'il aurait été conçu dans une auberge de Pennedepie, entre Honfleur et Trouville.

À la fin d'octobre 1961, Françoise se sait enceinte. Et décide de repasser par la case mariage parce que sa mère serait chagrinée de la voir fille-mère : « Je me suis mariée la seconde fois par tendresse, par réel goût et aussi par sens des responsabilités, à l'égard de mon fils. J'attendais un enfant, Bob était fou de joie à l'idée d'avoir un enfant et ma mère se désolait d'avoir une fille-mère. » Elle conserve dans chaque circonstance un reste inaltérable d'éducation bourgeoise. Elle confiera une fois : « J'ai toujours eu envie d'avoir un enfant. Instinctivement. Parfois, comme lorsqu'on voit un fruit dont on a envie, en voyant un bel enfant sur une plage, j'en ai désiré un. Question d'esthétique, parce qu'il avait de beaux yeux ou de beaux cheveux. Et puis j'ai toujours été entourée d'enfants. Ceux de mon frère et de ma sœur. Mais les tout-petits ne m'attiraient pas. Tout au début, j'ai désiré un garçon mais si j'avais eu une fille, eh bien, ça n'aurait probablement rien changé... »

La grossesse de Françoise devient difficile à partir du cinquième mois. Évidemment, plus question de faire la fête. Son seul travail consiste à collaborer à l'écriture d'un scénario pour Claude Chabrol. Au départ, il s'agit d'un film sur George Sand. Ennuyés par le personnage, ils lui préfèrent un héros moins romantique mais à leurs yeux plus drôle : Landru. Accusé de onze assassinats, n'a-t-il pas jamais avoué ? Sagan et Chabrol s'y lancent avec délectation. Françoise parsème de son ironie mordante les dialogues incisifs destinés à Charles Denner qui interprète le rôle-titre, à Hildegarde Neff (Mme X), Catherine Rouvel (Andrée), Michèle Morgan (Célestine), Stéphane Audran (Fernande), Danielle Darrieux (Berthe), Mary Marquet (Mme Guillin), Juliette Mayniel (Anna) et Denise Provence (Mme Laporte).

Le bébé arrive trois semaines avant terme, le 27 juin 1962 à 4 heures du matin, à l'hôpital américain de Neuilly. Il y a désormais dans la vie tumultueuse de Françoise Sagan quelque chose de changé qui pèse 2,350 kg. *Paris-Match* vient immortaliser l'événement et la reporter note la présence d'une forêt de fleurs autour d'elle. Des lis qui embaument la chambre. Des fleurs, il y en a jusque dans la salle de bain. Françoise face au flash se soulève un peu sur ses deux oreillers ourlés de bleu, prend une blonde dans un paquet posé sur une table entre ses livres de chevet et se confie : « Je n'ai pas encore l'expérience de mère. Je n'ai été qu'un "porte-paquet" et pour l'instant je dis ouf car je me sens libérée. Pourtant, porter un enfant est une expérience extravagante. Par exemple, on vous fait écouter le cœur de votre bébé. C'est très poétique. Bien sûr, il y a les inconvénients. On se sent un peu enchaînée. On se sent coincée physiquement, d'abord. Je venais d'acheter une merveilleuse Jaguar, eh bien ! plus question. Je ne pouvais même plus m'installer entre le volant et le dossier. Et puis je suis allée à la montagne ; je ne pouvais marcher que doucement ; j'avais peur de tomber. On se forge une sorte d'attitude défensive alors que moi, je suis surtout le contraire... Je ne crois pas que j'ai changé. Ma mère pense : "Elle va devenir beaucoup plus raisonnable." Pour le moment j'ai envie de mer, de soleil, de sortir... »

Et la romancière de donner un refrain inédit comme pour mieux s'en convaincre : « Il y a quand même des choses que je ne peux plus me permettre. Par exemple, c'est fini mon insouciance pécuniaire : avant, je n'avais même pas de carnet de chèques. Maintenant il faudra que je confie l'argent que je gagne pour qu'on le fasse fructifier. Je vais aussi m'occuper d'histoires d'assurance sur la vie. Avant, la mort n'avait pas d'importance. Maintenant, je l'imagine comme un événement à conséquences. Si je ne me trouve pas plus mûre, je me trouve engagée, responsable, d'une responsabilité qui va durer toute ma vie. » Et la nouvelle maman de décréter : « Maintenant, je vais le regarder grandir et l'aider à se façonner selon ses aptitudes et son caractère. J'ai bien l'intention de le laisser respirer. » Dans une autre interview, elle a cette jolie formule : « Je sais ce que c'est d'être un arbre avec une nouvelle branche : c'est d'avoir un enfant. »

Cette naissance est toutefois liée à une triste nouvelle : René Julliard meurt le 1er juillet des suites d'une pleurésie. Il souffrait depuis des mois et il avait retardé une opération tant il éprouvait le besoin d'agir. Il avait soixante et un ans. On cache ce décès à Françoise pour la laisser toute à la joie de la naissance. Le regard doux de Julliard, sa voix grave et modulée, son enthousiasme et sa manière de donner tout son cœur et ses forces à une œuvre lui manqueront à jamais.

Délaissant le duplex des Invalides devenu désormais trop petit avec un enfant, Françoise s'installe rue de Martignac, à deux pas de la basilique Sainte-Clotilde et s'offre un grand berceau en plumetis blanc. Elle choisit avec soin une nurse, Zazi, qui est une cousine du mari de sa sœur. Le 6 octobre 1962, Denis est baptisé en l'église Saint-François-Xavier à Paris, avec Paola de Rohan-Chabot comme marraine et Jacques Chazot comme parrain, un rôle que celui-ci prendra très au sérieux.

On pourrait penser que Françoise, désormais mère, renonce à certains de ses démons. Mais elle est trop possédée par l'ivresse de la nuit, le whisky, le jeu, les courses. Elle recommence à s'adonner à ses plaisirs favoris. Son deuxième mariage n'y résiste pas. Il existe une photo éloquente de Françoise avec Bob, où ils prennent la pose, assis au pied d'un feu tricolore du carrefour Vavin, dans le quartier de Montparnasse. Ils sont au creux de la nuit et ils ont sérieusement sacrifié au culte de Bacchus. Elle porte son manteau de panthère et appuie sa joue contre son mari, lasse et décoiffée. Ils ont l'air de deux oiseaux à la dérive.

Leur idylle est donc de courte durée. Il ne leur faut pas plus de onze mois pour ne plus se supporter. Le 20 décembre 1962, elle dépose une requête et le divorce est prononcé le 30 mars 1963. Le paradoxe est qu'ils divorcent mais continueront de vivre ensemble sept années bien que Bob ait rencontré l'homme qui sera son compagnon jusqu'à la fin de ses jours : François Gibault. La romancière résumera avec amusement : « On s'est énervé et on a divorcé. Puis on s'est réconcilié. Curieux, depuis que nous avons fait cela, nous ne nous séparons plus. Une fois libre, on peut vivre ensemble, non ? C'est bête, on aurait pu éviter les frais de divorce. Le réépouser ? Non, pourquoi faire ? »

Denis va garder des relations idylliques avec son géniteur, soulignant : « Aussi loin que je puisse aller chercher dans ma mémoire, me revient l'image d'un père attentif, présent et placide. Je garde le souvenir d'un homme d'humeur égale et plein d'humour. Un homme passionné de musique et de voyages. » L'argent, le pouvoir l'indiffèrent royalement. Mais sa dépendance à l'alcool constitue son vrai talon d'Achille.

Françoise, en ce sens, lui ressemble. Elle est intolérante, voire inapte à la frustration. Tout en elle n'est qu'excès, les bons penchants comme les mauvais. Elle ne sait rien interdire et ne sait rien s'interdire. Faire la nouba chez Régine relève de l'hygiène quotidienne. Questionnée par le journaliste Éric Neuwirth sur son goût de la boisson, elle répond sans détour : « Quand je fais la fête, je bois ce qui me tombe sous la main » bien qu'elle ajoute : » Ce n'est pas régulier, quand même ! » Une réponse en trompe-l'œil. Si Sagan ne nie pas son alcoolisme, elle le minimise sans vergogne. Longtemps elle vivra dans l'insouciance, dans l'inconscience du mal qu'il lui fera. Elle est jeune, éternellement jeune dans sa tête. Elle fume, elle boit sans vergogne. Qu'y a-t-il de mal à cela ?

Les débuts de son alcoolisme remontent à ses seize, dix-sept ans. À l'époque, elle s'échappe du cocon familial en compagnie de son frère Jacques, son alter ego fêtard, pour des nuits d'ivresse dans les boîtes branchées germanopratines. Comme aujourd'hui, les jeunes ne font pas la fête sans boire. Sans modération. Pour Jean-Claude Lamy : « Son goût de la fête a été d'abord une façon de se protéger, car son regard sur les êtres est l'expression d'une solitude à l'épreuve des mondanités. Françoise Sagan est toujours allée jusqu'au bout de ses passions, ne trouvant dans l'excès rien d'autre qu'une manière élégante de ne jamais donner l'impression de s'ennuyer et de ne pas sombrer dans les délices d'un calme désespoir. »

Chez elle, l'alcool est mondain et c'est toujours en bonne compagnie qu'il se consomme, qu'il se partage. Mais l'alcoolisme mondain ne se distingue de son cousin solitaire que par la qualité des breuvages ingérés et les circonstances. En rien par la quantité, la fréquence, ni les effets néfastes qu'il occasionne. Et avec Sagan, le rythme des réunions mondaines est tel que, très vite, sans whisky, sans cognac et sans champagne, la fête est moins folle. Le pli est pris. Il sera impossible de s'en débarrasser. Alcools forts, gin tonic au programme des réjouissances.

Son mariage avec Bob Westhoff n'arrange rien. Celui-ci se fait un devoir d'honorer les vignobles français. Avec pareil compagnon, comment espérer s'affranchir du joug ? Les épanchements n'en seront que plus fréquents. Si Sagan est rarement ivre – son fils n'a pas souvenir d'avoir jamais vu sa mère soûle –, il reconnaît que « les soirées sont animées » et que « tous ses amis étaient souvent gais et riaient facilement ». S'il met alors cette jovialité, quelque peu excessive, sur le compte de leurs esprits vifs, la lucidité de l'adulte qu'il sera ne pourra occulter la présence de spiritueux.

Quand les problèmes s'amoncellent vers 1967 et que la dépression l'accable, elle comprend que le délicieux (ré)confort de l'alcool ne suffit plus et Sagan part au vert, se refaire une santé à Cajarc. Ce sevrage est de courte durée. Les années passant, l'alcool consolide ses ravages. Elle paie son goût prononcé pour l'éthanol au prix fort : son pancréas a longuement souffert. Elle développe une pancréatite éthylique chronique qui s'exprime sous forme de poussées aiguës – la première en 1974 – qui la font tellement souffrir qu'elle imagine le pire. L'unique verre de blanc auquel son médecin l'astreint dans un premier temps ne la contente pas et n'arrange d'ailleurs pas les choses. Dans ces conditions, pourquoi suivre une telle prescription ?

À l'automne 1974, les douleurs étant devenues insupportables, elle est opérée du pancréas. Cet organe meurtri, même amputé de sa partie la plus enflammée et fibrosée, doit être mis à la diète. À compter de ce jour, toute goutte d'alcool est interdite. Brutalement, elle perd un partenaire de fête qu'elle côtoyait depuis suffisamment longtemps pour qu'il soit devenu un vrai compagnon. En 1975, pour l'aider à prendre une distance définitive avec la boisson, on l'envoie en cure dans une clinique proche de Montlhéry, « un endroit dépourvu de tout sauf de tristesse et d'ennui ». Une neurasthénie qu'elle partage durant deux à trois semaines avec le chanteur Michel Polnareff, soumis aux mêmes restrictions.

On l'a prévenue. Chaque nouvelle goutte de breuvage interdit risque de déclencher une nouvelle crise de pancréatite, si douloureuse. Elle s'abstient donc et ne boit que du Coca-Cola. Mais que cela est dur ! Il lui faut rapidement d'autres produits pour avaler la pilule, d'autres toxiques, pas plus recommandables que recommandés dans son état.

Malgré des efforts qui lui semblent atroces, la détérioration du pancréas se poursuit irrémédiablement. Bientôt, elle n'est plus simplement physique, elle devient fonctionnelle. Sagan développe, à partir de 1993, un diabète de type I, requérant des injections quotidiennes d'insuline. Mais l'insuline ne suffit pas à équilibrer un diabète. Cela nécessite, en plus, une bonne hygiène de vie. Ce n'est pas son for, et les excès permanents de sa vie ne font rien pour arranger les choses. Malgré les doses d'insuline régulières qu'on lui injecte, c'est en urgence qu'on doit l'hospitaliser en 1994 pour un coma diabétique. On pense à un coma hypoglycémique, par excès d'insuline[1] sur une alimentation trop pauvre en sucres, avant d'opter pour une acidocétose liée à l'accumulation d'hyperglycémies mal compensées par l'insuline. Tout cela nécessite une reprise en main diligente de sa santé qui, comme on s'en doute, n'a pas lieu.

Au début des années 1990, sa malbouffe la rattrape un peu plus. Sagan, percluse d'ostéoporose, se fracture le col du fémur. D'autres fractures suivront, sans que son alimentation – comme son hygiène de vie – voie s'opérer les modifications qui s'imposent. D'autant que son tabagisme très actif en fait une « Gainsbourg » au féminin. Des Chesterfield fumées dès l'âge de seize ans aux cigarettes mentholées, ses fameuses Kool « molles » que lui vendent des buralistes amusés (elle préfère les paquets souples aux cartons rigides, car elle trouve que le goût du tabac y est mieux conservé), la nicotine joue les faux amis.

Mais revenons à cet automne 1962 où la vie est encore rose. À la demande de Marcel Karsenty, le directeur du théâtre des Ambassadeurs (l'actuel espace Cardin), elle remanie un texte esquissé en 1961, *La Robe mauve de Valentine*, dont l'héroïne balance entre le mensonge, le cynisme, la ruse et l'inconscience. Valentine, campée par Danielle Darrieux, est une femme de trente ans, pleine de charme, abandonnée par son mari. Elle trouve refuge auprès d'une cousine désargentée, Marie (Marcelle Ranson) qui vit avec son fils Serge (Pierre Michael), en attendant un héritage qui les sortira de cette misère. Valentine séduit Serge, qui console avec amour cette pauvre femme trompée par un époux volage. Mais Valentine va se révéler plus complexe qu'on ne le croit...

---

1. L'auteur remercie Philippe Nahy de ces précisions.

Bonheur, un père et passe

Du domaine enneigé de *Château en Suède* et des lambris poitevins des *Violons parfois*, à l'ombreuse rue du Bac de *Valentine*, c'est le même monde de rêve hors du temps et de l'espace. Fermages, héritage ou procès gagné, nobles Nordiques, truands de province ou Russes de Paris, ce sont les mêmes luxes inclus, les mêmes déracinés loufoques, les mêmes noctambules amateurs d'instants forts et dédaignant les routines. Qu'elle soit sa cousine, la vieille maîtresse de son parrain ou sa jeune tante, qu'elle rêve de cheval, de tango ou de décalcomanie, c'est la même championne étourdie du « plaisir qui passe » donnant au même jeune homme trop absolu une leçon de frivolité et lui vouant le même premier amour gâché d'avance. Pour que le charme de Sagan opère, il faut nécessairement un dosage mystérieux de désinvolture conquérante, de cocasserie imprévisible, d'émotion voilée, toute une combinaison naturelle de notations tendrement abruptes, de paradoxes pertinents, de coups de plume somptueusement économes, de facilités inimitables. Ses répliques, dignes de l'habileté d'un vieux routier du théâtre, ont un ton original, à mi-chemin entre l'humour pincé et la poésie fantasque.

La force du spectacle, c'est ici le charme confondant de Danielle Darrieux, vêtue d'un fourreau mauve de Marc Bohan, le styliste de Dior. « Le premier jour des répétitions, elle entra en scène et elle fut *Valentine* », dira Sagan. Pendant les deux mois de travail, six heures par jour, l'auteur voit le prodige d'une actrice incarnant à l'idéal son personnage, poursuivant miraculeusement sa course vers le dénouement : « Danielle Darrieux parlait comme Valentine, pensait comme Valentine, et nous en restions tous émerveillés. Le jour de la première je savais – parce qu'il ne pouvait en être autrement, parce qu'elle était là – que les gens l'aimeraient ; et effectivement ils l'aimèrent » confia l'auteur. C'est un triomphe théâtral en ce

16 janvier 1963 et Danielle Darrieux avec sa grâce, sa féminité naturelle et son exquise rouerie est acclamée. Même Jean-Jacques Gautier, l'influent critique du *Figaro*, parle de réussite complète et de pillage astucieux de l'arsenal du boulevard.

À vingt-sept ans, Sagan continue d'échapper à toute classification. Elle est une mère attentive mais fantasque, une épouse plus copine que femme, un écrivain à qui tout ou presque réussit. On comprend qu'après un tel succès, elle ait envie de récidiver au théâtre et de redistribuer les cartes. Cette fois, c'est Juliette Gréco qui l'inspire pour *Bonheur, impair et passe*. L'action se déroule à Saint-Pétersbourg, dans un immense hôtel particulier où vit Angora (Gréco), belle et ironique. Jaloux, son mari, Igor (joué par Daniel Gélin), a tué en duel tous les hommes qui s'approchaient d'elle. L'entourent dans son palais son beau-frère (joué par Michel de Ré) et sa belle-mère (Alice Cocéa). Surgit bientôt en scène un jeune prince suicidaire mais faible (Jean-Louis Trintignant). Il vient provoquer Igor à qui il avoue sa passion pour Angora. Il espère ainsi se faire tuer. Mais Igor se rend compte que le jeune prince n'a jamais rencontré son épouse. Il accepte de se battre en duel à la condition qu'Angora pose les yeux sur lui. À ce jeu-là, le prince se fait prendre et tombe évidemment amoureux d'Angora. Igor et le prince finissent par la jouer aux cartes. À l'issue de la partie, Igor refuse de céder sa femme qu'il aime toujours et parvient alors à la reconquérir.

Juliette Gréco en héroïne russe, remontant sur les planches après huit ans d'absence, constitue un tel appât commercial que l'auteur n'a aucun mal à convaincre Marie Bell de coproduire la pièce avec Claude Génia, directrice du théâtre Édouard VII. Avec *Bonheur, impair et passe*, Françoise s'estime suffisamment instruite par ses trois précédentes pièces pour s'attaquer elle-même à la mise en

Bonheur, un père et passe

scène. Les répétitions commencent en novembre 1963 et Sagan insiste pour qu'elles se fassent dans les costumes et décors de Georges Wakhevitch. Gréco porte quatre robes tchekhoviennes. On rit beaucoup, on sort, on marivaude mais on n'avance guère. « Malgré le talent, la très bonne volonté et les efforts sincères de mes comédiens, nous commençâmes vite à patauger », racontera Sagan.

Le théâtre Édouard VII ayant pour voisin un charmant bar russe, le Cyros, ils vivent joyeusement de blinis, de pirojki, et la vodka coule à flots. Ils mettent même au point un nouveau cocktail baptisé « vodka Saganoff », à base de vodka chaude et de miel liquide. C'est tous les jours la fête. Sagan n'a pas l'autorité d'un Jean Anouilh ni sa connaissance du métier. Elle ne cherche pas vraiment à imposer son point de vue et, lorsqu'elle le fait, c'est en bredouillant. « Je n'ai pas de voix ! Je ne peux pas crier des ordres du fond de l'orchestre comme le font les autres metteurs en scène, explique-t-elle à la presse. Alors je pratique la douceur : je me lève, je viens près du plateau et je parle aux comédiens sans me fatiguer et sans les fatiguer non plus. »

Sa complicité amicale ne suffit pas à diriger les acteurs. D'ailleurs bientôt, tous les copains défilent et donnent leur avis. Circonstance aggravante, elle est secondée par les conseils très peu éclairés, mais péremptoires, de Sophie Litvak dont l'omniprésence agace les comédiens. En catastrophe, on demande au metteur en scène, Claude Régy, et à sa rigueur de tenter de sauver les meubles. Lors du filage, un inconnu lui indique qu'on n'entend rien dans la salle. Sagan s'affole, convoque un ingénieur du son et des électriciens qui installent tout un système de haut-parleurs supposés ultramodernes. Le 16 janvier 1964, la générale se déroule dans une atmosphère curieuse « comme si le théâtre eût été une sorte de nacelle interstellaire, avec des bruits de fond style *La Guerre des étoiles*, des sifflements, des grondements modernes, mais anachroniques pour une pièce qui se passait vers 1900 à Saint-Pétersbourg », dira Sagan. Et de noter consternée : « Je vis les invités sortir, l'un hochant la tête comme un cheval effrayé, l'autre, les deux index dans les oreilles, un troisième déglutissant violemment et avec peine. »

La corbeille a entendu le texte mais pas l'orchestre et Bertrand Poirot-Delpech tonne dans *Le Monde* : « Le théâtre laisse ces prothèses aux yé-yé ! » L'auteur dramatique Pierre Barillet notera : « La sauce à-la-russe-fin-de-siècle ne parvint pas à camoufler l'indigence du propos. Sagan n'était pas Tchekhov, ni Gréco une actrice. Seul Trintignant tirait brillamment son épingle du jeu, mais en vain. Le désastre était total. » Jean Dutourd dans *France-Soir* reproche à Sagan la platitude de son texte et le fait que ses acteurs entrent et sortent de la façon la plus convenue et empotée du monde. C'est un fiasco, mais Françoise a l'élégance d'en porter la responsabilité et se fait un devoir de soutenir ses armées vaincues par son incurie pendant les trois mois des représentations. Fort heureusement, l'amitié des comédiens ne prend pas ombrage de cette aventure et n'affaiblira aucunement la tendresse que Gréco et Sagan éprouvent l'une pour l'autre. La même année, la romancière lui écrit d'ailleurs sur un coin de table, en quelques minutes, la chanson audacieuse *Parallélébipèdes* :

> *Nous sommes parallèles en effet*
> *Nous sommes deux bipèdes en effet*
> *Parallèles et bipèdes*
> *Couchés tout seuls, nus dans un lit*
> *Faisant l'amour, poussant des cris*

Bonheur, un père et passe

*Je te l'accorde, c'est très gentil
Très agréable, et puis, et puis.*

Il est temps de renouer avec le roman. Elle met un an à venir à bout du manuscrit de *La Chamade*. Comme si la trentaine rendait l'écriture plus laborieuse, plus périlleuse. Elle part le finir à Saint-Tropez et son éditeur, Christian Bourgois, la presse de ne pas dépasser la date butoir du 15 juillet 1964 si elle veut figurer dans la rentrée littéraire.

L'héroïne de *La Chamade* s'appelle Lucile, a trente ans et des yeux gris. Vers vingt ans, elle a travaillé un peu, comme tout le monde. Depuis deux ans, depuis qu'elle est avec Charles, elle ne fait – naturellement – plus rien. Charles est très riche et très généreux. Ses cinquante ans l'attristent. Il aime la jeune femme. Lorsque s'ouvre *La Chamade*, Lucile éprouve pour l'amour « un mélange curieux de considération et de tristesse assez proche de celui qu'elle éprouvait pour la religion : un sentiment perdu ». C'est donc le cœur vide qu'elle accompagne Charles aux cocktails et aux dîners. Elle connaît bien sa ville, Paris. Elle sait qu'il suffit, pour déguiser un bâillement, d'aspirer l'air par le côté et de le souffler doucement par-devant, entre les dents. Elle éprouve ce sentiment si saganesque du vide et de l'ennui. C'est en dînant que Lucile découvre l'amour. Son voisin de table est un garçon de son âge. Ensemble, ils vont rire et vivre avec plaisir. Ce sont d'abord des après-midi clandestins, puis la vraie vie : Lucile quitte Charles – qui ne cessera d'attendre son retour. Antoine est lecteur dans une maison d'édition. Ce qu'il gagne ne suffit pas. Ce serait bien que Lucile travaille.

Mais au bout de trois semaines, Lucile ne va plus au bureau. Elle n'en dit rien à Antoine : en vendant un ou deux bijoux, elle pourra apporter au ménage autant d'argent qu'en travaillant. La voici libre maintenant, libre de se promener, libre de ne rien faire. Complication : elle attend un enfant. Elle n'en veut pas. Mais comment faire ? Pas d'argent, pas de Suisse, pas de clinique d'avortement. À l'insu d'Antoine, elle va trouver Charles qui, toujours accueillant, toujours généreux, lui donne l'argent nécessaire. Antoine a beau lui dire : « Garde cet enfant, c'est notre seule chance », Lucile refuse. Ce roman est divisé en saisons et l'on arrive inéluctablement à l'automne. Lucile quitte Antoine et rentre chez Charles qui l'attend, avec son confortable train de vie. Elle finira par l'épouser.

150 000 exemplaires sont mis en place. D'emblée, ce sixième roman est vilipendé par les uns et couvert de fleurs par les autres. Kléber Haedens mène la fronde anti-Sagan dans *Le Nouveau Candide* : « Ce qui distingue, si l'on peut dire, *La Chamade*, c'est une effrayante absence de talent. Le phénomène est très curieux dans une époque où beaucoup de jeunes femmes écrivent assez bien, racontent fort proprement une histoire, ont sans trop de mal une petite idée personnelle, une nuance de sentiment qui les marque, un paysage qui leur appartient. Chez Françoise Sagan, rien de tout cela. La banalité, la convention, le vide semblent sans remède. On dirait que l'auteur a renversé une carafe d'orgeat sur un cahier de pierre ponce. Oui, curieux roman. Ce qu'il y a de stupéfiant dans son cas, c'est que tout le monde qu'elle dépeint et où tout nous permet de croire qu'elle passe ses jours et ses nuits, elle n'a pas l'air de l'avoir fréquenté. Elle en parle comme pourrait le faire une postière de village qui ne connaîtrait le Paris des boîtes de nuit et des Générales que par ses rêves de vieille fille et les échos des quotidiens. Pas un mot, pas un adjectif qui corresponde à une vision réelle des êtres et des choses. » Et le critique de conclure : « Le résultat est un

style étique et négligé, plein de fautes, de répétitions malheureuses, de platitudes, de gaucheries. »

François Nourissier est plus laudatif dans *Les Nouvelles littéraires* : « Le succès de Françoise Sagan a jusqu'ici oscillé entre le très grand et le considérable. Ce n'est pas fini. Je crois *La Chamade* promise à une belle carrière. C'est un récit qui, après un départ maladroit, file un bon train et reste efficace de la page 50 jusqu'à la fin. Il est prodigieusement lisible. Les gens vont le dévorer, l'aimer. Plus que jamais les vertus de Sagan sont la cruauté, l'art d'afficher sans veulerie une morale du bon plaisir, une amertume rapide et gaie qui donne à sa voix son ton le plus juste. Je me sens pour Françoise Sagan estime et amitié. Elle est une personne qui répond intelligemment aux questions les plus sottes, ouvre sur les lieux de l'ennui nocturne des yeux magnifiques et parle librement, sans flagornerie ni truquages. »

200 000 exemplaires se vendent en quelques mois et tous les journaux se répandent à nouveau sur les considérables droits d'auteur que ces ventes représentent. Elle engrange encore beaucoup d'argent et s'offre une nouvelle voiture : une Ferrari. Un magazine estime même qu'entre 1954 et 1966, Françoise Sagan aurait gagné la somme de cinq cents millions de francs. Une fortune qu'elle-même avoue avoir dépensée sans trop savoir comment : « Oui, j'ai tout claqué… Comment, je ne sais pas : la vie, sortir, les boîtes, les amis… oh ! et puis l'argent, c'est commode. » Point final. Dans une interview à *Lectures pour tous*, elle déclare : « Je ne cherche pas la sécurité. Je ne sais même pas si je l'aime ou si je ne l'aime pas. Je n'aime pas posséder ni économiser l'argent. Dans la société actuelle, c'est un moyen de défense et un moyen de liberté. »

De 1961 à 1981, c'est le baron Élie de Rothschild – par l'intermédiaire de Marylène Detcherry – qui gère son budget, paie ses impôts, acquitte ses factures et pourvoit à ses folies douces. Le train de vie de la romancière lui donne parfois des sueurs froides, notamment ses dettes de jeu, ses dépenses chez Chanel ou Yves Saint Laurent, ses cadeaux permanents à ses amis et son goût des luxueux carrossiers. Sa grande tirade pour faire passer l'addition est de lui lancer : « Pourquoi voulez-vous que je me fasse du souci, puisque vous vous en faites pour moi ? »

Élie de Rothschild la supporte, dans tous les sens du terme. Et, quand il fronce les sourcils et lui jette un regard sombre, elle sait très bien dévier la conversation sur ses cépages ou ses dernières acquisitions de peinture. Dans une interview à Hortense Chabrier, elle brode sur son banquier : « Il me distribue des mensualités que je ne dois pas dépasser. Quand ça arrive ? Élie pleure, gémit ; je lui parle de son polo et il oublie, voilà. Je ne jouerai pas pendant cinq ans. Comme ça ; un coup de tête. Jouer pourtant, c'est une passion. Un film accéléré. C'est vivre prodigieusement vite, une façon de se perdre élégante. Évidemment, je peux toujours prendre l'avion pour l'Angleterre ou Monte-Carlo : une heure, c'est rien et là-bas, pas de problème, Je peux jouer tant que je veux... Je suis irrémédiablement attirée par tout ce qui est rassurant, tout ce qui met en jeu un mode de vie... »

Pour renflouer ses comptes, rien de tel qu'une adaptation cinématographique de son livre *La Chamade*. Alain Cavalier en achète les droits et lui demande de faire le script avec lui. « J'en avais marre d'être défigurée. J'ai préféré faire cela avec Alain qui voit comme moi. Ce sera très près du livre. C'est fascinant de reprendre des personnages qui ne sont plus vierges et de les faire parler », confie-t-elle. Le réalisateur en garde un charmant souvenir : « Elle était d'une honnêteté, d'un charme absolu dans le travail intellectuel. Elle était drôle, avec une absence totale de phrases toutes faites. Je suis descendu la voir dans le Midi. En quinze jours, l'adaptation était finie. Avec un instinct épatant, par la bande, elle m'apprenait à être plus léger, plus rapide, moins sobre. » Le film se tourne avec Catherine Deneuve et Michel Piccoli ; et Florence Malraux se retrouve bombardée première assistante de Cavalier.

Dans une longue interview à *Arts et Loisirs*, Sagan se livre longuement en 1966 sur le doux *farniente* qu'est souvent son existence : « Oui, je m'amuse. Quand je me sens bien dans ma peau. Il y a aussi les livres, l'alcool, les nuits, ces étendues plates que le whisky facilite, en permettant de parler aux gens de la journée. C'est indispensable de voir des gens. Stendhal a dit que la solitude apporte tout, sauf le caractère… Et puis, j'ai des amis pudiques. Quand ils sont emmerdés, c'est qu'ils sont malheureux. Donc, ils deviennent intéressants. Autrement, je subis, me tais et je décolle… Si j'aime séduire ? Je n'ai jamais aimé à ce point-là. Mais plaire, là, oui. J'adore plaire. Plus personnellement que littérairement d'ailleurs. J'écris pour me satisfaire, parce que j'aime écrire. Mais c'est curieux, les gens aiment à me protéger… Je suis maigre et j'ai des yeux d'animal : ça les attendrit… C'est confortable : je suis paresseuse. Mais quand j'écris, ils comprennent. Je n'en parle pas, j'ai l'air un peu abruti. Et puis il y a le symbole du cliquetis de la machine. Ils s'en vont. Ils savent qu'on se retrouvera à 7 heures. Oui, j'écris toujours à la machine. Un jour, on m'a demandé si j'avais le sentiment d'avoir fait des progrès dans la construction littéraire. J'ai répondu : oui, au début je tapais avec deux doigts ; maintenant, je me sers de cinq… Non, c'était une pirouette bête. La vérité est que je ne peux pas me relire à la main.

Quelquefois, la nuit, je prends des notes. Le matin, quel cauchemar ! Je n'y comprends rien... »

Françoise Sagan confie qu'elle doit encore un livre à son éditeur Julliard (désormais dans le giron des Presses de la Cité) mais qu'elle va changer de casaque : « Ça y est ! Le lâchage de Julliard... Flammarion, c'est une maison ronronnante, sérieuse, où la littérature a un rôle plus important que la bourse. Ça vous a un côté tranquillisant. Ils m'ont dit qu'ils ne me laisseraient jamais tomber, que l'argent n'avait pas beaucoup d'importance... Quel changement ; moralement, ça fait du bien ! C'est délicieux d'avoir des rapports détendus : Henri Flammarion ne me parle pas que de mes contrats ; enfin, je ne suis plus une marchandise... Et puis Henri a un côté rassurant. Mes parents le connaissent, c'est un vieil ami de la famille... » Flammarion a besoin d'un auteur-fétiche et Sagan d'un généreux mécène pour toutes ses folies automobiles et estivales. La romancière reproche surtout à Sven Nielsen de prétendus comptes faussés. Elle a pourtant un pourcentage sur les ventes de dix-sept pour cent, un à-valoir confortable (entre deux ou trois millions de francs) et des droits annexes équitables à cinquante-cinquante. Seul Joseph Kessel a connu de telles conditions privilégiées.

Pour elle, la critique littéraire se transforme en succursale des « Poids et mesures » : chacun note les tirages, mesure la longueur des articles, pèse les dossiers qu'on lui consacre, imagine le montant des chèques et celui de la fortune flambée..

Ragaillardie par son nouveau contrat, peu pressée de rendre son ultime roman à Julliard, Françoise se remet à l'ouvrage pour Marie Bell. Dans le microcosme théâtral, on murmure qu'elle a délaissé le théâtre à la suite de son échec de *Bonheur, impair et passe*. Elle tient à démentir cette rumeur et sait qu'en cas de succès, douze pour cent

Bonheur, un père et passe

de la recette lui revient. *Le Cheval évanoui* qu'elle écrit en trois mois a toutes les chances de remplir la salle. Les millions gagnés au théâtre ne ressemblent en rien aux millions acquis dans les affaires sérieuses. Ce sont des millions « légers », des millions farceurs, des millions coquins qui ne tiennent pas en place, qui glissent, qui filent et que l'on ne retrouve plus le lendemain. Simple difficulté, *Le Cheval évanoui* est trop bref. Jacques Charon, le metteur en scène, lui demande un court acte de lever de rideau et elle écrit *L'Écharde* en un temps record.

Elle se replonge avec ravissement dans l'atmosphère d'une salle de théâtre : « Ce que j'aime dans l'art dramatique, confie-t-elle, ce sont les coulisses, le temps des répétitions, tout le jeu qu'il suppose, le grand sérieux des acteurs qui vous interrogent ! "Quand j'ouvre la porte qu'est-ce que je pense ?"... la façon qu'ils ont de trouver une autre vérité que celle à laquelle on a songé en écrivant... C'est ce folklore du théâtre qui me plaît, le mélo des soirs de générales, la souffleuse qui vous embrasse en pleurant ! Soudain, dans cette excitation, à réaliser l'importance de l'enjeu pour tout le monde, on est pris de vertige. »

Pendant le temps des répétitions qui commencent le 15 juin, elle loue une chambre au huitième étage de l'hôtel Port-Royal. Il y a deux lits de cuivre, recouverts d'une courtepointe moutarde, un papier en guirlandes fleuries safran et, sienne, une petite table où trône la machine à écrire et des piles de livres. Il y a aussi du whisky, des verres dépareillés et un minuscule chaton roux comme un guanaco. Mais elle passe ses journées au théâtre du Gymnase. Elle a besoin de la vivacité du théâtre, de la joyeuse camaraderie qui règne entre machinistes et acteurs, de voir ses personnages de papier prendre vie, de sentir la drôlerie de ses répliques. Dans le théâtre enfin, il y a l'idée du jeu, tant de travail, de mois de répétitions pour qu'en une seule soirée, la critique et le public décident que la pièce ne tiendra pas l'affiche plus de quelques soirs. C'est une histoire de poker, de banco, encore mieux qu'un jeu de casino. C'est une drogue douce.

9

BURN-OUT

« Vous avez vu le décor ? Mais c'est le salon de Ferrières, chez Guy et Marie-Hélène de Rothschild ! » Ce genre de phrase, qui permet, un soir de générale, à la moitié de la salle de faire savoir ou de faire croire à l'autre moitié qu'elle compte parmi les intimes des Rothschild, contribue grandement au succès d'une pièce.

Outre son décor luxueux de Simonini, *Le Cheval évanoui* possède d'autres mérites : les sept tableaux bien ficelés d'un drame qui fait rire, le dialogue éblouissant, avec un whisky bu au rythme d'un litre par scène, des robes de Dior sans cesse renouvelées et le propice quadragénaire propre à l'œuvre de Sagan. Joué par Jacques François, il est ici anglais, baronnet désabusé, cynique et toujours séduisant. Henry-James Chesterfield est marié depuis vingt ans à une femme richissime qui lui a donné deux enfants et les moyens de vivre selon ses goûts. Il s'ennuie donc paisiblement dans son château quand sa fille Priscilla (Corinne Lahaye) revient de Paris, nantie d'un fiancé légèrement inquiétant, Hubert. Hubert (Victor Lanoux) a une prétendue sœur, Coralie (Nicole Courcel) et le cœur d'Henry n'est pas totalement éteint. Cela lui fait peur...

C'est un marivaudage brillant qui commence comme un vaudeville, armant les ressorts de l'intrigue, qui sont cependant vite déjoués pour laisser place au mélodrame, avant de finir en comédie de mœurs spirituelles et nuancée sur les rêves d'amour et d'or de deux générations. Le trio Jacques François-Nicole Courcel-Victor Lanoux fait merveille. Le château anglais, les brouillards matinaux, c'est l'enveloppe, c'est l'extérieur, le costume, comme dans les pièces d'Anouilh. L'essentiel, ce sont trois êtres nostalgiques d'une certaine pureté, qui ont du mal à se mettre d'accord sur la gravité de l'amour. Le public et la presse encensent ce parfum exquis de lande anglaise.

Et pourtant, la soirée a mal commencé. À l'entracte qui suit *L'Écharde*, une critique renommée, pleine de bonnes intentions, s'écrie : « Eh bien moi, je ne suis pas de votre avis et je trouve cet acte d'exposition très prometteur. Je suis sûre que les suivants vont être excellents. » Malheureusement, il n'y a pas de suivants. *L'Écharde* est un simple lever de rideau. Le bref sujet ? Les Glycines, nom d'une pension de famille modeste où depuis deux ans, alitée à la suite d'un accident, habite Élisabeth Madran, actrice ratée, désespérément ratée. Mais ce n'est pas ce qu'elle explique à Lucien, garçon d'étage nouvellement arrivé de province et devant qui, grâce à une mythomanie forcenée, elle déploie tous les trésors, les séductions et les poisons du théâtre. Lucia Colpeyn et Dominique Boistel s'y donnent brillamment la réplique. Après la générale très applaudie, Françoise et ses invités terminent la nuit chez Régine qui lance pour l'occasion la mode de la très démocratique spaghetti-party.

Pendant ce temps, Denis Westhoff grandit et les ancrages que sa mère entend lui donner constituent des gages de stabilité : « Il faut qu'un enfant ait des points de repère solides : sa chambre, ses jouets, son école, les gens avec lesquels il vit, ses camarades avec qui il joue. Il y a des choses élémentaires à lui apprendre en matière d'éducation : être poli, honnête, ne pas être radin, faire preuve de tolérance. Jusqu'à l'âge de trois-quatre ans, tant qu'il n'avait pas de camarades, j'ai accepté qu'on le photographie. À partir du moment où il a été à l'école, je m'y suis toujours opposée. S'appelant Denis Westhoff, il échappait à la curiosité générale. » Pourtant, Denis va souvent changer d'école au gré des déménagements nombreux de sa mère dans Paris. Elle a toujours la bougeotte bohème et le garçon montre une bonne faculté d'adaptation. C'est un enfant facile qui aime les animaux de sa mère, ne s'étonne pas de voir son parrain à la télévision, ni que sa mère fréquente le Premier ministre. Ne passent-ils pas des vacances ensemble à Cajarc ?

Aux élections présidentielles de 1965, Françoise Sagan a d'ailleurs choisi son camp et c'est celui de de Gaulle contre celui de François Mitterrand. Elle va même plus loin et participe à un duel pour le compte de *Paris-Match* du 18 décembre face à Marguerite Duras.

SAGAN : Je vote de Gaulle pour des raisons de gauche. Il me paraît le seul homme qui ait finalement une politique de gauche, malgré certains aspects caricaturaux.

DURAS : Je comprends parfaitement qu'on ne vote pas pour quelqu'un. Mais vous pensez en termes de pouvoir personnel. C'est une conséquence du gaullisme.

SAGAN : Pas du tout. Je suis comme vous, tous mes réflexes sont de gauche. Mais je n'aime pas voter pour des idées quand elles sont représentées par des gens qui, apparemment, n'y croient pas. Étant donné ce que Mitterrand a eu l'occasion de faire depuis vingt ans et qu'il n'a jamais fait, je ne crois pas qu'il puisse maintenant réaliser ce que la gauche attend... Je ne peux pas le croire une seconde. Si l'on vote pour des idées, on vote aussi pour ceux qui peuvent les appliquer... Je n'ai aucune confiance en lui.

Duras : Si vous faites un mérite à de Gaulle d'avoir mis fin à la guerre d'Algérie, d'ailleurs contraint et forcé, et après avoir poursuivi et intensifié cette guerre pendant plusieurs années, comment oubliez-vous que c'est Mitterrand le premier en France qui a amorcé la décolonisation de l'Afrique noire ? Comment une simple question de personne peut-elle vous faire jouer la carte de Gaulle ?

Sagan : Elle ne me paraît pas une carte de droite. De Gaulle me paraît plus apte à préserver nos libertés essentielles même en les malmenant apparemment, que des gens de gauche qui ne sont pas sûrs de leur fait.

Duras : Il est absolument impensable, incompatible, qu'un homme seul, quel qu'il soit, fût-il le plus grand des démocrates, assure la démocratie, fasse une politique de gauche. Il y a une contradiction. Il vaut mieux des hommes de moindre qualité, un collège, si vous préférez, que cet homme unique.

Sagan : Oui, mais ce collège, on l'a eu. Il se disputait, se battait, se fichait des claques dans les couloirs de la Chambre, terrorisé par l'arrivée des parachutistes. Il se trouve que cet homme est arrivé, et nous a sauvés du fascisme, a aidé les peuples noirs. Ce qui compte est ce qui a été fait ou sera fait, qu'il soit fait par un homme seul ou par quinze...

Duras : Un vote de gauche, en 1965, vous ne pouvez pas le nier est un vote de réflexion, un vote de rejet. Les gens ont réfléchi et rejeté de Gaulle. Car le vote naturel c'était un vote gaulliste. On est tombé très bas... Si bas que tout le monde s'attendait à un vote mécanique, un vote machinal, un vote gaulliste.

SAGAN : Le réflexe des gens qui votent à gauche est un réflexe précis d'agacement : « On n'est pas des enfants, il nous snobe, on va lui montrer... » C'est un vote contre l'idée qu'un seul homme tienne un pays entier, plutôt que contre l'œuvre de cet homme. Moi, ce qu'il a fait ne m'apparaît pas mal du tout : la décolonisation, la marche avec l'Est, c'est plutôt conforme à mes idées.

Et Sagan de conclure face à Duras – qui craint un anticommunisme officiel s'imposant en cas de réélection de de Gaulle :

— À ce moment-là, nous ferons les barricades ensemble comme dans *Viva Maria*... Ce sera extrêmement gai.

La politique au fond n'est pas le domaine de Sagan. Se situant plutôt du côté des moralistes, ce qui la préoccupe est surtout d'avoir une position de juste, une manière de vivre qui ne doit tromper personne. Comme le remarque Alain Vircondelet, être écrivain est d'abord à ses yeux « ne pas duper ni tromper ». La démarche politique vise à organiser, administrer, légiférer, tout ce qui est en fait éloigné d'elle. Ce qu'elle aime, c'est « le provisoire des choses », une précarité de l'existence qui lui permet de connaître l'émerveillement, l'inaugural, la découverte, et qui se trouve généralement « au bout de la nuit », dit-elle.

Sagan est trop légère, trop badine pour être toujours prise au sérieux. Dans la vie sa causticité se pare des charmes d'une belle innocence. « Elle aime faire la gamine chez les gens sérieux », affirme un de ses amis. L'anecdote qui suit et que relate Jacques Chazot en est un ferme exemple. Au cours d'un dîner, elle est assise au côté d'Herbert von Karajan. Le hasard veut que Françoise ait lu récemment la biographie, écrite par un de ses amis, du compositeur favori du chef d'orchestre, Anton Bruckner. Karajan est ravi par cette voisine qui lui narre, avec talent et précisions, les grands et les petits moments d'une vie méconnue qu'il connaît par cœur. Le discours poli de Sagan s'achève. Karajan aux anges tient son quart d'heure du mélomane. Il pose la question fatidique : « Et quelle œuvre de Bruckner préférez-vous ? » *La Truite*, répond ingénument Sagan, qui a assez fait d'efforts et a le goût des petites catastrophes. C'en est une. Herbert von Karajan ne badine ni avec l'humour ni avec la musique. Il restera figé. Sagan racontera la scène en en faisant un quasi-sketch de la vie mondaine.

Son humour, elle le tourne d'abord vers elle-même. On pourrait y voir une politesse suprême. On peut y déceler d'autre part la manière maligne des petites bonnes femmes du Lot mais aussi le résultat de leçons acquises au cours de fréquentations précoces, simultanées et insatiables des œuvres de Proust et de la bauge mondaine. On lui a fabriqué une mythologie qui tient du rallye automobile, du chic « Café Society » et des crises de foie balnéaires. La réputation du meilleur écrivain n'y résisterait pas. Elle a le talent de s'en accommoder et confie un jour : « Depuis le début j'ai toujours été suivie d'un bruit de glaçon dans les verres, de tôle froissée, de machine à écrire qui vibre de temps en temps. C'est indécrottable, mais ce n'est pas gênant. » Ses ironies comme ses maximes sont souvent bien frappées. Ce qui est plaisant chez elle, c'est son art de ramener les sujets trop grands et les passions tonitruantes à des mesures plus modestes. La gloire a sur les autres des effets tout englobants. Elle parle plutôt du « grisou » de la gloire : l'argent lui arrive par charrettes. On l'interroge : « Ce que je pense de l'argent ? C'est bien commode. » Ou : « C'est plus gai, non ? » À la passion amoureuse, elle fait un sort savoureux : « Oui, il faut bien la connaître : mais quelquefois seulement. »

Ses contemporains lui reprochent sa paresse, sa futilité, le gâchis au Johnny Walker. Sa réponse dans les interviews arrive insouciante : « Ma vie m'est un peu égale. Au fur et à mesure que le temps passe, mon insouciance s'accélère. Je me sens très bien ainsi. » Si Sagan se situe sans façon dans ce courant de la vague whisky qui recouvre la littérature des années 1960, l'accusation de paresse, même si elle est parfois fondée et si l'auteur la ratifie volontiers, paraît curieuse dans les proportions qu'elle a pu atteindre. Elle écrit au moins une œuvre par an entre le roman et le théâtre, sans oublier des textes journalistiques, des nouvelles, des chansons et des scénarios. La paresse chez Sagan est intéressante dans la mesure où elle est un des piliers, au même titre que la Ferrari ou les folles nuits, de ce qu'il faut bien appeler la légende. Elle l'a laissée se tisser en s'en amusant. Elle est faite de centaines de petits mensonges, non corrigés puisque « cela n'en vaut pas la peine ».

La pire légende commence vraiment par un mensonge miniature lancé en 1955 à Saint-Tropez l'été, à un journaliste italien : « Je conduis toujours pieds nus pour faire corps avec la voiture. » C'est la phrase magique, la phrase clé, le sésame d'une vie bolide. Conduire pieds nus est une affaire banale surtout pour qui revient de la plage ; personne ne voulut le remarquer. Chaque commentateur préféra y découvrir la mise au jour de singuliers vertiges. Elle ne recommencera jamais une telle confidence.

Il y a aussi l'image de Sagan « n'écrivant qu'à la machine », loin des stylos. L'image de « Françoise Sagan écrivant d'un jet et ne se relisant pas ». Il y a pourtant quatre versions successives de *La Chamade*. Elle est comme chaque écrivain une artisane un peu bête, miraculeusement sourde aux voix qui lui crient que son entreprise n'a aucun sens. À chaque instant de son travail, elle affronte un nombre incroyable de chances de faire fausse route. Elle sait la discipline, l'énorme quantité de patience nécessaire et la persévérance pour parvenir à ses fins. Voilà ce qui la frappe plus que tout dans l'activité littéraire : sa fragilité. Compte tenu de quoi, chaque livre lui apparaît vraiment comme l'enfant du miracle. Ce qu'il entre de pari dans la rédaction d'un roman, la part de jeu un peu fou : rien d'autre ne lui paraît valoir qu'on s'échine à ce point.

Quant à la Sagan folle du volant, sa passion pour ces jouets redoutables s'est atténuée. Sa Ferrari qui a pris de la bouteille l'attend le plus souvent dans le garage de sa propriété normande. À tous ces petits mensonges s'ajoutent des vérités plus discrètes. Elles valsent dans sa vie avec mélancolie au fil de l'amitié et de la solitude. Experte en amitié, Sagan fait de la générosité une de ses théories sur la vie : « Tous les hommes que je rencontre finissent par me raconter leurs soucis. » Son sens de l'amitié ne se borne pas à être une soyeuse tendresse. Normalement fortunée ou au sortir d'une accablante débine financière – ce qui est plusieurs fois le cas avec les impôts, la roulette aidant –, elle conserve en permanence ses possibilités d'Armée du Salut.

« Il est bon d'avoir une petite parade qui masque le théâtre », déclare-t-elle souvent. Ou bien : « Il est nécessaire de faire figure d'esprit léger. » Longtemps Sagan s'est contentée de ces boutades d'où le goût du beau langage parlé n'était pas absent. Elle continue à les formuler, mais d'autres plus graves commencent à les recouvrir de leur lierre de mélancolie. « Parfois, allongée sur mon lit je pense que je vais mourir, que les êtres qui m'entourent vont mourir, et cela me donne envie d'entreprendre un millier de choses. Souvent, lorsque j'entends des gens me parler, je pense qu'ils vont mourir, et cela me les fait écouter différemment. Je les vois réduits à ce qu'ils sont, à ce que nous sommes, et j'ai envie de les débarrasser de leur comédie, de leur demander pourquoi ils s'agitent, pourquoi ils se prennent au sérieux, pourquoi ils prennent des airs avantageux, j'ai envie alors de leur faire dire ce qui est essentiel pour eux. J'aime ce moment subtil et éphémère où après quelques verres les gens vacillent, s'abandonnent, où ils se délivrent de leurs vêtements de comédie : tous les masques tombent et ils disent enfin des choses vraies. » Et l'écrivain de délivrer cette phrase clé : « Ce qui m'intéresse désormais, ce sont les rapports des gens avec la solitude. »

Pourtant elle passe la fin de l'année à écrire *Le Garde du cœur* où l'on retrouve tous ses thèmes favoris : le climat des vies faciles, les journées de paresse, les petits matins « scotchés », le triangle habituel : la femme vieillissante, l'homme mûr et solide, le jeune homme attendrissant et un peu trop romanesque. « J'ai pensé au *Garde du cœur* pendant huit mois. Quand il a fallu l'écrire, j'ai trouvé un petit galop », confie-t-elle. Sagan, rompue aux champs de courses, amorce une explication hippique de la création littéraire aux journalistes qui viennent l'interroger. C'est une allure juste qui convient à cet écrivain. Il y a trop de romantisme fiévreux dans le galop total. Le trot possède une élégance qui la retiendrait s'il ne réclamait une rigueur qu'elle préfère éviter. De ce galop de deux mois passés sur le clavier d'une machine à écrire naît un charmant roman qui sort le 23 mars 1968. Il file bon train et procure un plaisir ténu et gratuit. La romancière y tire la langue aux règles de la morale et aux lois du roman policier. Elle le termine dans la salle à manger de sa maison de Cajarc, en sirotant de l'eau de noix avec Suzanne. Elle cueille des champignons et sa sœur lui prépare des menus exquis tandis qu'elle concocte des meurtres abominables.

C'est l'ultime Sagan à paraître sous la casaque blanche et bandes vertes de l'écurie Julliard. Elle y est entrée en 1954 avec un manuscrit de jeune fille grave. Elle la quitte à pas feutrés avec cette pochade policière, heureuse et amusante, qui ressemble à un pastiche de ses œuvres. Son héroïne, Dorothy Seymour, a quarante-cinq ans. Elle semble admirablement bien dans sa peau. Scénariste à Hollywood, elle se regarde écrire avec un certain sourire (en coin) des âneries royalement payées pour les super-productions en Technicolor. Elle peut porter sans complexe aussi bien le jean collé aux jambes que le fourreau de paillettes noires ouvert jusqu'aux reins. Elle a eu deux ou trois maris, de nombreux amants, juste assez de peines de cœur pour se sentir vivante, juste assez de succès pour n'en être pas esclave. Elle tient bien l'alcool, se regarde sans dégoût dans le miroir féroce du petit matin et vit à sa guise sans autre loi que celle de son plaisir immédiat. Elle va peut-être épouser Paul Brett, parce qu'il est agréable à vivre et à dormir et qu'elle se sent mieux, après tout, avec lui que sans lui.

Et puis un soir – le soir où précisément elle a décidé, il faut être honnête, de « couronner la flamme » de Paul –, un jeune homme bourré de LSD se jette sur le capot de la Jaguar. Un jeune homme au physique d'archange, manières de page, indifférence de chat. Il est blessé à la jambe : Dorothy le recueille et l'héberge, jusqu'à guérison complète, comme un chat perdu, justement. Il est délicieux ce Lewis, il tient compagnie sans gêner, il rend à Dorothy son âme d'enfant, il l'enracine dans son goût de la vie et sa façon d'en profiter. Paul grogne un peu, Hollywood chuchote, mais Dorothy – est-ce mimétisme ? – ronronne en écoutant cette merveille de garçon lui dire qu'il l'aime, et en le voyant le lui prouver de toutes les façons possibles, sauf de celle à laquelle on pense tout de suite. Il faut rien de moins qu'un typhon tropical nommé « Anna » pour éclairer Dorothy sur la véritable nature de son protégé. Il assassine tout simplement qui déplaît à sa protectrice. Le choc est rude mais Lewis est un si charmant criminel, prompt à la venger de toute offense. Quand elle le comprend, il est trop tard pour le dénoncer et impossible aussi de le chasser puisqu'il fait tout ça pour lui plaire et la venger.

On pense à *Noblesse oblige*, à l'un des meilleurs Ellery Queen. Jamais Sagan n'a été aussi drôle, tendre et fraternelle. Le roman se teinte d'une allègre grâce et d'une attachante désinvolture. La critique est pourtant unanimement réservée. Mais quand le livre paraît en mars 1968, la France est sur les nerfs. Un changement de société est dans l'air. Le 22 mars, les étudiants occupent l'université de Nanterre. Bientôt la Sorbonne subit le même sort, les meetings remplacent les cours dans les amphithéâtres enfumés. Des barricades se dressent dans tout le Quartier latin. Pour déloger les fauteurs de troubles, le préfet de police envoie les CRS, les pavés volent. Les syndicats, puis les partis politiques suivent le mouvement. La France se paralyse, la révolution est dans la rue.

À sa façon mondaine, Françoise participe aux événements de mai 1968. Elle reçoit des bombes lacrymogènes chez Régine ou chez Castel, rue Princesse, et rentre les yeux en pleurs avenue de Suffren. Elle fait le taxi des journées entières dans Paris, allant où désirent aller les auto-stoppeurs les plus divers. Elle conduit à toute allure et certains d'entre eux, qui ont bravement défié les forces de l'ordre, cèdent parfois à l'effroi une fois dans sa voiture. Ses jouets favoris lui sont reprochés un soir au théâtre de l'Odéon, bastion de la contestation. Sous les yeux consternés de Jean-Louis Barrault et Madeleine Renaud, une joyeuse assemblée se passe le micro de l'un à l'autre pour évoquer la liberté et le futur utopique. L'un des orateurs trouve un ton très bolchevique pour s'indigner : « La camarade Sagan est venue en Ferrari, bien sûr, apprécier la révolte des camarades étudiants. » Des vociférations suivent et on lui balance le micro. Cherchant une parade cinglante, l'auteur dramatique lance ironiquement sa réplique : « C'est faux ! C'est une Maserati ! »

Mais sans doute est-elle passée à côté de mai 1968 ? Elle a goûté les slogans, le vent de liberté, moins aimé les voitures incendiées, les arbres déracinés, empêtrée qu'elle est dans ses contradictions, le cœur à gauche mais l'esprit du côté de Pompidou. D'ailleurs, dès la fin du mois de mai, elle part pour l'Irlande dans la solitude d'un manoir à Glen Bay avec Bob et Denis. La seule distraction est le pub du coin et ses chopes de Guinness. Comme la pluie est incessante, elle se remet à l'écriture du premier roman qu'elle a promis à Henri Flammarion : *Un peu de soleil dans de l'eau froide*.

D'emblée, elle choisit un personnage masculin, Gilles à qui elle sait qu'elle va infliger une dépression nerveuse. À vingt ans, il a été admirablement beau, et à vingt-cinq, il plaît encore à presque toutes les dames. Elle sait tout de suite que son Gilles viendra se reposer en province. Mais où ? En quittant sa maison familiale de Cajarc, elle traverse un pays magnifique et que les brumes et les lueurs du petit matin rendent plus beau encore : les collines du Limousin. C'est donc décidé, son roman se déroulera entre Paris et la calme Limoges. Reste à introduire la femme dans ce roman, le premier de son œuvre où le héros principal est un mâle. Françoise l'entrevoit subtil, ondoyant, difficile à saisir. Mais elle décide de préciser plus tard son caractère lorsqu'elle en sera arrivée à l'entrée en scène de cette Nathalie dans son histoire.

En Irlande, elle décrit son héros déboussolé par la vie de Paris, consultant un médecin et venant se réfugier chez sa sœur à Limoges pour mieux soigner sa dépression. Le moment est maintenant venu de convoquer Nathalie Silvener. D'emblée elle a : « Des yeux verts hardis, des cheveux roux, quelque chose d'arrogant et de généreux à la fois dans le visage. » Trente-quatre lignes plus tard, Sagan écrit : « Quant à Nathalie Silvener elle aima Gilles dès qu'elle le vit. » Quand elle relit sa phrase, la romancière est surprise par elle. C'est tout de même aller vite en besogne, c'est supprimer tous les préambules psychologiques, c'est surtout rompre avec le caractère initial de son personnage. Seule une femme passionnée, une femme éprise d'absolu peut être ainsi foudroyée par un sentiment amoureux. Mais du même coup Sagan comprend que sa Nathalie est désormais vouée à la mort, qu'elle sera obligée de la tuer au dernier chapitre.

C'est très loin de l'Irlande, aux Indes dans la capitale du Cachemire, à Srinagar, que Françoise en voyage avec son frère reprend son roman un instant abandonné. Ce n'est pas dans un manoir qu'elle recrée la douceur des paysages limousins, mais dans une péniche posée sur un lac et encombrée de bibelots victoriens. C'est dans cet intérieur douillet qu'elle découvre que son Gilles n'est pas capable de se tenir au niveau du grand amour que veut lui imposer Nathalie. La passion s'émousse, l'incompréhension s'installe avec ses doutes. Gilles néglige son amour au point de perdre de vue sa rareté. Nathalie finit par devenir victime et, quand Gilles tient à reprendre sa liberté, elle le sent incapable de surmonter sa déception et se suicide.

L'épisode tragique de son histoire, Françoise la rédige en plein hiver dans la maison glacée de Cajarc. Mais elle n'est plus seule à travailler. Elle a amené Bernard Frank qui, lui aussi, écrit un essai. Françoise fait semblant de faire la cuisine – des grillades constituent un exploit chez elle – et le soir à la veillée chacun lit les pages écrites durant la journée par l'autre. Lorsque Nathalie est morte, il faut encore un bon titre. Eluard, toujours Eluard, lui offre l'inspiration avec l'ultime vers de *Capitale de la douleur*.

Un peu de soleil dans de l'eau froide est une histoire de passion, avec tous les débordements afférents à la passion. Sagan explore les sentiments extrêmes et pousse ses personnages dans leurs plus secrets retranchements, avec l'acuité d'analyse d'une grande romancière. Avec ce ton mélancolique et tourmenté, la critique se demande si Sagan n'a pas changé. Certes, on retrouve dans son nouveau livre le style sensuel, à la fois ciselé et désinvolte qui fait son succès, mais elle trouve des mots graves, émus pour décrire l'insidieuse et lente évolution des rapports amoureux. 200 000 exemplaires s'en vendent qui sont amplifiés par l'adaptation cinématographique de Jacques Deray avec Claudine Auger et Marc Porel, un brin grandiloquents.

La critique est plutôt élogieuse même si *Le Monde* s'en prend à Flammarion : « Françoise Sagan a changé d'éditeur, et son nouveau manager ne doit pas savoir encore qu'il faut relire ses textes de près, en surveiller la syntaxe, y traquer les négligences, parfois rétablir les bordures de ses manuscrits mordillés par son chien. » Avec son huitième roman, Sagan est ravie de figurer parmi les best-sellers de l'année 1969.

L'année 1970 est consacrée au théâtre avec une pièce promise à Marie Bell au théâtre du Gymnase. Titre provisoire : *Les Week-ends du passé*. Mais l'inspiration est capricieuse, la pièce devient *Un piano dans l'herbe* et finit par se monter au théâtre de l'Atelier le 15 septembre 1970. André Barsacq met en scène Françoise Christophe, Daniel Ivernel, Dominique Paturel, René Clermont et Nathalie Nerval. Le sujet ? Un groupe de vieux amis se retrouve sous la houlette de Maud, quarante-quatre ans, femme riche affublée d'une servante délurée, Sylviane. Autour d'elle, Édouard, un snobinard blasé, Luis, un alcoolique, et Henri, un homme à femmes, « portant beau ». Maud leur propose un jeu à la fois étrange et risqué : retrouver, durant un mois, le temps de leur adolescence, celui où ils partaient pique-niquer en forêt, celui où l'on flirtait en dansant des slows, celui où l'on roulait le piano dans l'herbe.

« C'est mon journal de l'époque. Tout y est consigné, entre le 1er et le 31 juillet 1950. Mes enfants chéris, je vous invite à re-avoir vingt ans. Ici, pendant tout un mois. Nous suivrons ce journal pas à pas et nous serons heureux, comme nous l'étions. » Jeu risqué car il manque un personnage : Jean-Loup, ex-grand amour de Maud et luron de la bande. Son arrivée inopinée va bousculer les pions du jeu et révéler que la jeunesse, « c'est aussi dangereux à réveiller qu'un tigre ». On retrouve là la lucidité de Sagan, sa nostalgie des années définitivement perdues et ses éternels mondains pris entre ennui et divertissement et qui n'arrive pas à masquer la futilité de leur vie. Sous des dehors de simplicité affichée, une forme de gravité teinte toujours l'ensemble d'une sourde menace qui ne demande qu'à être mise à exécution...

L'auteur dramatique Pierre Barillet affirme qu'*Un piano dans l'herbe* est certainement la pièce la plus ratée de Françoise Sagan. La critique est du même avis. Malgré Françoise Christophe et Daniel Ivernel, dont les talents n'y peuvent rien, elle dégage « un ennui pseudo-métaphysique pour gens du monde. À la recherche du temps perdu... pour tous ». Le reste de la presse est à l'avenant. L'accueil du public est tiède et la pièce ne tient l'affiche que jusqu'au 10 janvier 1971. Est-ce à cette époque qu'elle commence à tomber dans une certaine déprime ? Elle mange peu, mal, et se sépare définitivement de son ex-mari Bob Westhoff. Il part vivre chez l'homme avec qui il terminera sa vie, François Gibault, avec lequel il travaillera des années sur une biographie de Céline. Seul Denis et le chien-loup Werther partagent son spleen, même si elle s'efforce de ne rien montrer à son fils. La présence de la femme de chambre Thereza et de la cuisinière Olivia, toutes deux brésiliennes, donne cependant une note de gaieté permanente, tout comme celle d'Oscar, le chauffeur et maître d'hôtel argentin.

Comme à chaque fois qu'elle éprouve une difficulté d'être, elle décide de déménager et d'habiter la rue Guynemer, le long du jardin du Luxembourg. « J'ai changé d'appartement quinze fois en treize ans, confie-t-elle à une journaliste. Toujours entre le 7ᵉ et le 6ᵉ arrondissement. Le point de repère, c'est Lipp. » Elle se trouve aussi à égale distance de Flammarion, rue Racine et du New Jimmy's de Régine. Elle a emporté ses précieuses peaux de bête, son piano à queue, ses fauteuils de velours marron. Elle accroche sur les murs des cinq pièces des tableaux qui ont presque tous en commun une petite bonne femme solitaire se promenant dans les sous-bois, une clairière ou une héroïne tricotant dans des salons trop grands pour elle. Elle les déniche aux Puces les jours de pluie. Les matins de beau temps, elle a le Luxembourg en face des yeux quand elle se réveille, adore regarder les arbres et voit d'un œil affectueux les manèges et les gens qui jouent aux boules. Elle en fera quelques années plus tard le cadre d'un court-métrage de quinze minutes, *Encore un hiver*[1]. C'est la rencontre près d'un petit kiosque à musique d'une vieille dame et d'un jeune homme sur un banc. C'est charmant et plein d'une tendresse douce-amère.

Le 5 avril 1971, le nom de Françoise Sagan fait la une du *Nouvel Observateur* aux côtés de ceux de Marguerite

---

1. On peut le visionner sur YouTube.

Duras, Simone de Beauvoir, Gisèle Halimi et Catherine Deneuve. Elle cosigne le Manifeste des 343, initié par le Mouvement de libération des femmes, le fameux MLF. Sagan et ses consœurs demandent la liberté de l'avortement, en avouant qu'elles-mêmes l'ont pratiqué. Elle s'est laissé facilement convaincre d'apposer sa signature, elle qui confie à une journaliste de *Marie-Claire* : « Je trouve déshonorant de donner la vie à un enfant quand on n'est pas sûr de le rendre heureux – et si on peut faire autrement. Si j'ai signé cette pétition, c'est parce que j'ai vu des amies à moi se faire esquinter, faute d'argent, par des bouchers. L'avortement, c'est une question de classe. Si vous n'avez pas d'argent, mais cinq enfants et un mari qui ne fait pas attention, vous devez aller voir la crémière du coin, qui connaît une infirmière, qui connaît… et qui vous sabote. »

Si les femmes signataires seront en butte à des représailles, des lettres d'insultes et des attaques verbales incroyables, Sagan se fait discrète dans les semaines qui suivent. Elle assume son engagement mais n'aime pas l'idée d'être un porte-drapeau. Si elle est une femme libre, elle ne se sentira jamais concernée par les combats des féministes, même si certains de ses romans ébauchent des thèmes de réflexion inhérents à l'émancipation des femmes. Elle n'est jamais un écrivain engagé au service d'une cause.

Elle semble aussi se désintéresser des mondanités. Marie-Hélène de Rothschild qui la convie au château de Ferrières pour son Bal Proust, où Cecil Beaton prendra en photo tous les invités, reçoit de la part de Françoise un curieux télégramme : « Empêchée. Double pneumonie… » La baronne saisit son téléphone et trouve Sagan respirant à pleins poumons à l'autre bout de la ligne : « Tu me mens. Pourquoi double pneumonie ? » La romancière bafouille et explique : « Je ne sais pas. Cela me paraissait plus vraisemblable », confuse d'être prise en flagrant délit de mensonge. Denis Westhoff souligne : « Ma mère aimait le mensonge de ceux qui inventaient pour se rendre plus forts, plus grands, plus romanesques, parce que ce mensonge-là implique un minimum d'imagination et qu'elle aimait l'imagination. »

C'est à cette époque qu'elle a un coup de blues après une déception amoureuse qui met à mal son ego. Elle a rencontré à Saint-Tropez Elke, une belle brune à la peau très blanche et aux faux airs d'Hildegarde Knef, lors d'une soirée où l'alcool et l'héroïne circulent allégrement. Elke est l'héritière de la marque Mercedes et est flattée de séduire une romancière de renom. Mais, l'été fini, elle regagne son Allemagne natale et son style de vie de grande bourgeoise bavaroise. N'écoutant que son cœur, Françoise saute dans sa Maserati pour venir la retrouver à Munich. Mais le scénario des retrouvailles ne se passe pas comme prévu. Il est bien triste le retour sur Paris, malgré la puissance rassurante de sa voiture de sport. La vitesse n'atténue pas la mélancolie d'une passion morte. Malgré ses foucades, malgré ses amours d'une saison, malgré ses élans féminins, Françoise reste amoureusement une femme seule que les accrocs de la vie déchirent.

Nous avons un témoignage sur cette Sagan douce-amère. Marie-Claire, qui ambitionne de devenir écrivain et animera plus tard le blog *À bride abattue*, la croise par hasard. Elle se souvient : « Sagan était la seule femme de Paris qui n'aimait pas faire les boutiques. Elle s'était fait violence pour sortir de chez elle et voilà comment je l'ai rencontrée, l'air égaré entre les portants du Stock Daniel Hechter. J'étais au moins aussi désemparée qu'elle devant l'ampleur du choix. Nous avons sympathisé en sortant d'une cabine d'essayage : l'épreuve était au-dessus de nos forces. Les achats furent expéditifs. Elle estima que la jupe de soie et la veste dorée étaient tout à fait ce qui me convenait pour la cérémonie à laquelle je devais me rendre. Je la rassurai sur l'association entre un pantalon beige et une blouse imprimée léopard, que je lui ai vu porter à de nombreuses reprises pour des interviews télévisées. Françoise avait acheté ces fringues comme on accomplit un exploit, juste pour prouver qu'on en a l'envergure et en sachant qu'on ne réitérera pas la performance. Elle habitait à deux pas mais l'effort de sortir de chez elle était manifeste. Je fus la compagne d'une heure à la terrasse d'un café. Nous avons parlé de tout et de rien. Les mots se bousculaient déjà entre les mâchoires comme s'ils arrivaient trop vite du fond de ses pensées. Je la sentais en manque. Quand elle leva la main pour héler le garçon, j'ai cru un instant qu'elle allait lui demander du papier et un stylo mais c'est un Martini avec une olive verte qui fut commandé. Ses doigts tripotaient nerveusement les perles de son collier quatre rangs, dénonçant ses origines bourgeoises. Comme je m'étonnais de sa tristesse, elle me confia ses soucis. Au bout d'une heure, je ne l'ai pas retenue. Sa timidité était trop palpable pour que je puisse prolonger la conversation au-delà du raisonnable. »

Il est sans doute temps de commencer un nouveau roman et si *Des bleus à l'âme* va tomber à point, comme un fruit mûr, c'est que Sagan a mûri. Il lui a fallu vingt ans, quelques peines de cœur, pas mal d'hommes dont deux maris, d'innombrables whiskies, la perte de quelques amis chers, le lent travail de la vie qui laissent précisément des bleus à l'âme. Sagan rédige son livre face à sa vieille machine à écrire. Mais, suite à une chute de cheval, la romancière se retrouve avec un coude cassé. « Pourquoi ne pas dicter ? » lui lance alors Melina Mercouri, toujours pratique. Jules Dassin a eu ainsi recours à une secrétaire épatante de gentillesse, Isabelle Held. Sagan finit donc par l'engager et lui dicter son texte. Elle est donc aux premières loges pour contempler le mystérieux processus de l'écriture d'un roman : « Après avoir lu ses notes, elle se mettait à marcher de long en large, tout en fumant et en buvant beaucoup. Elle avançait dans son récit à haute voix. Je prenais en sténo jusqu'à vingt pages en une heure. » Cela change-t-il le rythme de sa phrase, sa sonorité ? Cela lui donne une certaine gravité. *Des bleus à l'âme* est une confession musicale en « moi mineur ».

De fait l'héroïne *Des bleus à l'âme* s'appelle... Françoise Sagan. Les autres personnages ne sont que des comparses sinon des figurants. Elle les avait mis en scène, dix ans auparavant, dans la solitude de leur château en Suède. Sébastien et Éléonore, le frère et la sœur, blonds, élégants, désinvoltes, inquiétants, unis par une tendresse ambiguë. On les retrouve donc à Paris, sans un sou, mais sans soucis, installés dans le provisoire d'un meublé mis à leur disposition par leur ami Robert. Le charme scandinave leur fait rencontrer la mûrissante Nora, Américaine riche et généreuse. Dans sa propriété du Cap-d'Ail, le frère et la sœur passeront d'agréables vacances, le premier dans les bras de Nora, la seconde dans ceux de Mario, le jardinier. Retour à Paris où Éléonore fait bientôt la conquête du séduisant Bruno, en passe de devenir une grande vedette de cinéma. C'est Robert qui a lancé Bruno pour qui il nourrit des sentiments plus que fraternels. Il souffre beaucoup de la passion de Bruno pour Éléonore. Et quand, après une soirée passée en commun, Sébastien et Éléonore de leur côté, Bruno du sien, abandonnent Robert à sa solitude, celui-ci ne trouve d'autre issue qu'un geste de désespoir. La liaison d'Éléonore et de Bruno ne survit pas à la mort de Robert. Désemparés, le frère et la sœur trouvent un refuge provisoire dans la maison normande de Sagan.

Ainsi la réalité de la romancière rejoint sa fiction romanesque. Cette histoire de Suédois ressuscités n'est qu'anecdote, péripétie, prétexte. Prétexte pour l'auteur de nous parler d'elle-même. Pas de détails croustillants ou intimes mais des réflexions sur la vie. Entre deux aventures de ses héros, Sagan philosophe à propos de tout, sur le temps, qui est le seul Dieu qu'elle respecte, sur la solitude, « petit lièvre mécanique après qui courent les lévriers de nos passions », sur les différentes espèces de mythomanes et les diverses variétés d'absence, sur l'homme et la femme et leurs rapports mutuels. De temps en temps, elle laisse poindre un bout d'oreille de son passé, riche en guillemets, ponctué « par les points d'exclamation de la passion, les points d'interrogation de la dépression nerveuse, les points de suspension de l'insouciance ». Elle pose un regard moraliste mais indulgent sur ses « frères humains », sur leur égoïsme, leurs fanfaronnades, un regard courroucé sur l'injustice, sarcastique sur l'hypocrisie politique. On écoute avec plaisir cette voix discrète, sincère, pudique qui ne force jamais le ton, sinon celui de la conviction, pour dire ses quatre vérités. En définitive, Sagan voudrait que l'homme sauve l'essentiel, préserve son âme. Plus que le corps, elle peut être couverte de bleus. Indélébiles.

Sorti en juin 1972, ce livre hybride, mi-roman, mi-confession, séduit d'emblée la critique autant que le public. C'est le best-seller de l'année 1972 et Flammarion jubile devant les 200 000 exemplaires vendus. Elle devrait en être rassérénée mais la dépression est bien là. Dans une interview avec André Halimi, elle lâche ce constat pessimiste : « Ce que je trouve infect, c'est de mourir un jour. On vous donne plein de cadeaux qui sont la vie, les arbres, le soleil, le printemps, les enfants, et l'on sait qu'un jour on va vous les enlever, ce n'est pas bien, ce n'est pas honnête. Mon désespoir vient de là en grande partie. »

La véritable raison est surtout un nouveau redressement fiscal qui l'accable. Elle en est réduite à Saint Laurent boutique et à modifier son train de vie. Il lui arrive même de passer la soirée chez elle, sans sortir, seule avec Denis et un bon livre. La petite famille s'est dispersée et le cercle des amis rétréci. Bernard Frank a fait retraite à Grimaud avec son nouvel amour, Bob Westhoff vient de temps à autre en Normandie passer quinze jours pour travailler à une traduction. Jacques Chazot, le stakhanoviste de la vie parisienne ne vient qu'en courant. Reste le dernier carré, Florence Malraux, Jacques Delahaye, Charlotte Aillaud, la sœur de Gréco à qui Sagan a dédié *Des bleus à l'âme*, Gréco elle-même et un nouveau venu, François-Marie Banier, le jeune romancier qui ressemble à un dessin de Cocteau qui, en lui faisant la cour, fait la cour à la réussite qu'il voudrait avoir.

La chanteuse Barbara vient passer un long séjour en Normandie et y compose même une chanson. « On a découvert que nous étions dans le même village du Vercors pendant la guerre, explique Sagan. J'avais cinq ans. Elle était juive, on la cachait. Moi, je passais à vélo sous ses fenêtres. Elle me dira plus tard : "Cette petite fille à vélo, pour moi, c'était la liberté." » Au manoir, l'une écrit, l'autre compose. On a loué un piano. « Elle était écorchée, avec un humour fou, se rappelle Sagan. Elle achetait dans la région des objets en céramique atroces. On a fait quatre magasins pour trouver un maillot de bain qui lui aille. Un truc qui remontait jusqu'au cou. Je voulais qu'elle profite de la piscine. Elle a fini par y aller pour me faire plaisir, elle s'est enfoncée dans l'eau, elle ne savait pas nager. »

Un Italien entreprend bientôt de lui remonter le moral. Ce play-boy international vit entre Paris et Rome, ne fréquente que la jet-set et a pour médaille de bravoure d'avoir séduit sept ans auparavant la crépusculaire Greta Garbo :

Massimo Gargia. Ils se rencontrent dans une réception et Gargia parvient à obtenir un rendez-vous pour le lendemain. Pourtant elle se montre distante quand le séducteur lui téléphone pour confirmer l'heure exacte. Il encaisse la leçon : « Je devais plus tard apprendre que Françoise était de ces êtres rares qui exigent et accordent une liberté totale dénuée de toute possessivité et apprécier cette qualité. Ce que j'interprétais comme un signe d'indifférence témoignait en réalité du plus profond respect. Toutes mes autres relations – précédentes ou postérieures – impliquèrent pour moi le devoir implicite de faire preuve d'une dévotion sans faille dont j'étais bien incapable. Sagan n'attendait pas plus cela de moi qu'elle n'envisageait de me l'accorder[1]. » Ne lui écrit-elle pas un jour : « Cela ne me rend pas jalouse que tu fasses l'amour avec une autre. Je ne serai jalouse que si tu ris avec une autre. »

Il la fait rire, la distrait et elle aime sa façon de lui cuisiner des pâtes *al dente*. Il possède un hors-bord ancré à Porte Ercole et lui propose des virées pour Capri. Il se souvient : « Son tempérament imprévisible faisait de tout moment passé avec elle une aventure. Sagan était unique et, en véritable créature de la nuit, se complaisait dans l'obscurité. Tout comme moi, elle n'ouvrait guère l'œil avant le milieu de l'après-midi et ne s'éveillait réellement qu'à la nuit tombée. Ensemble nous explorions le Paris nocturne. Peu impressionnée par les grands restaurants, elle adorait la face obscure de la ville. Nous formions un couple inhabituel, uni par la complicité et par une mutuelle indifférence à l'égard des préceptes bourgeois. Cela nous a permis de rester amants de temps à autre, mais toujours amis. La presse a régulièrement annoncé notre mariage et, pour attiser son intérêt, je confiai un

---

1. Massimo Gargia, *Jet-Set*, Michel Lafon, 1999.

jour à un journaliste combien j'aimerais devenir le père de ses enfants. »

Mais en cette année 1973, même Massimo a du mal à lui redonner le sourire. La romancière fait un premier séjour dans une maison de repos, la clinique Jeanne-d'Arc à Saint-Mandé, puis est hospitalisée à la Salpêtrière dans le service de neurologie des professeurs Lhermitte et Castaing pour dépression nerveuse, avec une cure de sommeil à la clé. Le harcèlement fiscal et les déceptions sentimentales tournent au burn-out, sans doute amplifié par les psychotropes, l'alcool et les drogues diverses et variées. Son équilibre est ébranlé. Au mensuel *Marie-Claire*, elle déclare en août 1974 : « J'ai été malade pendant un an, j'étais épuisée, claquée, sans aucune tension, énervée, mal dans ma peau ; on m'a donné beaucoup de médicaments pour cela mais, au bout d'un moment, je les ai jugés dangereux, astreignants, inutiles. J'ai tout d'un coup cessé d'en prendre, j'ai essayé de vivre sans drogue médicamenteuse, c'est très pénible. J'ai vécu trois mois dans une complète léthargie, et puis, petit à petit, je me suis remise à vivre. »

La France entière comprend qu'elle traverse une mauvaise passe quand elle annonce, désabusée, aux médias en juillet 1973 qu'elle quitte la vie de Paris pour l'Irlande, paradis fiscal pour les artistes. Le pays lui apparaît un recours, un havre pour échapper à elle-même : « C'est le pays où l'on protège la liberté des autres. Peut-être parviendrai-je là-bas à écrire un très beau livre. » De fait son séjour estival dans la verte Eire tourne au voyage contrasté. Elle a prévu de séjourner avec Denis et deux couples d'amis dans le Kerry en roulotte. Adieu la roulette, bonjour la roulotte. Elle n'est pourtant vraiment pas faite pour la vie en caravane et l'apprend à ses dépens. Elle avait ce rêve gitan : une roulotte avec un marchepied derrière pour s'asseoir les jambes pendantes et regarder filer la route. Or les roulottes proposées ne sont pas en bois mais en plastique. Elles sont surchauffées. Sagan et les siens marchent derrière le véhicule pour pousser dans les côtes et le retenir dans les descentes. Ils finissent par tout abandonner dans le village de Glenbeigh et par louer la maison du garde-côte. Hormis la pêche au saumon, les pintes de Guinness au pub et des parties de golf, il n'y a pas grand-chose à faire. Elle comprend que, quelle que soit la beauté de l'Irlande, elle est loin de Saint-Germain-des-Prés et de Montparnasse et que ce désir d'exil est illusoire.

10

PEGGY

Que n'a-t-on écrit à l'époque sur son passage à vide ! Les uns prétendent que, dans son délire, on l'a trouvée distribuant des billets de cinq cents francs dans la rue. D'autres parlent de *delirium tremens* et assurent qu'elle aurait acheté la quasi-totalité d'une galerie d'art avenue Matignon. On va même jusqu'à murmurer que, lors d'un défilé d'Yves Saint Laurent, assise au premier rang, il lui serait venu l'idée de monter sur le podium et de se joindre aux mannequins… Pures affabulations !

Françoise va mieux, mais une rumeur malsaine court toujours. Durant cette traversée du désert, elle est recluse dans son appartement de la rue Guynemer. Elle y reçoit ses amis : le parolier Frédéric Botton, Charlotte Aillaud, Florence Malraux (mariée à Alain Resnais) et une certaine Peggy Roche sur laquelle nous allons revenir. Elle joue au Monopoly avec son fils et ne le mêle pas à ses tourments. Elle est une bonne mère. De son éducation bourgeoise elle a gardé de sains principes et ne mélange pas sa vie de mère de famille et sa vie de femme libre. Il y a un temps pour son fils à la maison, un temps pour les hommes et les femmes de son cœur ; le temps des vacances et celui des voyages.

Dans tous ces changements, il y a tout de même un peu de continuité. Si on la trouve chez elle à 4 heures en train de manger un morceau de gruyère, on aurait tort de croire que c'est l'heure de son goûter : c'est l'heure de son petit déjeuner. Même si elle veille moins, elle a toujours autant de mal à se réveiller... Et si elle tord toujours sa frange, elle a acquis quelques nouveaux tics. Celui de fuir la lumière et de rejeter son visage dans l'ombre propice qui efface les rides, les marques des excès passés, le lent travail de la vie.

C'est au cours de sa traversée du désert qu'elle entreprend l'écriture d'*Un profil perdu*, auquel elle se raccroche dans son naufrage comme à une planche de salut. Le roman paraît chez Flammarion le 10 juin 1974 et est dédié à Peggy Roche. Il reprend deux des personnages des *Merveilleux nuages*.

Quand Josée Ash, au hasard d'une soirée, rencontre Julius A. Cram, elle ne peut se douter des liens étranges qui vont se nouer entre elle et cet inconnu dont la réussite, l'orgueil, la brutalité l'irritent dès l'abord. C'est pourtant grâce à lui que, soudainement, Josée réussit à échapper à un mari dont elle subissait depuis des années la jalousie délirante. Et c'est encore lui, déconcertant *deus ex machina*, qui guidera Josée, naïve et vulnérable, vers une existence nouvelle. Julius A. Cram ne demande rien, mais que veut-il ? Et cette liberté qu'il semble offrir à Josée ne cache-t-elle pas une redoutable dépendance ? Il faudra l'irruption d'un autre homme pour mettre au jour l'ambiguïté de cette situation, le danger d'un engrenage où l'argent est peut-être le grand coupable.

En relisant plus tard son roman, Sagan portera dessus un jugement sévère. Ses personnages sont, en effet, un peu unidimensionnels et elle peint encore, comme à son habitude, un milieu parisien très aisé. Surtout, il n'existe pas vraiment de réelle surprise dans la trame, tout est prévisible puisque l'on sait pertinemment ce que veut Julius et ce qu'il fait pour l'avoir. La presse se montre assassine et Robert Kanters dans *Le Figaro* ne craint pas de souligner : « Encore un salon, des mondains médiocres, des artistes plus ou moins ratés, des cœurs plus faibles encore que sensibles, des verres d'alcool, des potins et de petites intrigues qui se nouent et qui aboutiront à ce que l'on pourrait appeler plus justement des crises de nerfs que des crises sentimentales. »

Mais même dans un opus mineur, on reconnaît le « son » Sagan, la marque de fabrique, la preuve irréfutable qu'on tient là un véritable écrivain. Elle possède le style le plus coulant, le plus fluide et pourtant le plus elliptique qui soit. Entrer dans un Sagan est toujours un bonheur. Presque toujours habillé d'un titre superbe, chargé d'odeurs et de réminiscences multiples, le récit bref, souvent concis, même quand il s'étire au-delà des 180 pages réglementaires, déroule son apparente simplicité, émaillé d'irrésistibles gaietés, de soudaines âpretés et aussi de curieuses absences. Comme si, le temps d'un chapitre, l'auteur se désintéressait du sort de ses créatures et les laissait vivre leur propre vie, quitte à les retrouver avec un plaisir nouveau, métamorphosées par leur fugue, quelques pages plus loin.

Les mauvaises critiques d'*Un profil perdu* la touchent d'autant plus que son livre choque les féministes. C'est dans la soumission que son héroïne trouve son salut, protégée par le mâle au sein du mariage. L'attaque n'est pas que sociologique. Françoise Sagan vient d'apporter son soutien à François Mitterrand aux élections présidentielles de mai 1974 et publie un article intitulé *Coup de balai*, dans lequel elle explique son choix pour l'homme de gauche. Elle reçoit d'innombrables lettres d'injures et fait l'objet d'échos perfides. Certaines mauvaises langues prétendent que son engagement est le résultat d'une haine du ministre des Finances et du Fisc qui la tourmente tant et si bien qu'elle doit publier le communiqué de presse suivant : « Françoise Sagan voudrait faire remarquer à ses correspondants qu'elle est toujours domiciliée en France et paie donc ses impôts, comme tout un chacun, au gouvernement français. »

Elle résilie bientôt le bail de son appartement de la rue Guynemer (cinq mille francs par mois, charges non comprises) car elle en a assez d'entendre, le soir, les chiens hurler à la mort à la faculté de pharmacie voisine. Onzième déménagement, le 1er juillet 1974, pour une maison en duplex située au 25, rue d'Alésia. Les fenêtres ont vue sur un jardin de curé qui embaume le lilas. Façade blanche, trois étages, des anges sur la frise Arts déco. Le salon donne sur la rue à gauche et s'ouvre à droite vers le jardin. La véranda assure une touche *british* à l'ensemble et l'enclos est plaisant avec son lierre, ses massifs et sa statuaire, refuge parfait pour le chien Werther et le chat Gros-Minou. Denis et Bernard Frank logent au premier étage tandis que la maîtresse des lieux installe sa chambre au-dessus du salon.

Pour financer le train de vie d'une telle maison et le personnel qui l'accompagne, elle se lance dans deux projets. Avec l'éditeur Jean-Jacques Pauvert, elle relit et réunit ses interviews les plus marquantes et cela donne *Réponses* : un joli patchwork où elle évoque ses passions, la fête, la nuit, le jeu, la création et le poids de sa gloire. La romancière, d'un seul coup, ne bégaie plus. Comme elle a bientôt quarante ans et affiche neuf romans, six pièces de théâtre, deux ballets, des scénarios, des dizaines de chansons et autant de portraits et d'articles divers, elle peut se retourner avec une ironie cinglante sur son passé et affirmer son regard original. L'heure d'un certain bilan.

On peut minimiser son talent théâtral, on doit reconnaître sa singularité romanesque. Quand d'autres préfèrent la cantate et l'exaltation du monde en marche, Sagan donne volontiers dans le concerto pour couches sociales en faillite. On aime ou non ses livres. Une certitude : sous la désinvolture se cache un œil attentif, sous le ton enjoué se découvrent des blessures secrètes. De quelques gestes apparemment anodins, de quelques mots légers, elle fait un tissu à la trame serrée. Est-ce vraiment superficiel ? Qui mieux qu'elle, en ce siècle de furie et de révolutions, sait traquer et noter le désarroi d'une classe sociale en péril : la bourgeoisie des beaux quartiers ? Sagan connaît ce beau monde. Elle ne s'y vautre pas. Elle ne s'y complaît point. Elle y plante son scalpel. Elle ne guérit rien. Elle n'est que médecin légiste. Pour le psychanalyste Philippe Porret, « ce qu'il y a d'unique chez Sagan, c'est sa façon de jouer avec les mots, de les articuler. Par exemple, elle prend un mot du corps (le sang, le rire, les jeux) ; elle l'accouple à un mot puisé dans un autre registre : aquarelle pour le sang, la soie pour les yeux, incassable pour le rire. Elle crée une réalité singulière, inédite. »

Au début de 1975, elle fait en effet paraître chez Flammarion un recueil de nouvelles *Des yeux de soie*. Dans ces textes enlevés, drôles et persifleurs, elle laisse cavaler son imagination. Car, chez elle, les nouvelles naissent de l'imagination pure. Une histoire en quelques pages qui file à la vitesse d'un galop, esquisse joliment la psychologie, saute les obstacles avec rythme, accélère et nous délivre sa fameuse petite musique. Sa série de nouvelles chuchote aux oreilles du lecteur comme autant de petites sonates. Et voilà son livre qui se peuple de femmes riches et mûrissantes, de grosses cylindrées, de robes de Dior, d'écuries de courses, de bamboches frivoles, etc. Son talent consiste justement à montrer cette dérisoire misère dans son accablante réalité. Elle dit tout à mi-voix, c'est vrai. Mais que lui servirait-il de tonitruer sous les derniers lampions de cette décadence ?

Elle se plie aux obligations de la promotion et donne même une interview à Pierre Desproges pour l'émission satirique de Jacques Martin *Le Petit Rapporteur*. On pourrait dire qu'elle se fait piéger par l'humoriste, si ce n'est que la gentillesse qui émane en permanence d'elle n'est jamais feinte :

— Alors, comment ça va, la petite santé ? demande-t-il.

— Très bien merci, ça va très bien.

— Vous allez bien ?

— Oui, oui, ça va très bien...

— Y a pas de problème ?

— Non. Un léger rhume comme tout Paris.

— Euh, qu'est-ce que je veux dire. Pas mal la robe, c'est pas mal comme tissu, c'est quoi comme tissu ?

— Un mélange de toile, de drap, de flanelle, je ne sais pas...

— Ça peluche pas ?

Et l'humoriste de se pencher vers la romancière et de palper sa jupe.

— Euh non, ça ne peluche pas, c'est un tissu assez sec.

— Ça se lave comment, à l'eau tiède ?

— Non, c'est plutôt des choses que l'on met chez le teinturier.

— Et les vacances, c'était bien les vacances ?

— Je n'étais pas en vacances, je travaillais.

— Non, mais avant de travailler, vous étiez en vacances ?

Peggy

— Oui, avant de travailler, j'étais en vacances. Forcément. Il a fait très beau.

— Moi, je suis allé... j'ai mon beau-frère près de Limoges.

Et le comique de lui raconter ses propres vacances devant une Sagan incrédule qui fume cigarette sur cigarette.

— Eh bien, je ne sais pas, qu'est-ce que je peux faire pour vous ? Vous voulez boire quelque chose ? lance-t-elle.

Il lui demande une infusion de tilleul.

La séquence fera la fortune des bêtisiers télévisuels à chaque fin d'année et prouve que l'écrivain puise son talent dans son extrême générosité. « Elle avait un tel souci de ne blesser personne qu'elle déployait des trésors d'hypocrisie pour faire croire au moindre raseur que son commerce était divin », se souvient une amie. Il n'est pas rare aussi, à la fin d'un entretien, qu'un journaliste reparte avec un objet qu'il a pris sur la table et tenu en main pour tromper sa nervosité.

À cette époque, elle cherche une inspiration tous azimuts. Roland Petit lui commande le livret d'un ballet sur Proust. Il dira : « Je la revois, un verre de whisky à la main, la cigarette aux lèvres, me racontant Proust. Elle décortiquait avec lyrisme certains passages de l'écrivain en vous mettant l'eau à la bouche. » Le chorégraphe lui explique que l'anecdote doit frôler l'abstraction. Pas question de faire courir Swann derrière le fiacre d'Odette, ni de faire faire de la bicyclette aux jeunes filles en fleurs. « Nous avons beaucoup travaillé. Françoise fut formidablement coopérative, et aussi exquise et irrésistible, mais notre projet n'aboutit finalement pas. »

Une autre aventure originale l'attend. Le producteur Georges de Beauregard la veut derrière la caméra. Elle adapte sa nouvelle *Les Fougères bleues* pour le grand écran et part le tourner à Megève avec Françoise Fabian, Gilles Segal, Jean-Marc Bory et Caroline Cellier. L'intrigue ? Jérôme et Monika forment un couple heureux depuis dix ans. Pour ce week-end de chasse à la montagne en Bavière au cours duquel il veut tuer un isard, ils ont invité Stanislas avec sa nouvelle compagne, Betty. Cette dernière, blonde et sotte, est l'idéal ornement pour ce Don Juan libre, changeant et soucieux de plaire. Après le vol en avion, ils roulent vers le chalet et Jérôme surprend dans le rétroviseur Stanislas tenant la main de sa femme. Ses illusions s'écroulent. La tension monte entre les deux couples. Stanislas et Jérôme partent chasser. Jérôme a des idées noires. Qui veut-il tuer ? Le gibier ou Stanislas le traître ? « Et il a furieusement envie de changer de gibier, raconte Sagan. C'est sans prétention. Je n'ai pas de message à délivrer. C'est un film sans message, sans bavardage et sans érotisme. Un film marrant qui ne ressemble pas à grand-chose. »

C'est bien là que le bât blesse. C'est du théâtre filmé, artificiel et contraint. Sur le tournage, Sagan met bien huit jours à pouvoir articuler à voix haute les rituels « Moteur » et « Coupez ». Considérant l'objectif avec circonspection, elle semble un peu dépassée par la technique. Le long métrage ne sort qu'en mai 1977 dans l'indifférence la plus totale. La critique lui reproche ses flashes-back superflus, ses ralentis inutiles. Le public, lui, ne se déplace même pas. Après un tel échec, Sagan n'aura plus jamais l'occasion d'occuper le fauteuil de réalisatrice.

La voilà bientôt pressée de se lancer dans une nouvelle aventure : la série historique télévisée. Marcel Jullian lui demande d'écrire pour Antenne 2 le scénario d'un feuilleton : *Le Sang doré des Borgia*. Son frère Jacques Quoirez cosignera le travail. L'ennui est que le réalisateur, Alain

Peggy

Desault, lui aussi débute. Neuf millions de francs lourds sont pourtant jetés dans la balance afin que pourpoints, bijoux et palais en mettent plein la vue. « Ils préfèrent l'action à la parole », prévient Sagan la dialoguiste peu inspirée. Comme le notera cruellement *Télérama* : « Alors, qu'ils se taisent, qu'ils se contentent de rouler des yeux ou des mécaniques, de tirer la langue ou l'épée, de s'envoyer en l'air ou à trépas, et qu'ils nous épargnent les banalités qui tombent de leurs lèvres. » Un autre hebdo note : « Les Borgia doivent nous épouvanter, ils nous fatiguent ! » *Le Monde* a la main la plus lourde : « Sagan s'est trompée de voix en quittant le théâtre de salon pour le Grand Guignol de l'histoire. Et son petit frère, Jacques Quoirez, coscénariste de l'entreprise, manque de souffle, de poigne, de lyrisme et d'humour. À chaque époque les Borgia qu'elle mérite. La nôtre n'a plus la santé d'enfanter des monstres sacrés. »

La meilleure des consolations à tous ces échecs patents est la présence rassurante de Peggy Roche. Elle la connaît depuis dix ans, à l'époque où elle était l'épouse de Claude Brasseur. Elles se revoient au *Nuage*, l'établissement de Gérald Nanty, rue Palissy, se demandent comment elles ont bien pu passer si longtemps l'une à côté de l'autre sans comprendre qu'elles sont faites l'une pour l'autre. Élégante, racée, larges yeux noirs en amande, entre reine d'Égypte et beauté inca, Peggy a encore l'allure du mannequin qu'elle fut chez Givenchy avant de devenir rédactrice de mode à *Elle*. Elle est sans doute la seule personne au monde qui, au cinéma, lorsque l'héroïne doit être sauvagement poignardée, remarque la forme de son turban ou la cambrure de ses chaussures. Elle réussit le prodige de transmuer la futilité de la mode en quelque chose de profond et de pérenne, si bien qu'elle incarne ce que la vanité des apparences peut avoir, paradoxalement, d'éternel.

Bouche très rouge bien avant Paloma Picasso, ongles carmin, visage très blanc, chevelure noire impeccablement coiffée, Peggy a un air de dominatrice ; certains la surnomment « la lionne », d'autres « Néfertiti ». « Le style, c'est l'âme » aurait pu être sa devise. Son chic, sa silhouette parfaite, son abattage fascinent Françoise. Les quatre années qui séparent les deux femmes ne sont rien. La romancière donne l'assaut final, « jouant sur l'ambivalence de son image, cette note de tête de soufre et de pâquerette, cette allure de petit animal irresponsable et soumis cohabitant avec une maturité et une détermination d'airain », selon les mots d'Élisabeth Quin[1].

La brune et la blonde abritent d'abord leurs amours à l'hôtel Lutétia, puis au George V. Peggy finit enfin par passer ses journées rue d'Alésia, même si elle conserve son appartement de la rue du Cherche-Midi. Avec elle, Françoise commence une histoire de couple. Une tendre alchimie les unit vite et la styliste devient son ange gardien, sa foi. Finies les nuits solitaires et les errances du petit matin. Françoise aime surtout sentir, dans son sommeil agité, la chaleur d'un autre corps. Françoise ne s'empêche certes pas de donner quelques coups de canif dans le contrat qu'elles ont signé. Mais ce ne sont que des passades, rien de sérieux, elle revient toujours vers son amie, son garde du cœur. « Françoise a aimé Peggy beaucoup plus qu'elle ne voulait se l'avouer, assure Florence Malraux. Peggy était sa part d'absolu et Françoise papillonnait avec d'autant plus de désinvolture et de cruauté qu'elle se savait aimée. »

Annick Geille[2], qui menaça un instant ce si bel équilibre, se souvient : « Peggy aimait Françoise. Tel un bon dragon, elle veillait sur la forteresse, éliminant sans pitié ce qui

---
1. Élisabeth Quin, *Bel de nuit…*, *op. cité*.
2. Annick Geille, *Un amour de Sagan*, Pauvert, 2007.

pouvait être mauvais pour Françoise ; accidents, suicides, ruptures, maladies, désamour, mort : tous ces ennemis de l'insouciance de Sagan, Peggy les combattait tant bien que mal, un œil rivé sur ces forces contraires, l'autre sur Françoise. Sagan se sentait protégée par cette présence forte et sombre, ce double si proche et si lointain, car Peggy était tout sauf une intellectuelle. La mode étant son oxygène, elle revendique sa frivolité. Bien qu'elle n'ouvrît jamais un livre, sauf ceux de Françoise, Peggy savait ce qu'ignoraient tous les autres. » Elle préserve Françoise de tous les mauvais génies attirés par sa célébrité et son argent. Elle tente de chasser les dealers, les pique-assiettes, les charlatans.

Sa première influence la plus ostensible est d'habiller la romancière avec chic. Elle a un tel sens inné pour marier les couleurs qu'elle sélectionne de pertinentes tenues chez Yves Saint Laurent quand Françoise doit passer à la télévision. Elle rénove sa garde-robe et transforme son amie en femme beaucoup plus élégante. Elle l'habille de matières fluides et de bijoux théâtraux. Mais elle fait bien plus. Elle dirige les domestiques, rédige la liste des courses, fixe les rendez-vous chez le vétérinaire, attribue les emplois du temps, organise vacances et week-ends selon les vœux de Françoise, choisit la destination pour aller au soleil en hiver, détermine quelle paire de chaussures arborer chez Bernard Pivot. Denis Westhoff a souligné combien sa mère apprécie d'être débarrassée de toutes ses contraintes matérielles : « Peggy décidait de tout. Peggy était dotée d'un caractère parfois extrêmement orageux et douée d'un instinct absolument prédominant. Son flair et son jugement sur les êtres et les choses, dont ma mère était dépourvue, donnaient à leur relation une complémentarité parfaite. »

Le danger est qu'au fil des ans, Peggy Roche prend un ascendant croissant sur Sagan et tient une place de plus en plus importante, en optant parfois pour des décisions hasardeuses. En 1981, elle fait renvoyer Thereza et Oscar au service de la romancière depuis 1968 et décide de se passer de Marylène Detcherry, cette femme attachée à la banque Rothschild qui gère les finances de la romancière. Les cataclysmes financiers qui seront ceux de Sagan auraient pu être évités si sa conseillère était restée en place.

Peggy Roche ajoute une note joyeuse à la vie : la maison est pleine de bouquets de fleurs et on dîne sur de jolies nappes. Elle parsème la salle de bain de bougies parfumées et les armoires de sachets de lavande. Elle est d'une indolence créole ou butine comme une abeille. Elle aime prendre de longs bains avec la musique de Bach et gratter la marmelade d'oranges amères encore tiède et caramélisée sur les bords du chaudron de cuivre à la cuisine. Elle a le chic pour rendre l'air plus léger et elle sécurise Françoise. Elle porte bien son nom : Roche. C'est un roc ! Elle est une amie, une amante, une protection, un ange gardien, le tout avec un caractère très entier. Entre ces deux femmes, c'est un mélange de passion, de tendresse, d'admiration réciproque qui va durer de 1975 à 1991, jusqu'à ce que la mort les sépare.

À partir de 1984, Peggy ouvre une boutique à Saint-Germain-des-Prés et dessine cinq collections successives dans son show-room. Des jupes droites, des vestes élégantes, des robes qui collent au corps. Françoise joue les mécènes et écrit des dithyrambes dans *Elle* sur ses créations. Elle convainc même Isabelle Adjani d'arborer ses tenues. Ce prêt-à-porter de luxe ne sera jamais rentable, mais pas une seconde Françoise ne doute du talent de sa Peggy.

Mais Peggy doit se battre contre les vieux démons de la romancière. C'est elle qui trouve, un matin de novembre 1975, Françoise inanimée dans le salon de la maison, rue d'Alésia. Elle la fait conduire d'urgence à

Peggy

l'hôpital Broussais. Pancréatite aiguë. Il lui est désormais interdit de prendre une goutte d'alcool, mais la douce épaule de Peggy rend ce sacrifice moins dur à supporter. Sagan dira : « On dit toujours quand on ne boit pas et qu'on voit des gens qui boivent, qu'on les trouve ridicules, ce n'est pas vrai du tout ! On se trouve soi-même à la traîne, la cousine de province qui n'est pas drôle et qui ne s'amuse pas... On ne se précipite pas pour chercher d'autres amis plus sérieux et plus sobres, on a des amis ! Et c'est comme ça que j'en suis arrivée aux fameuses substances toxiques. »

Peggy se heurte donc aux autres dépendances de son amie. Il y a les amphétamines, ces molécules dérivées de la phényléthylamine auxquelles a recours Françoise devant l'angoisse de la page blanche. Françoise a longtemps pris du Maxiton un puissant stimulant et de la Corydrane, autre excitant. Beaucoup d'intellectuels (Malraux, Sartre, Marguerite Duras) en ont consommé. Interrogeons le docteur Philippe Nahy pour mieux comprendre cette dépendance : « L'augmentation de dopamine dans le cerveau et ses effets étaient ressentis 30 à 60 minutes après l'ingestion. Parmi les effets recherchés, on trouvait une diminution des sensations de fatigue, l'euphorie, le bien-être et la désinhibition, la confiance en soi exagérée, une impression de capacités intellectuelles accrues. Le problème est qu'à long terme, la prise d'amphétamines était à l'origine de troubles plus ou moins graves que l'on retrouve présents chez Sagan : affaiblissement, amaigrissement, ostéoporose, insomnies, troubles de l'humeur, troubles cardio-vasculaires. »

Le pouvoir des pilules apparaît donc d'abord comme une accélération. Accélération des gestes, de la démarche mentale, des rythmes intérieurs. Puis devient sensible l'augmentation des volumes : il tient davantage d'actes dans le même temps, de pensées dans la même phrase. Le sentiment de trop-plein, de disponibilités devient vite exigeant. Il faut donc jeter immédiatement ces troupes surexcitées à la bataille. Une page à écrire. Les mots, les arguments, la respiration même de la phrase sont là, précis, efficaces, à quoi il suffit d'ouvrir une voie. L'euphorie peut durer quelques heures. Il faut coûte que coûte parvenir au bout de ces paragraphes, de ce futur chapitre. La drogue ne facilite pas les choses, mais les crée. Une page composée sous l'empire de cette puissance n'est pas meilleure. Elle est différente. Le danger est dans l'excès de ces substances. Lorsque, le plaisir et la réussite aidant, on a imprudemment multiplié les doses, réitéré les prises, et qu'on se retrouve inutilement soumis à des courants trop vagues et puissants à la fois pour être facilement canalisés.

Mais la Corydrane est classée produit toxique au début des années 1970 et il devient quasi impossible de s'en procurer. C'est alors qu'elle a recours à la cocaïne, sous forme de poudre blanche dont la saveur amère provoque une sensation d'engourdissement sur la langue quand on la goûte. Les effets sont quasi immédiats avec une forte euphorie, un sentiment de puissance intellectuelle et une indifférence à la douleur et à la fatigue. À court terme, la cocaïne augmente le rythme cardiaque et peut créer une souffrance cardiaque par hypoxie pouvant aller jusqu'à l'infarctus du myocarde. Ces troubles sont dus à un effet vaso-constricteur sur les artères coronaires ainsi qu'un effet thrombogène. Une thrombose ? Sagan n'est-elle pas morte d'une embolie pulmonaire (un caillot sanguin venant obstruer une des artères pulmonaires) ? Son cardiologue, le docteur Philippe Abastado, a-t-il assez tiré la sonnette d'alarme ?

Cocaïne au réveil, morphine au coucher, Peggy Roche comprend vite que ce régime mine Françoise et ne se prive pas – à sa fureur – de jeter parfois dans les toilettes les tubes d'aspirine cachant la poudre. Elle tente de lui inculquer un rythme plus sage et de pallier ses frustrations. Elles partent pour Cajarc ou la Normandie, font les antiquaires à Honfleur ou Trouville, montent à cheval, fréquentent le casino avec parcimonie. Les deux femmes font même une croisière dans les fjords scandinaves. La vie de Françoise se régule. Le cœur de Peggy, c'est son joker.

Françoise s'attelle à un livre, accompagnée par Isabelle Held, l'indispensable scribe. Seule ou dictant, elle se sent parfois hors du temps et les personnages qu'elle crée, avec lesquels elle chemine, sont de tendres complices. Elle met bientôt la dernière touche à son roman *Le Lit défait* qui paraît chez Flammarion le 1er avril 1977 avec un titre, encore une fois, emprunté à Eluard, et deux personnages déjà présents dans *Les Merveilleux Nuages*. *Le Lit défait* est l'histoire d'amour exclusif d'Édouard pour Béatrice. Édouard Maligrasse, trente-cinq ans, est auteur dramatique. Il écrit des pièces que l'on commence à remarquer. Il connaîtra bientôt le succès mais conserve en lui le tremblement et les doutes de l'adolescence : rien ne compte que Béatrice. Béatrice Valmont, comédienne, a repoussé cinq ans plus tôt l'amour d'Édouard. Mais cette fois, elle l'accepte avec une nonchalance, une distraction qui désespèrent son amant. Pourtant, en se livrant totalement, Édouard va jeter sur Béatrice un filet plus dangereux que celui de la jalousie. Autour de ces deux figures centrales surgissent des êtres brusquement saisis dans leur vérité. Sagan décrit ici le huis clos d'une passion, un duo-duel rendu plus complexe par le fait que chacun des protagonistes est un professionnel de la fiction : un auteur, une actrice.

Sagan dissèque brillamment la passion qui brûle le corps et l'esprit, la palette des sentiments amoureux, les comportements humains, conjugaux et individuels. Elle nous ballotte sans cesse entre la douleur d'Édouard – follement épris, rêveur et doux – et la sensualité gourmande, animale de ce couple et de Béatrice. Une fois de plus, la critique se montre partagée mais le livre est rapidement dans la liste des best-sellers de l'année.

C'est d'une traite qu'elle écrit, sous l'impulsion de Marie Bell, *Il fait beau jour et nuit*, que monte la Comédie des Champs-Élysées le 18 octobre 1978. C'est Zelda, la femme de l'écrivain américain Scott Fitzgerald, qui l'inspire. La pièce met en scène une riche héritière aux nombreuses frasques que sa famille finit par faire enfermer en Suisse. Cet internement abusif lui fait vivre trois années de cauchemar. Mais sa vengeance, conduite avec habileté, est implacable. Anna Karina, Brigitte Auber, Jean-Pierre Michaël et Jean-Claude Drouot incarnent des personnages excessifs sans la moindre moralité.

Les répétitions se déroulent dans un climat orageux. Le metteur en scène, Yves Bureau, quitte le navire pour incompatibilité d'humeur avec Françoise Sagan qui sent que la mayonnaise ne prend pas vraiment. Les acteurs vadrouillent à la dérive. La première est catastrophique. Au moment où elle quitte la rue d'Alésia en robe du soir, son chien Werther l'accompagne jusqu'à la porte en frétillant et, avant qu'elle ne la referme derrière elle, a une brusque nausée qui s'achève sur sa robe. Elle se change au galop, mais, étant en retard et déjà bien stressée, elle garde le rythme pendant le trajet entre le 14e et l'avenue François-Ier. Deux policiers l'épinglent pour excès de vitesse et lui font perdre un temps précieux.

Quand elle arrive à bout de nerfs à la Comédie des Champs-Élysées, c'est pour apprendre l'incident qui a eu lieu en son absence : l'ascenseur qui mène du hall d'entrée au théâtre s'est décroché et a atterri dix mètres plus bas, projetant ses invités dans tous les sens. Régine, Caroline de Monaco et Marie-Hélène de Rothschild ont eu la peur de leur vie. Avec ces personnalités du Tout-Paris tombant brutalement les unes sur les autres, elle imagine déjà les titres de la presse moqueuse. La soirée se poursuit, catastrophique. La chaleur aidant, une dame s'évanouit et plusieurs critiques piquent du nez. Pierre Barillet qui assiste à la débâcle note : « Cette évocation du triste destin de Zelda Fitzgerald que les abus d'alcool et de drogues, sur fond de partouzes, conduisent à la folie et à l'enfermement, respirait le bâclage. En l'état des choses, ce n'était qu'une ébauche dont l'action et les dialogues trahissaient une mollesse extrême. Même l'accent laborieux d'Anna Karina altérait sa singularité et compromettait le peu d'intérêt qu'on prenait à la pièce. Un vrai four. »

Les huit personnes héroïques qui viennent la saluer à la fin dans les coulisses déploient des trésors d'imagination pour ne pas la vexer. Elle sait qu'il est absolument impérieux de faire bonne figure et qu'elle devra consoler sa troupe meurtrie. Les vraies larmes, elle les réserve pour la mort de son père qui disparaît le 2 janvier 1978 des suites d'une crise cardiaque. Il était plein d'humour, espiègle et gai, bohème et aristocrate dans ses allures. Il pouvait se montrer aussi libre d'esprit, original et provocateur que redoutablement exigeant et partial. Comme il est triste l'enterrement dans le petit cimetière de Seuzac où elle cache sa douleur et prend la main de Denis ! Et comme sa mère paraît désormais fragile !

Peut-être va-t-elle trouver l'image d'un père de substitution en la personne de Jean-Paul Sartre ? Pour la revue *Égoïste*, dirigée par son amie Nicole Wisniak, elle écrit une « Lettre d'amour » dans laquelle elle rend un vibrant hommage au philosophe. Il demande à la rencontrer. Ils vont prendre l'habitude de se voir tous les dix jours, jusqu'à sa mort le 15 avril 1980. Une tendre complicité se tisse entre ces deux Gémeaux, nés tous les deux un 21 juin. Leurs déjeuners rituels à La Closerie ou chez Lipp, où elle lui coupe sa viande, leur manie partagée de ne rien posséder et de mépriser l'argent, leur discrétion amusée quand ils dînent avec leurs compagnons officiels, alors qu'ils se sont croisés l'après-midi dans un hôtel de passe de la rue Vavin, sont des baumes au cœur. Ils se parlent comme des voyageurs sur un quai de gare. Elle aime le tenir par la main et qu'il la tienne par l'esprit. Elle se fiche de sa maladresse d'aveugle et aime plus que tout l'écouter, avec sa voix virile et généreuse. Sa mort la laissera orpheline d'une amitié que rien ni personne ne pourra combler.

Du 10 au 24 mai 1979, elle accepte de présider le jury du Festival de Cannes, en partie parce que son ami Jules Dassin figure parmi les jurés. Avec le certain sens de la naïveté qui la caractérise, elle s'illusionne beaucoup sur la fiesta cannoise : « J'irai en simple spectatrice, comme cela m'arrivait quand j'avais le temps d'aller au cinéma. » Lors de la soirée d'ouverture en robe longue choisie par Peggy, elle ne se doute pas dans quel guêpier elle s'est fourrée. Ne perçoit-elle pas un seul instant les enjeux commerciaux énormes et tout un système d'influences occultes qui régissent la manifestation et son palmarès ? Robert Favre-Lebret, président du festival, veille à pousser ses pions. Or, conquise par le film de Volker Schlöndorff *Le Tambour*, elle ne prise guère la grosse machine qu'est *Apocalypse now* de Francis Ford Coppola.

À chaque réunion suivant les séances, le jury se déclare favorable au *Tambour* pour la Palme d'or, jusqu'au moment où se dessine, pour des raisons exposées à Françoise par Favre-Lebret lui-même et qui semblent assez extérieures à la valeur intrinsèque du film, un revirement en faveur d'*Apocalypse now*. Françoise demeure sourde à ces intérêts commerciaux et diplomatiques. À la dernière séance du jury, par une surprenante et quasi-unanimité, la Palme d'or est attribuée au film américain. Françoise se retire du débat et va faire ses bagages. On vient en délégation lui proposer un compromis. Au terme d'un débat houleux, elle accepte, exaspérée. Les deux films se partageront la récompense convoitée. Mais l'aventure lui reste sur le cœur. Elle en expose quelques semaines plus tard les péripéties à un journaliste du *Matin de Paris*. Cela devient une mini-affaire. Sagan déballe tout de la cuisine interne d'un jury de festival et ses magouilles. Elle détaille même les bassesses des organisateurs en représailles, l'obligeant à régler elle-même sa note d'hôtel au Carlton, l'ardoise de son minibar et un montant astronomique de téléphone.

Elle se réfugie dans le calme de son manoir normand, s'adonne à son plaisir favori, la lecture, et se remet au travail. Une société de production dirigée par Michèle de Broca lui commande une adaptation d'une nouvelle de Jean Hougron, *Les Humiliés*, pour un projet cinématographique où Simone Signoret et Gérard Depardieu pourraient faire merveille. Elle en change l'histoire et le fonctionnement des personnages, mais tient à ce que Jean Hougron perçoive bien les droits d'adaptation. Le projet traîne et elle décide d'en faire un roman, qui paraît le 6 novembre 1980, prenant soin de préciser d'emblée au lecteur : « Je tiens à remercier ici M. Jean Hougron pour son concours involontaire. C'est, en effet, dans son excellent recueil de nouvelles *Les Humiliés*, paru chez Stock, que j'ai trouvé le point de départ de cette histoire : une logeuse, un humilié, des bijoux volés. Même si par la suite j'ai totalement transformé et ces éléments et cette histoire, je voulais au passage le remercier d'avoir provoqué chez moi par son talent cette folle du logis : l'imagination et lui avoir fait prendre un chemin pour moi inhabituel. »

Hougron comprend le message à sa façon et réclame par voie de justice la moitié des droits d'auteur du livre. Michèle de Broca exige la restitution de l'à-valoir sur le scénario et Henri Flammarion, pressentant tous les ennuis, assigne Françoise en référé et demande la mise sous séquestre des confortables mensualités qu'il lui verse. C'est un vrai scandale d'édition comme le Paris germanopratin les adore. La presse fait monter la pression.

Dans les arrière-boutiques du petit commerce littéraire, on dissèque avec rancœur ou mépris *Le Chien couchant*. C'est à qui ira de son plus méchant coup de scalpel. Quand Sagan plaçait ses romans et ses personnages dans les milieux sociaux chics, tout le monde criait au miracle et vantait les délices d'une certaine « petite musique ». Vient-elle à raconter une histoire sur fond de terrils et de corons, c'est la curée. Sus à Sagan ! Les chiens de garde du conformisme se ruent sur la romancière. De quoi se mêle-t-elle ? Pourquoi change-t-elle d'univers ? Tel petit terroriste rentré s'en donne à cœur joie : « Si vous aimez les mauvais mélos d'avant-guerre, vous ne résisterez pas aux déboires amoureux du petit comptable ne parvenant pas à se faire aimer et se faisant chiper sa dame trop mûre par un malfrat roublard. » Tel autre, avec désinvolture, fait parler les absents : « Simenon, qui a du génie, en aurait peut-être tiré un chef-d'œuvre. » Sous une autre plume, surgissent les insinuations les plus infamantes : Françoise aurait plagié un roman de Simenon paru en 1934, *Le Locataire*. Donc Sagan avait toutes les qualités et la voici soudain chargée de tous les défauts. On passe d'un cliché à l'autre, du petit génie de l'écriture à la tricheuse sans talent. Sagan devient la brebis galeuse, le vilain petit canard.

Traînée en justice par Jean Hougron et les éditions Stock, Françoise tente d'être convaincante le 8 avril 1981 devant la troisième chambre civile de Paris mais se retrouve condamnée pour « reproduction illicite » de la nouvelle. Les conséquences en sont le retrait immédiat de la vente du roman, la destruction des stocks ainsi que le partage des droits sur les livres déjà vendus. Sagan décide évidemment de faire appel. L'affaire se trouve à nouveau jugée le 7 juillet 1981 par la première chambre de la cour d'appel de Paris qui, cette fois, tranche en faveur de la romancière et lui rend son honneur : « Il est acquis que c'est la lecture de *La Vieille Femme* qui a fait naître le sujet du *Chien couchant* dans l'imagination de Françoise Sagan. Mais la présence de ce résidu superficiel et sans originalité, dont elle n'a pas pris la peine de débarrasser son roman, n'en affecte pas l'originalité essentielle. »

Françoise a gagné mais il est hors de question de rester chez Flammarion qui a suspendu ses mensualités. Elle ne se laisse pas faire. L'histoire de plagiat n'a servi que de prétexte à son éditeur qui prétend que Sagan n'a d'ailleurs pas respecté leurs accords. Elle fait constater par huissier qu'elle a bien déposé dans les délais prévus son roman et un recueil de nouvelles, comme l'exigeait son contrat du 24 juillet 1980. Flammarion lui rétorque que le volume devait comporter au moins 200 pages et non 112. Deux ordonnances en référé, rendues le 28 janvier et le 5 mars 1981, invitent Flammarion à reprendre ses mensualités. La maison fait la sourde oreille. Le jugement tombe le 27 juin 1981 : « Rien n'autorise Flammarion à suspendre l'exécution de ses obligations. » Sagan triomphe, mais la victoire est amère.

Elle sait qu'elle donnera son nouveau livre à Jean-Jacques Pauvert et ne se prive pas d'exprimer à Henri Flammarion et à ses conseillers sa fureur et son dégoût : « Quant à ces *torchons impubliables*, comme vous avez appelé mes nouvelles, je vous suggère de faire part de votre opinion à la revue *Joseijishn,* une des plus importantes du Japon, ou au *Playboy* de New York ou de Berlin qui les ont publiées et qui en réclament d'autres. Ce n'est pas seulement à ces nouvelles que votre avocat s'est attaqué devant le tribunal, la presse et le public, mais à la totalité de mon œuvre et à mes facultés d'écrivain. Reprenant les allégations que vous propagez et qui me déshonorent, maître Isorni a soutenu que tous mes textes, depuis 1954, étaient remis à mes éditeurs comme des *brouillons informes* qu'il fallait reprendre mot par mot. Sachez que ces *brouillons informes* représentent pour moi des nuits et des jours d'efforts et de travail et sont le résultat de produire une œuvre qui vaut ce qu'elle vaut, mais qui reste en tout cas absolument personnelle. Et c'est en cela, Messieurs, que vous vous êtes attiré non seulement mon indignation et ma colère, mais aussi mon irrémédiable mépris. »

En réponse, Henri Flammarion fait pilonner tous les exemplaires des œuvres de Sagan qui lui restent en stock et va jusqu'à procéder à la destruction des matrices d'imprimerie.

Quelque chose se casse à ce moment-là. Charlotte Aillaud se souvient : « Une nuit de 1978 où nous étions sorties très tard, elle me raccompagnait en voiture rue du Dragon. Françoise trouvait toujours où se garer. Elle était joueuse même en cela ! Ce soir-là, nous avons tourné pendant un quart d'heure sans succès. "Voyez, me dit-elle, la chance m'a quittée"... », espérant toutefois ce sentiment illusoire.

Seule consolation à ses déboires d'auteur, le cheval de course qu'elle possède depuis 1979, Hasty Flag, en pension à Chantilly, commence à remporter quelques victoires sur terrain plat et à l'obstacle, notamment à Auteuil. On l'imagine bien accompagnant Peggy aux courses, faisant dans l'enclos le tour du propriétaire, tapotant l'encolure de sa

Peggy

bête, souriant aux flashes. Comme il est beau avec sa robe alezane et ses deux balzanes antérieures blanches ! Comme elles brillent les couleurs de l'« écurie Sagan » : casaque bleue, épaulettes et toques noires. Françoise aime cette ambiance bigarrée de femmes en capeline, de flâneurs du dimanche, de rôdeurs monnayant leurs tuyaux. On parie, on bâfre, on se montre. La pelouse aveugle, les tribunes scintillent. Les chevaux sont bientôt alignés dans les stalles. Les casaques frémissent. Puis c'est le grondement de la foule et le babillement crescendo du speaker. Cela cavale à toute allure.

Peggy et Françoise croient entendre le nom de Hasty Flag. Il est dans le groupe de tête. Les premières montures débouchent dans la dernière ligne droite, les sabots soulèvent des mottes de terre et les jockeys cravachent de plus belle. Les voix grondent, explosent. Le fracas est furieux, accentué par le crissement des cuirs et les jurons sourds des cavaliers pliés sur leurs selles. « Et voilà Hasty Flag qui vire en tête… », crie le speaker. Le pack des chevaux fuse devant elle. Françoise et Peggy exultent, incrédules de posséder un tel crack. Comme il est doux le parfum de la victoire dans cette journée d'été où l'avenir ruisselle à travers les feuillages ! La romancière commence à imaginer de nouveaux horizons et une carrière glorieuse de propriétaire. Hasty Flag lui rapportera plus de deux cent cinquante mille francs mais finira par se révéler paresseux et décevant.

11

VAGUE ROSE ET POUDRE BLANCHE

Le soir du 10 mai 1981, Françoise fête l'élection de François Mitterrand à la brasserie Lipp. « J'étais ivre de joie », dira-t-elle. Elle a publié dans *L'Unité*, entre les deux tours, un plaidoyer enthousiaste pour l'homme de gauche et elle se rend à la Bastille pour terminer la soirée en beauté.

Se souvient-elle de la première fois qu'elle a aperçu Mitterrand dans un dîner mondain chez les Lazareff ? La romancière et le premier secrétaire du parti socialiste font vraiment connaissance en 1980 sur le tarmac de l'aéroport de Tarbes et effectuent ensemble le trajet en avion vers Paris : « Je fis un voyage charmant et amusant avec un homme intelligent et plein d'humour que j'invitai, pendant le trajet, à prendre le thé chez moi, s'il en avait le temps », confiera-t-elle. Ce premier thé rue d'Alésia est le début d'une longue série. Mitterrand n'oublie pas Sagan et elle est aux premières loges au Panthéon lors de la fête de son accession au pouvoir. « Je donnerai ma main à couper que Mitterrand est tombé, peut-être pour la première fois de cette manière-là, si physique, amoureux des Français, ce jeudi de printemps 21 mai 1981, et à jamais », écrira-t-elle, sans la moindre nuance. Elle aime son érudition, son intelligence, son côté terrien et ses passions littéraires. Il prise son humour, sa connaissance de la littérature et sa façon singulière de juger la célébrité. Sagan constitue surtout un personnage atypique, dérangeant. Il aime la compagnie des êtres capables de franchir la ligne jaune.

Françoise écrira dans un livre illustré[1] sur Mitterrand : « Je crois qu'il a besoin de toute la chaleur de ses amis, de toute leur sensibilité, mais je crois que son intelligence est solitaire, même s'il lui importe de pouvoir parler de n'importe quoi avec n'importe qui. C'est l'ami idéal dont parle Rimbaud, l'ami ardent ni faible, l'ami. Cela, ceux qui vivent avec lui le savent. Ceux qui vivent loin de lui et qui l'aiment l'éprouvent confusément et ceux qui ne l'aiment pas le lui jalousent un peu, aussi inconsciemment ou plutôt jalousent ses amis, dont il est plus honorifique, dont il est rassurant et délicieux, de faire partie. Et je dis rassurant parce que plus l'on est faible et plus son attention et sa possibilité d'affection grandissent. Et je dis délicieux tout simplement parce que cette amitié est délicieuse. »

Marie-Thérèse Bartoli, qui devient la secrétaire de Sagan de 1982 à 1998, témoigne de l'amitié qui unit la romancière et le chef d'État : « J'ai commencé à travailler chez Françoise Sagan un an après l'élection au pouvoir de François Mitterrand. Je savais qu'ils étaient amis mais je n'imaginais pas l'affection et l'admiration que Françoise avait pour cet homme. Un jour où je lui apporte un hebdomadaire avec le Président en couverture, elle contemple sa photo et me demande avec fierté : "Vous ne trouvez pas que, maintenant, dans la rue, les gens ont l'air plus heureux ?" » Françoise

---

1. Claude Azoulay, *François Mitterand. Tenez-vous prêt, nous partons !*, Filipacchi, 2005.

Vague rose et poudre blanche

est invitée à déjeuner à l'Élysée pour la première fois, en 1982, et elle s'y rend en chantonnant... et arrive en retard.

Ils déjeunent aussi de temps en temps au restaurant, mais Marie-Thérèse Bartoli lui suggère de l'inviter à l'avenir chez elle pour être à l'abri des regards. Elle hésite puis le propose au Président qui s'en montre ravi. Quand il s'annonce, tout le monde est sur le pied de guerre. Ménage de fond en comble, rangement à tous les étages. Toilettage du chien. Et des roses dans chaque vase. La cuisinière, Pépita, est réquisitionnée pour produire ses meilleurs plats, canard à l'orange, coq au vin ou pot-au-feu. On sort la vaisselle des grands jours tandis que Marie-Thérèse Bartoli reçoit les dernières recommandations : ni visiteurs ni coursiers, téléphone de la salle à manger et du salon débranchés. Silence radio pour tout le monde. Le personnel est consigné à l'office, Peggy Roche reste dans sa chambre, Denis est prié de s'absenter. Si Sagan est très discrète sur son duo avec le Président, elle concède quelques anecdotes à ses amis et assure que son fox-terrier a même renversé un verre de vin rouge sur la cravate mitterrandienne juste avant un conseil des ministres... De fait, ils rient beaucoup ensemble et Françoise lui confie par exemple que son fils Denis fréquente une jeune femme, mère d'un petit garçon de quatre ans. Lorsqu'ils viennent chez Françoise, l'enfant court vers elle les bras tendus et spontanément lui dit : « Bonjour, Mamie. » Françoise en est horrifiée et lui raconte la scène avec beaucoup de drôlerie.

En apéritif, ils boivent du porto et du lynch-bages, un bordeaux, pendant le repas. Parfois, elle ouvre une bouteille de bouzy, un vin rouge pétillant ou une bouteille de chinon. Pour le dessert, la touche est toute familiale : du fromage blanc avec du coulis de fruits ou des confitures maison. Le café est servi au salon et le Président repart vers 15 heures. « Ils étaient très liés, confirme Laure Adler, conseiller culturel à l'Élysée. Nous avons fait des voyages ensemble en hélicoptère. Elle arrivait en retard et faisait attendre tout le monde, y compris le président. Cela l'amusait. Ils avaient une relation très tendre – pas amoureuse. Il me parlait d'elle avec admiration, il avait lu tous ses livres. » Issus du même monde, la France provinciale et bourgeoise, ils en connaissent la langue, les nuances et les codes. Denis Westhoff tient à souligner : « Au-delà des idées et convictions de François Mitterrand – qu'elle partageait –, il y avait un homme qu'elle admirait, qu'elle respectait pour ses qualités intrinsèques d'être humain ; jamais elle n'aurait soutenu avec autant de force quelqu'un qui n'eût été que des *idées*. »

L'année 1981 est pour Françoise l'année de plusieurs changements. Elle emménage bientôt dans un duplex au 91, rue du Cherche-Midi. Et elle met un point final à un gros pavé de presque six cents pages : *La Femme fardée*. Durant la longue phase d'écriture, Jean-Jacques Pauvert qui, pour le coup, va s'associer aux éditions Ramsay, est d'un soutien créatif permanent. « Avant lui, personne ne m'avait parlé de mes livres quand j'écrivais, explique-t-elle. Il m'aide vraiment à accoucher de mon manuscrit en s'intéressant à la destinée de mes personnages. Jean-Jacques Pauvert est toujours d'un très bon conseil. C'est agréable de se sentir épaulée par quelqu'un qui vous voit d'abord comme un écrivain inquiet de son travail. »

De fait, l'écriture de *La Femme fardée* est un baume bienfaisant sur les mois pénibles qu'elle vient de passer : le plagiat, les sournoiseries de Flammarion, l'absence de moyens financiers et l'arrivée de créanciers, alarmés par une sorte de tocsin, qui se réveillent chaque matin et l'assaillent au téléphone. Elle voudrait bien dicter mais Isabelle Held s'en est allée à cause d'une brouille. Pauvert lui déniche une perle en la personne de Brigitte Lozerec'h,

Vague rose et poudre blanche

apprentie romancière. Six heures par jour, Françoise écrit et elle a l'impression fausse mais vivace que sa vie est là sur un gros bateau de croisière, le *Narcissus*, inventé pour l'occasion et qui sert de décor à ses héros romanesques. « Je me couchais, ravie d'une journée qui aurait paru sinistre à tout un chacun, écrit-elle dans *Derrière l'épaule*. J'étais réellement enchantée, ou plus exactement la proie d'un enchantement dont j'étais la seule responsable mais auquel je ne pouvais rien. Les dettes, les référés, les lettres recommandées, les journaux, tout cela tombait sur moi chaque matin et y glissait trop vite pour que je m'y intéresse. C'était la première fois que je mesurais la force de l'invention, de l'imagination, ou plus globalement de l'inspiration. »

La Femme fardée se déroule à bord d'un luxueux bateau en mer, sur lequel une poignée de privilégiés mènent la *dolce vita*, le temps d'une croisière musicale. Les chassés-croisés amoureux entre une jeune starlette de cinéma, un séduisant commissaire-priseur, un patron de presse de gauche et son étrange épouse, un gigolo et une diva donnent lieu à un ballet sentimentalo-mondain impeccablement réglé par la romancière. Ils sont une bonne dizaine, hommes et femmes, qui se désirent, se désaiment, se jalousent, se défient en huis clos, prisonniers d'un navire sous l'œil amusé du capitaine et de son subalterne. Cette femme fardée dont il est question se révèle être une épouse dépossédée d'elle-même par un mari qui, pour être sûr de se l'approprier complètement, a réussi un long travail de sape en éliminant la moindre trace d'amour-propre chez elle, la moindre parcelle de libido (au sens premier « d'envie de vivre »).

« Personnages manichéens », décrète la critique qui dénonce un *happy end* trop prévisible. Oui, mais quel piquant et quel charme ! Acuité du regard, très grande pénétration psychologique, netteté du trait, empathie non exempte de cette cruauté qui engendre l'excès de lucidité, précision et élégance extrême d'une phrase au classicisme impeccable et sûr de lui : Sagan est bel et bien en pleine possession de ses moyens. Le public réserve un triomphe à cette *Femme fardée* avec un million d'exemplaires vendus.

On pourrait la croire renflouée pour un certain temps, mais il n'en est rien. Son œuvre a beau générer des sommes colossales aux quatre coins du monde, aucun véritable agent littéraire international ne centralise ses royalties. Ses éditeurs ne lui rendent aucun compte en détail de ses droits à l'étranger, se contentant d'à-valoir initiaux. Elle doit donc continuer d'écrire pour financer son train de vie dispendieux : les occasionnelles tables de jeu, son cheval, son personnel, son manoir. Il lui arrive même de prendre un taxi pour se faire conduire en Normandie et de laisser un pourboire royal au chauffeur. Elle a toujours un besoin impératif d'argent. Ne serait-ce que pour financer les collections de sa chère Peggy. Ou aider son fils qui a vingt ans maintenant et doit choisir sa voie. Après un rigoureux service militaire imposé par sa mère (avec coup de fil personnel à Charles Hernu, ministre de la Défense), il développe une passion pour la photo. « Denis ne cachait pas grand-chose à sa mère, souligne une amie de la famille. Elle l'avait traité très tôt comme un adulte et c'est vers elle qu'il se tournait lorsqu'il avait un chagrin de passage. »

Ce fils est surtout aux premières loges pour constater la stupéfiante générosité de sa mère et le début du ballet sournois des huissiers qui ira crescendo au fil des années. Les créanciers la tourmentent, la banque l'exhorte à être plus raisonnable, mais Françoise n'en fait qu'à sa tête. Son ancien secrétaire, Jean Grouet, tente d'endiguer les problèmes financiers : « Françoise écrivait quand elle était acculée par les dettes. Elle m'a fait vendre trois fois la

Vague rose et poudre blanche

même nouvelle sous différents titres. Elle avait toujours besoin d'argent. Quand elle m'en empruntait, elle disait : « Je ne vous le rendrai jamais mais je ne vous en voudrai pas. » La chaîne américaine CBS accepte ainsi de payer vingt mille dollars une interview d'elle avec Brigitte Bardot. Guillaume Durand, qui tentera de faire un livre d'entretiens avec elle à la fin de sa vie, souligne son inaltérable côté cigale : « Ce n'était pas une tricheuse. Elle ne s'est pas installée en Suisse, comme d'autres. Elle distribuait son argent à ses copains. Elle ne possédait rien à part une voiture et un manoir bizarre. Tellement de gens ont profité d'elle, chacun se prétendant son meilleur ami. »

Massimo Gargia remarque : « Sa table était toujours ouverte, avec les meilleurs vins et du caviar. Elle offrait bijoux et cachemire... jusqu'à ses propres manuscrits. Bonne joueuse, elle se contentait de proclamer à propos des biens matériels : "J'aime perdre." » Gérald Nanty, l'un des rois des nuits parisiennes, est le témoin de sa prodigalité : « Souvent à court d'argent, elle s'est toujours montrée d'une générosité déconcertante. Un été à Saint-Tropez, nous étions attablés à la terrasse d'un restaurant sur le port. Un jeune homme déboule, poursuivi par des policiers qui le rattrapent. Ulcérée, Françoise se mêle de la bagarre et s'informe. Le garçon a refusé de payer une addition dans un troquet voisin. Sagan immédiatement se rend sur place, règle la note et exige qu'on relâche le malheureux. »

Mais elle-même n'est pas exempte de petites goujateries. Massimo Gargia garde ainsi le souvenir d'amusants trafics bien parisiens : « Françoise revendait les cadeaux en or, en argent ou en cristal de son amie Marie-Hélène de Rothschild. Le jour où celle-ci s'en est rendu compte, elle s'est mise à lui offrir de fausses fourrures. » « Elle a toujours vécu au-dessus de ses moyens, se lamente Marie-Thérèse

Bartoli. » Son ancienne secrétaire se souvient très bien des innombrables fêtes données à la moindre occasion, anniversaire, sortie d'un livre ou retour d'hôpital : « Pour l'occasion, elle faisait dresser un buffet par un traiteur dans un coin du salon, ou bien elle installait des petites tables, et un maître d'hôtel assurait le service. » Parfois, Frédéric Botton s'assied au piano et entraîne l'assistance joyeuse à chanter jusque tard dans la nuit. Parfois elle danse avec Jacques Chazot, ou apprend la valse à François-Marie Banier.

Il y a même une mémorable soirée où Danielle Darrieux fredonne ses plus belles chansons et où tout le monde finit chez Régine. « Elle vivait le présent sans retenue ni garde-fou, note Marie-Thérèse Bartoli. Elle aimait s'amuser, elle aimait la légèreté, les relations frivoles. » Au salon Pierre Bénichou provoque l'hilarité générale avec ses imitations et ses récits cocasses devant Claude Brasseur, Marie Daëms, Françoise Fabian qu'accompagne Marcel Bozzuffi, Nicole Wisniak et Philippe Grumbach.

À cette époque, la jeune journaliste Annick Geille, qui dirige l'édition française de *Playboy* où elle s'ingénie à glisser subrepticement entre les affriolantes photos de *pin-up* les textes des écrivains qu'elle aime, toque un soir chez Sagan, afin d'obtenir une nouvelle inédite. Celle-ci lui offre beaucoup plus qu'un texte (et même une dizaine), elle lui ouvre les bras et la chambre d'amis, ainsi qu'une dépendance dans son manoir normand. Annick répond désormais au sobriquet de « Minou ». Sous le regard circonspect et jaloux de Peggy, la complicité se métamorphose en relation brûlante. Françoise et Annick deviennent inséparables. « J'ai eu ce sentiment étrange que nous sommes immédiatement, brutalement et solidement devenues amies », confiera-t-elle.

Vague rose et poudre blanche

Leurs amours sont torrides, ludiques et brèves. Mais, condamnées d'avance car la cour de la princesse des lettres est une cruelle arène pour qui n'en manie pas les codes : « Avais-je espéré que l'affection de Françoise pût s'atténuer d'un cran, écrit Annick Geille. Il fallait me rendre à l'évidence ; Françoise ne quittait jamais personne. La liberté ne se divisait pas plus que l'attachement. Aimants, aimables ; de nouveaux venus s'ajoutaient au système ambiant ; cet agrégat de l'amour et du désir circulait en tous sens, dans un flou artistique, et les joueurs manquant de souplesse quittaient le terrain. » Car la romancière met elle-même un terme à cette passion. « Sa cruauté était à l'image du reste : douce, sans tapage ni effusion de sang », révèle la journaliste en 2007 dans *Un amour de Sagan*. Et quand Bernard Frank vient au cœur de cet étonnant phalanstère, elle passe des bras de Françoise à ceux de Bernard. « C'est Jules et Jim. On danse sur un volcan, mais on est dans une sorte de fantaisie, de douceur, d'insouciance et de jeu du désir », avouera-t-elle. Elle ne quitte donc pas pendant trois ans cette tribu lettrée et bohème à laquelle, flattée d'avoir été choisie, ignorant aussi qu'elle a été un peu manipulée, elle fait don de sa jeunesse. Avec Françoise l'amoureuse, on ne sait ni le faux ni le vrai. De toutes les intrigues qu'elle a l'art de tricoter, sa propre histoire semble la plus romanesque.

Sagan se lance dans une nouvelle œuvre, un petit bijou intitulé *Un orage immobile*. Elle veut changer de ton et de tout avec l'assentiment de Jean-Jacques Pauvert qui s'associe à Bernard de Fallois chez Julliard pour ce contrat ! Elle veut du romantisme. Nous sommes en 1832 et une jeune et belle veuve de la noblesse vient s'installer au cœur de la Charente. Maître Nicolas Lormont, notaire trentenaire, en tombe éperdument amoureux. Des mois d'amitié se succèdent, lui offrant tous les espoirs. Mais l'amour survient au hasard d'un bal et Flora de Margelasse s'éprend d'un métayer-poète, Gildas. Ses mains sont durcies par la faux mais il a la beauté désarmante de la jeunesse. Il va devenir auteur de pièces à succès, coqueluche des Parisiennes. Le notaire relate bientôt l'audace que met Flora à s'afficher avec un manant, contre les préjugés de sa caste et du Tout-Angoulême. On dirait même qu'il prend un certain plaisir à se retrouver évincé et voyeur. Tout en faisant mine de s'en indigner, il savoure bizarrement que le beau Gildas partage, avec le préfet et quelques cochers, les faveurs d'une pulpeuse chambrière italo-hongroise du nom de Marthe. Les succès de Gildas l'éblouissent et l'attendrissent au lieu de l'exaspérer. C'est à se demander s'il se rêve bien, comme il l'assure, à la place du métayer-poète, ou s'il n'envie confusément le sort de Flora et de Marthe ? N'ira-t-il pas jusqu'à risquer sa vie et tuer, dans un duel, pour l'honneur de son rival ?

Bals, duels, liaisons longues, promenades à cheval, cruauté, secrets et sensualité : ce roman un peu singulier dans l'œuvre de Sagan éclate de romantisme et se teinte de mélancolie. Avec une aisance souveraine et beaucoup de malice, elle conduit, à sa manière inimitable, une intrigue élégante et cruelle, empreinte de sensualité. Elle évoque une bourgeoisie un peu désabusée, les plaisirs de la fête et l'illusion fugace du bonheur. Elle est inimitable quand elle décrit une main âgée où les veines saillent comme des cordages, Angoulême vue comme une ville à la Carpaccio dans un paysage à la Ronsard et le charme venteux des Charentes. Matthieu Galey ironise dans *L'Express* sur cette nouvelle tonalité : « On boit du bouzy, on se regarde dans le blanc des yeux, le temps passe, les feuilles tombent ; tout le reste n'est que trompe l'œil et papier peint. Non, décidément, Françoise Sagan n'a pas changé de style. De décorateur tout au plus. C'est un orage

Vague rose et poudre blanche

dans un verre d'eau. » Dominique Bona dans *Le Quotidien de Paris* est moins sévère : « *Bonjour Tristesse* a bientôt trente ans, mais Françoise Sagan n'a pas changé. Il faut l'aimer et la suivre. Ou bien s'abstenir. Pour les inconditionnels, il y a dans ce livre toutes les vertus du premier, la jeunesse, la gaieté, la désinvolture. Les allergiques y retrouveront les mêmes défauts, la facilité et les "bref", les "donc", par lesquels elle esquive tout ce qui l'ennuie. »

Le succès en librairie est au rendez-vous mais Françoise est de nouveau mal. Elle replonge dans les grands fonds de la déprime avec un sommeil toujours chaotique et des somnifères désormais inefficaces. Pour ne pas alerter les journalistes et éviter des paparazzi, elle descend se faire soigner à Lyon dans une clinique privée. Elle déteste la nuit qu'une infirmière ouvre la porte de sa chambre pour s'assurer que tout va bien ou du moins qu'elle ne se soit pas suicidée. Elle déteste qu'on lui confisque son eau de Cologne par sécurité. Long séjour gris et flou où seules les lectures de Jean Rhys, Dorothy Parker et David Lodge la réconfortent. De retour à Paris, rester seule la nuit est au-dessus de ses forces. Si Peggy doit s'absenter, Françoise s'arrange pour qu'il y ait toujours des amis à la maison afin de l'aider à passer ses moments d'angoisse.

Cette année-là, la Fondation Prince Pierre de Monaco lui décerne son prix littéraire pour l'ensemble de son œuvre. La princesse Caroline, sa grande admiratrice, n'est pas étrangère à ce choix. Ce qui la ravit, c'est le chèque de quarante mille francs à la clé et la remise du prix au palais princier sous l'œil bienveillant du maître du Rocher. Elle déclare : « Je suis ravie d'avoir reçu ce prix, mais je resterai dans l'antichambre et pour trois bonnes raisons : d'une part, je n'apprécie pas beaucoup les assemblées ; ensuite, le vert ne me va pas du tout, ça me donne une mine de chien ; enfin, je n'aime que l'honneur au singulier. » Elle se voit déjà jouer son chèque au casino de Monte-Carlo ou à celui de Cannes, mais Peggy la force à reprendre le premier avion pour Paris.

C'est son amie Annick Geille qui a l'idée d'organiser une rencontre fructueuse entre Sagan et Françoise Verny. Coup de foudre amical entre la romancière et la papesse de l'édition qui vient de quitter Grasset pour Gallimard. Qualifiée tout à tour d'« aimant à auteurs », de « mamma » de l'édition ou d'« ogresse », Françoise Verny ressemble avec ses cent cinquante kilos à un tableau de Botero. Au fil des années, elle s'est taillé une réputation à la mesure des paradoxes de son personnage, elle qui, dans sa jeunesse, a conjugué le militantisme communiste et une foi catholique fervente. On la redoute. On l'aime passionnément. Elle fascine, elle inquiète. Elle connaît tout des coulisses de la comédie littéraire. Elle signe un contrat d'exclusivité chez Gallimard avec Françoise (avec trois cent mille francs à la clé) mais Botero, justement, vient semer le trouble.

Au cours d'un dîner, Sagan noue une conversation intéressante avec le directeur littéraire des éditions de la Différence. Il anime une petite collection sur l'art et invite Françoise à y participer. Le 3 juillet 1983, elle signe un contrat par lequel elle s'engage à fournir un texte sur le tableau de Botero, *La Maison de Raquel Véga*. Elle recevra 10 % des droits d'auteur et, en cadeau en nature, quelques dizaines de grammes de stupéfiants. Elle réussit péniblement à écrire le texte de la longueur d'une nouvelle : vingt feuillets. Mais par la magie de l'édition et le culot de son éditeur, elle reçoit ses épreuves : le livre fait désormais quatre-vingt-huit pages et la mention « fiction » figure sur la couverture. Elle refuse de signer le bon à tirer de l'imprimerie et fait parvenir un communiqué à l'Agence France Presse afin de préciser qu'elle va demander la saisie de l'ouvrage. Harry Jancovici et les éditions de la Différence

Vague rose et poudre blanche

ripostent : « Nous avons un contrat en bonne et due forme. Il n'est pas question pour nous de retarder la parution du livre : que Françoise Sagan ait omis de prévenir son éditeur Gallimard ne nous regarde pas. »

Bientôt se tient rue du Cherche-Midi une réunion de crise : Françoise Sagan, son avocat, Françoise Verny, Peggy Roche et un certain Marc Francelet. Francelet a tout du voyou gentleman. Tour à tour journaliste, attaché de presse, rabatteur, entremetteur, ami des stars, « Marco les bons tuyaux » est l'homme des 400 coups et n'a pas son pareil pour monter coups fumants et combines. La romancière a un faible pour les mauvais garçons ; avec lui, elle est servie. À l'issue de délibérations bien arrosées, Françoise Verny assigne à Sagan et Francelet une mission bien particulière : exiger par la force d'Harry Jancovici qu'il s'engage à surseoir la publication du livre. Munis d'une lettre rédigée par l'avocat, la romancière et l'affairiste se rendent le soir à son domicile, trouvent porte close, trafiquent la serrure et entrent tout simplement chez lui. À 3 heures du matin, le malheureux finit par arriver et éprouve un choc en voyant le duo qui l'attend dans le salon, comprenant qu'il va passer un mauvais quart d'heure. Entre deux baffes à sa femme et en le menaçant de coups de poing, Francelet obtient qu'il paraphe son renoncement à la publication. Signature évidemment sous la contrainte. Mais il fait constater son nez cassé dès le matin. S'ensuivent une litanie de communiqués de presse vengeurs et un procès le 29 mars 1985 où maître Zylberstein défend l'écrivain. Le livre paraîtra, mais ne sera jamais distribué. L'image de Sagan s'en retrouve brouillée.

Autre procès : celui qui l'oppose à Jean-Jacques Pauvert qui ne digère pas le départ de sa protégée chez Gallimard. Il revendique un contrat initial pour cinq livres, alors que Françoise ne lui en a donné que deux : *La Femme fardée* et *Un orage immobile*. Il estime à huit millions de francs le manque à gagner. Elle sera condamnée à lui rembourser cette somme extravagante.

Heureusement, le premier livre qu'elle publie en mars 1984 chez Gallimard est un succès critique et public. Son nom apparaît pour la première fois sur la couverture de la fameuse collection blanche de Gallimard. Elle en est satisfaite, sans pour autant avoir le sentiment de pénétrer dans un musée ou un Panthéon. *Avec mon meilleur souvenir* fait l'unanimité. Billie Holiday, Orson Welles, Jean-Paul Sartre, Carson McCullers, Marie Bell, Rudolf Noureev, Tennessee Williams... autant de portraits remarquables. Elle n'a voulu se souvenir que des moments heureux et des gens qu'elle a aimés. C'est ce qui rend ce livre si sympathique. Les dix textes qu'elle y a rassemblés sont des fragments, des éclats de souvenir, de tendresse : un hommage attentif, intelligent et modeste à ceux qu'elle a su rencontrer, comprendre, en tout cas aimer. Elle se montre une immense journaliste, douée d'une qualité essentielle : la sincérité. Une seule fausse note vient gâcher la fête : Jean-Edern Hallier se fend dans *Paris-Match* d'un article condescendant, ne lui reconnaît pas une plume acérée et conclut : « Un portrait, c'est une eau-forte. Ce n'est pas peint avec du sang d'aquarelle, ce joli petit pianotage de mots à l'eau de rose. Il faut mettre la cire sur la plaque de cuivre et y verser ensuite l'acide. Un portrait immortel, c'est creuser à même le métal inoxydable du temps retrouvé. »

Dans une même veine biographique sort, l'année suivante, un album iconographique sur elle intitulé paresseusement *Bonjour Sagan*. Chapeauté d'une longue préface élogieuse de Bertrand Poirot-Delpech, le livre fait défiler trente ans de la vie publique ou privée de Françoise. Toute la presse feuillette les « trente glorieuses » de la saga Sagan

Vague rose et poudre blanche

et l'on retrouve les mêmes visages, la même fidélité aux amis, ce goût sans hypocrisie pour la fête, le gaspillage, le jeu, les chevaux, la nuit et la vitesse. *Bonjour Sagan* s'apparente à une *Recherche du temps perdu* où la petite madeleine serait remplacée par le whisky, le pavé décalé par le pied nu de l'accélérateur et la sonate de Vinteuil par les Jazz Messengers au Blue Note.

Sagan se plonge dans un nouveau roman. Elle écrit la nuit sur ses cahiers d'écolier à gros carreaux Clairefontaine avec des feutres bleus. Puis elle enregistre le texte que sa secrétaire tape à la machine à partir des cassettes. Lorsque plusieurs chapitres sont terminés, elle les transmet à Françoise Verny, démontrant ainsi qu'elle n'a aucune vanité de femme de lettres. Elle accepte critiques et suggestions. Son ancien mari Bob Westhoff lui sert aussi de miroir et elle le réveille parfois en pleine nuit pour avoir son avis. Une seule chose compte à ses yeux : est-ce qu'il y a pris du plaisir ?

Dans ses mémoires[1], Françoise Verny note : « Elle m'entretient de ses personnages, les campe avec l'imagination vive et la précision de traits qui portent sa marque. Elle a griffonné, elle griffonne des indications sur des cahiers d'écolier dont elle fait grande consommation. Stimulée par le dialogue, elle s'enferme dans la solitude et dicte, sur magnétophone, son texte qu'elle va corriger après l'avoir fait transcrire par sa secrétaire. Elle me livre des pans entiers de son manuscrit : je ne connais aucun écrivain doué d'autant de grâce spontanée, aucun non plus de pareilles négligences. Un don unique. Beaucoup de travail, quoi qu'elle affiche de légèreté. Probablement lui manque la vertu de persévérance qui la conduirait à la perfection, ou plutôt qui révélerait la puissance qu'elle recèle. Un mystère unique : malgré

---

1. Françoise Verny, *Le plus beau métier du monde*, Olivier Orban, 1990.

ses défauts, l'œuvre de Françoise trace un sillage mythologique. Dans nos moments de totale complicité, je lui reproche de ne pas suffisamment croire en elle-même. » *De guerre lasse* sort le 21 mai 1985 et inaugure ce qu'elle nommera bientôt sa « trilogie guerrière », une série singulière dans sa bibliographie à la tonalité très Patrick Modiano.

Nous sommes en 1942. Alice et Jérôme débarquent un soir à l'improviste chez Charles, industriel de la chaussure dauphinois et ami d'enfance de Jérôme. Résistant de la première heure, Jérôme a choisi la maison de Charles pour y installer une filière d'évasion clandestine tablant sur la bonté de son copain, sa mollesse et sur la beauté d'Alice pour séduire et amadouer le don juan provincial pour le cas où il renâclerait devant l'obstacle. Ce machiavélique plan va réussir au-delà des espérances de Jérôme, puisque Alice, dont il est fou amoureux, va tomber dans les bras du beau Charles au cours d'un voyage à Paris. Le charmant nigaud est aussi l'un de ces rares êtres doués pour le bonheur, et il va entraîner irrésistiblement la fragile Alice rompue par un divorce douloureux et pas vraiment comblée par la liaison qu'elle a nouée de « guerre lasse » avec Jérôme, dans une passion heureuse et quasi scandaleuse en ces temps d'horreur. Pris au piège de ses propres stratagèmes, Jérôme repartira au combat, un peu plus triste, un peu plus résolu. Après quelques mois d'un bonheur dérobé à la guerre, Alice rejoint les combattants de la nuit en apprenant l'arrestation de Jérôme. Enfin, le lendemain de l'invasion de la zone libre par les Allemands, Charles, « de guerre lasse », s'engage dans la Résistance.

En dehors de ses morceaux de bravoure (la guerre, la Gestapo, les interrogatoires, le danger), il y a une justesse du récit confondante. Sagan impose un climat, un ton, un rendu d'une époque avec ses tics, ses modes et ses secrets. Elle décrit à merveille le jaune claquant d'une

Vague rose et poudre blanche

certaine robe, l'asymétrique décolleté d'une autre ou encore le vent léger qui n'existe qu'à Paris au mois de juin. La guerre n'est là que pour nous rappeler que quelles que soient la désinvolture et la gaieté avec lesquelles on est déterminé à prendre la vie, il est des combats devant lesquels on ne dérobe pas et des démons qu'on ne contourne pas. Son style est un mélange de nonchalance et de vivacité, de drôlerie et de mélancolie, une prose ferme, bien timbrée, suave, une écriture claire et détaillée mais subtile, au souffle rapide et à la fraîcheur pas toujours innocente.

Avec *De guerre lasse*, la critique est pourtant partagée. Certains trouvent que la romancière hésite maladroitement entre le drame historique et la bluette. Bertrand Poirot-Delpech dans *Le Monde* souligne : « La force de Sagan, intacte, grandissante, toujours plus maîtrisée, d'éviter les grands mots, de ne pas avoir l'air d'y toucher, d'effleurer les vérités comme on chasse les papillons, de les laisser battre leur battement velouté et tiède, entre les paumes. » Le livre est un succès de librairie et Robert Enrico en fait même un film manichéen avec Christophe Malavoy, Pierre Arditi et Nathalie Baye. La mise en scène appuie lourdement le conflit psychologique du héros et la magie du roman semble s'évaporer.

Le 21 juin 1985, elle fête ses cinquante ans. Cinquante ans, déjà. Un demi-siècle de bons moments, de petites catastrophes et de montagnes russes émotionnelles. Le temps a méthodiquement aiguisé le triangle du visage. Les cheveux ont pris la couleur paille. La voix est devenue presque rauque de trop d'excès, elle parle en phrases ponctuées de points de suspension. Sa nervosité lui fait passer régulièrement sa main en essuie-glace devant des yeux clignotants, se cabrer sans cesse comme un cheval, fumer compulsivement cigarette sur cigarette. Elle fait une joyeuse petite fête dans son duplex qui ouvre sur un jardin de rhododendrons. Tous ses amis fidèles sont là, Bernard Frank le premier. Deux cents invités se pressent et elle passe de l'un à l'autre comme une libellule bienveillante, son verre de Coca-Cola à la main. Sur le mur de l'immeuble, elle a punaisé sa carte et un mot exquis écrit de sa main pour s'excuser à l'avance auprès des locataires du bruit qu'occasionnerait sa soirée. Les rejouissances sont, comme toutes les fêtes qu'elle continue à donner, destinées davantage aux autres qu'à elle-même, d'une prodigalité entière.

À l'automne 1985, François Mitterrand lui demande de faire partie de sa suite pour un voyage officiel en Colombie. Elle accepte. La romancière arrive le 18 octobre, un jour avant le Président français. Elle doit participer le surlendemain à un déjeuner en présence de nombreux intellectuels dont le peintre Botero, qui, décidément, ne lui porte pas chance. Le premier soir, elle est accueillie par l'ambassadeur de France et dîne sans sembler souffrir du « soroches », le mal de l'altitude qui oppresse et terrasse parfois les visiteurs de Bogota perchée à 2 650 mètres d'altitude. Le lendemain matin, l'attaché culturel, ne la voyant pas venir, pénètre dans sa chambre de l'hôtel Tequenmada où doivent bientôt loger le Président et sa suite. Il la trouve allongée, inconsciente, sur le sol et la fait transporter aussitôt à l'hôpital militaire central de Bogota où elle est admise dans une unité neurologique de soins intensifs. Elle souffre d'un œdème pulmonaire et les médecins doivent l'anesthésier pour lui placer un appareil de respiration artificielle. Il était temps : à trois heures près, c'était trop tard. Personne n'ose évoquer une overdose de cocaïne.

Presque au même moment, François Mitterrand entame son voyage officiel. Son médecin personnel, le docteur Claude Gubler, se rend au chevet de la romancière. Son commentaire est sibyllin : « Elle est dans un état entre le coma et l'évanouissement. » Le président bouleverse son

Vague rose et poudre blanche

emploi du temps et fait un détour par l'hôpital. Il demande qu'on affrète pour elle un Mystère 50 du GLAM. Le dimanche, l'avion équipé d'un matériel de réanimation arrive à Bogota. Erik Orsenna, le conseiller littéraire de Mitterrand, supervise l'opération. En fin d'après-midi, le jet s'envole pour Paris avec une escouade de médecins à son bord et Sagan, pâle et frêle, sous une tente à oxygène. Le lendemain, à 8 heures, il se pose sur l'aéroport militaire de Villacoublay d'où une ambulance transporte la malade au Val-de-Grâce. Toute la presse est en émoi et certains magazines préparent déjà sa nécrologie. On exhume les photos, on imagine les titres rétrospectifs. Dans la presse de droite, François Mitterrand essuie une pluie de critiques pour l'avoir ramenée en avion à Paris « aux frais du contribuable ».

Jacques Quoirez est le premier à donner des nouvelles rassurantes de sa sœur : « Elle est sortie du coma dimanche et souffre d'une pneumopathie, un mal assez classique dont sont victimes certaines personnes en très haute altitude. Elle est sous ventilation artificielle et sous sédatif. On lui a fait un examen au scanner qui n'a rien révélé d'anormal et je pense qu'elle devrait quitter l'hôpital dans dix ou quinze jours. Ce qui m'épate toujours chez elle, c'est son extraordinaire appétit de vivre et son indifférence à la douleur. » Elle se remet en effet avec une rapidité surprenante. Ce courage physique, cette capacité à renaître de ses cendres est l'une de ses particularités les plus remarquables. François Mitterrand vient en personne prendre de ses nouvelles au Val-de-Grâce et lui lance cette réflexion amusée : « C'est bizarre, depuis votre coma, vous bégayez moins, je vous comprends mieux. » Tout l'étage de la malade est aux petits soins pour elle et lui passe ses caprices de diva : elle fait venir son coiffeur et obtient même que son fox-terrier Banco puisse dormir dans sa chambre. Peggy évidemment ne la quitte pas un seul instant.

Sagan et Mitterrand feront d'autres voyages ensemble, notamment en Pologne. Il y aura des ratages, des annulations de dernière minute. Mais jamais le Président ne se lassera de cette amie imprévisible et fantasque pour laquelle il éprouve une certaine tendresse.

La mort, Sagan l'a vue en face plusieurs fois et a un peu trop flirté avec elle. Elle ne s'en moque plus, pas plus que de la maladie. Parce que ce sont les seules choses qui la touchent vraiment, surtout la disparition et la souffrance des autres. Elle dit : « Tout le monde, un jour ou l'autre, a l'idée de sa mort. On pense : "Je ne serai plus là, je ne verrai plus les arbres." Ce n'est pas l'idée de mourir. C'est l'idée de ne plus être là. Cela, c'est affreux. » Elle dit aussi : « Si c'était à refaire, je recommencerai, en essayant de gommer les moments les plus pénibles, accidents, maladies, morts. En trente ans, je n'ai pas l'impression d'avoir appris grand-chose. » Elle souligne encore : « Quand j'ai eu mon truc au pancréas, alors là j'ai vu la mort. Minable, médiocre, comme impression. Une chose très plate. On est seul à un point incroyable. On ne pense à personne, ni à ses parents, ni à ses enfants. » Elle conclut : « Je n'ai pas le même point de vue sur la mort que ceux qui ne l'ont jamais vue de près. Le fait d'avoir entrevu la mort lui enlève beaucoup de son prestige. »

À son retour rue du Cherche-Midi, elle trouve d'innombrables lettres, télégrammes et fleurs qui lui prouvent sa popularité. Elle semble surprise de la sollicitude du public. Dans la rue, les gens viennent à elle et lui déclarent des choses gentilles. L'ovation qui l'accueille lors de sa première apparition chez Lipp lui semble presque surréaliste. Comme si les battements d'un cœur douloureux et triste près de s'arrêter avaient touché ses admirateurs.

Vague rose et poudre blanche

Elle reprend des forces. Elle enregistre en CD pour les éditions Des femmes *Avec mon meilleur souvenir* sur une musique de Frédéric Botton, avec ses mots qui se bousculent et qu'elle prononce en cascade, puis préface avec talent la correspondance Sand-Musset pour les éditions Hermann.

Le 20 janvier 1986, un épisode moins réjouissant pour elle a lieu à son appartement parisien. Alors qu'elle s'apprête à partir pour Megève afin de recevoir le prix Mont-Blanc, plusieurs hommes et une jeune femme se présentent dans le hall d'entrée. Une descente de police en bonne et due forme. Françoise leur suggère poliment de venir un autre jour : « Nous prenons le train et nous ne sommes pas en avance. » La fouille minutieuse commence et dure pendant une bonne heure. Afin qu'elle ne dure pas toute la nuit, Françoise leur remet spontanément deux petits paquets, « pour mon usage personnel », précise-t-elle. La nuit se termine par un embarquement dans le panier à salade pour le quai des Orfèvres où elle signe le procès-verbal de la perquisition.

L'hebdomadaire *Minute* s'empare de cette histoire le 31 janvier et relate la filature de trois dealers précis qui auraient pénétré jusqu'au domicile de la romancière. Le 1er février, après avoir pris connaissance de l'article la concernant et qui l'accuse d'avoir été arrêtée pour une affaire de drogue, elle demande à son avocat d'engager une procédure de saisie à l'encontre de l'hebdomadaire. L'affaire est évoquée le 3 février dans le cabinet de M. Cullié, vice-président du tribunal de grande instance de Paris. Le communiqué rendu public par le conseil de l'écrivain précise alors : « C'est en sortant de chez elle que Françoise Sagan fut interpellée par des membres de la Brigade des stupéfiants (…). Ayant de son plein gré invité la police à pénétrer dans son appartement, Françoise Sagan autorisa, toujours volontiers, ses membres à fouiller son sac et sa valise. » Fouille publique « infructueuse » après laquelle « Françoise Sagan consentit à suivre ses hôtes au Palais de justice afin d'y signer une déclaration ». Et maître Zylberstein d'ajouter : « Françoise Sagan prend la décision d'agir en justice parce qu'elle n'a jamais vu ni même entendu parler de Mlle Laure Chevalier et de M. Alain Rousseau, individus décrits par *Minute* comme étant venus chez elle et faisant partie de ses amis. La même observation s'appliquant à Mlle Brigitte Briand, décrite comme sa meilleure amie. La police n'a pas saisi deux grammes de cocaïne à son domicile comme *Minute* l'affirme en toutes lettres. » Le communiqué se conclut : « N'ayant jamais été inculpée, Françoise Sagan n'a pu faire l'objet d'une remise en liberté sur un ordre quelconque. » Sagan n'obtient pas la saisie de l'hebdomadaire.

Pire, le journal récidive le 7 février 1986 avec un titre racoleur à la une et reproduit partiellement à l'intérieur le procès-verbal d'audition de Sagan par la police, mentionnant son véritable patronyme et son adresse. Elle est outrée et attaque le « torchon ». L'audience publique a lieu le 11 juin et la première chambre du tribunal de Paris rend son jugement le 10 juillet condamnant l'hebdomadaire à verser vingt-cinq mille francs de dommages et intérêts à l'écrivain en réparation d'une atteinte à la vie privée. Le jugement déclare que « toute personne, fût-elle un personnage public, a droit au respect de sa vie privée et peut légitimement s'opposer à ce qu'il y soit porté atteinte par une intrusion injustifiée ou par une agression délibérée contre sa personnalité ». Il ajoute qu'en révélant « que Françoise Sagan fait usage de drogue et en portant ostensiblement à la connaissance du public son nom ainsi que son adresse personnelle, *Minute* a porté atteinte à la vie privée de la demanderesse ». Enfin, il retient « une volonté

Vague rose et poudre blanche

de nuire et de dénigrer, sans que les nécessités de l'information du public puissent justifier une telle présentation ».

Avec cet épisode où elle est présentée au public comme toxicomane, l'image de Sagan prend tout d'un coup du plomb dans l'aile. Sa « période blanche » vire au rouge et va défrayer la chronique. Rançon de la gloire et d'une dépendance incurable aux stupéfiants, son nom va désormais autant apparaître à la chronique judiciaire que dans les rubriques littéraires.

12

SÉRIE NOIRE

EN FÉVRIER 1987, GALLIMARD PUBLIE le nouveau roman de Françoise Sagan, second volet de sa période guerrière, sous le titre *Un sang d'aquarelle* qui narre dans les années noires de l'Occupation un cortège d'amours contrariées et de destinées qui s'éclairent. Le héros principal, Constantin von Meck, a tout pour être heureux : metteur en scène aussi célèbre pour ses excentricités que pour ses films, séduisant, charmeur, amateur d'hommes autant que de femmes, il a en plus ce goût du bonheur qui en fait un optimiste impénitent.

Pourtant, en 1937, à la suite de l'échec d'un film qu'il vient de tourner au Mexique et du départ de sa femme, la star des stars, Wanda Blessen, il décide de quitter Hollywood pour rejoindre son Allemagne natale et, en réponse à une offre de la UFA, y tourner une adaptation de *Médée*. Négligeant le national-socialisme et ne voulant rien savoir de ce qui se passe réellement autour de lui, il devient néanmoins le protégé de Goebbels et se met à tourner une série de comédies distrayantes, de moins en moins ambitieuses et aussi peu politisées que possible.

Françoise Sagan

Lorsque le roman commence, en 1942, Constantin est en train de terminer une bluette intitulée *Les Violons du destin*. Un premier incident à la fin du tournage (l'arrestation de ses deux techniciens juifs à qui il avait fourni de faux papiers) lui ouvre tout doucement les yeux. Un second (la vision d'un corps affreusement torturé à l'hôtel de la Gestapo où il était venu, justement, réclamer la libération de ses deux employés) le met davantage encore face à la réalité. La véritable prise de conscience survient quelques mois plus tard, en Provence – où Constantin von Meck s'apprête à tourner une adaptation de *La Chartreuse de Parme*. Là, entouré de Boubou Bragance (une mondaine qui flirte avec l'occupant), de Romano (son jeune amant gitan qu'il fait passer pour un cousin éloigné), de sa femme (revenue, pour l'occasion, interpréter le rôle de la Sanseverina) et de quelques autres acteurs, cet aveugle volontaire va peu à peu se rendre compte de ce qu'il est devenu. La découverte, dans un village avoisinant, de corps brûlés par les Allemands achève de lui faire prendre sa décision et dès lors ce n'est plus un sang d'aquarelle qui coule dans ses veines, mais un sang d'homme fort, décidé, enfin maître de son destin...

Vivacité du style, sens de la formule, notations justes et pertinentes. La critique aime le roman dans son ensemble. Patrick Grainville estime dans *Le Figaro* que le nouveau Sagan « se lit avec beaucoup de plaisir et à bride abattue ». François-Marie Banier s'extasie dans *Elle* : « Jamais Françoise Sagan n'a mieux écrit. Jamais ses personnages n'ont été aussi forts, les scènes aussi profondes. On ne peut pas parler de décor ici tant il est vu de l'intérieur. L'écriture est juste, précise, sensuelle, intelligente. L'intelligence de Sagan, visionnaire qui plonge avec science son regard au fond des âmes, servie par une parfaite connaissance des êtres. » Le livre entre vite dans la liste des best-sellers et elle accepte même une séance de dédicaces lors du salon du livre au Grand Palais. Pourtant ses relations se tendent avec Gallimard et c'est avec joie qu'elle accepte l'offre de Robert Laffont – avec un gros à-valoir à la clé – d'écrire une biographie de Sarah Bernhardt pour la collection « Elle était une fois », dirigée par Marie-Josèphe Guers. C'est une série de biographies-miroirs, où deux femmes se reflètent, se font écho, se répondent. Le livre sera intitulé *Le Rire incassable*.

Elle n'ignore pas que la comédienne est venue épisodiquement dans son manoir du Breuil. Elle va passer quelques jours à Belle-Île pour mieux s'imprégner de l'atmosphère, se plonge dans les mémoires de la créatrice de *L'Aiglon* et décide que son livre sera un brillant échange épistolaire entre elles deux, par la magie de la fiction. Elle imagine qu'elle écrit au fantôme de Sarah Bernhardt, et que celle-ci lui répond du fond du Père-Lachaise. Deux monstres sacrés en confidences sur tous les tons. La réalité est souvent malmenée mais l'exercice intellectuel est stimulant. C'est joyeux, ludique et merveilleusement intime et elle éclaire comme par reflet la biographe et son modèle.

Les deux femmes bavardent ainsi entre copines, sur ce qui a changé depuis la Belle Époque, et sur ce qui demeure, sur la fausse force des hommes et la faiblesse feinte des femmes, sur ce qui les rapproche l'une de l'autre, et qui n'est pas mince, au-delà d'apparences contraires : l'amour du théâtre, y compris dans la vie, le sens de l'amitié, l'instinct dépensier, les étés en bande au bord des mers océanes, une maternité pudique, les sautes de chance, les revers de fortune, les épreuves physiques, et toutes les ivresses de la gloire, dès lors que, refusant d'y voir, comme Mme de Staël, le « deuil éclatant du bonheur », on l'accompagne, cette gloire, d'une invincible gaieté.

À la page 103, Sagan lance à Sarah Bernhardt : « En vérité, si quelqu'un peut vous faire des reproches sur votre gestion, ce n'est pas moi ; vous avez gagné, je crois, des sommes colossales comme je l'ai fait moi-même, et vous avez passé votre vie à fuir les créanciers comme je l'ai fait et le fais encore moi-même. J'ai toujours eu l'argent volage et j'y tiens comme à quelque chose qui rentre par la porte et ressort illico par la fenêtre. Maintenant que sous cette fenêtre il y ait des mains qui en ont besoin et qui l'attendent, ou des casinos démoniaques ou des corbeilles à papier – comme on l'a très souvent dit – ne regarde que moi comme votre train de vie ne regardait que vous. »

À la page 216, elle confie à Sarah Bernhardt, qui se pique un temps de devenir sculpteur : « On est toujours spécialement vulnérable à l'accueil que l'on fait à vos violons d'Ingres, il faut avoir, derrière, un solide pinceau et qui peigne bien. J'ai été, je suis toujours heureusement susceptible quand on me parle de mes chansons. J'ai écrit les paroles de quelques chansonnettes qui n'ont pas marché fort bien, qui ne sont pas devenues des "tubes", comme on dit grossièrement aujourd'hui, et cela m'a rendu très plaintive à ce sujet. J'en sens bien le ridicule, mais je n'y peux rien. »

Même le coma où la comédienne va sombrer, la cadette peut en parler savamment. Elle connaît le noir qui tombe devant les yeux, la fête qui s'arrête net. Elle sait que, comme Chilly, on peut mourir en riant aux éclats, le nez dans son assiette, que cela fait partie de cette bonne blague de vie.

Dans ce genre biographique, elle se met entre parenthèses, pour imaginer une autre vie, même si toujours, au détour d'une phrase, dans les creux d'une intrigue, sa propre existence resurgit et insuffle au texte son regard ironique. Dans *Le Monde*, Bertrand Poirot-Delpech loue l'exercice : « Ce qu'une biographie de romancière perd en exactitude, elle le gagne en vérité profonde. Sagan nous fait grâce des comptabilités de blanchisserie dont s'encombrent les professionnels, mais elle nous restitue, dans leur charme, les prodigalités de la comédienne, si proches des siennes, telles traversées de Paris ensoleillées en direction de l'Odéon, ou tel éloge de l'ombre et des odeurs de coulisse, dont Sagan sait d'expérience qu'elles sont plus vraies, pour les gens de métier, que la vie... Il fallait toute sa fausse fragilité pour comprendre comment Sarah Bernhardt résiste à ses randonnées épuisantes à travers les États-Unis, l'Europe et la Russie. Toutes deux sont faites du même métal : elles ne se plient que sous les calamités ou l'ennui, seul ennemi juré. Pour le fuir, en amour ou au travail, elles sont prêtes à toutes les bêtises, à toutes les dilapidations. »

Le livre sort en publication simultanée en anglais sous le titre de *Dear Sarah Bernhardt*. Quelques années plus tard, elle envisage de l'adapter pour le théâtre avec Jeanne Moreau, puis avec Fanny Ardant, mais le projet échoue. Qu'importe, elle est déjà replongée dans une nouvelle pièce : *L'Excès contraire*. En cette année 1987, elle s'offre une récréation : « Je venais de terminer mon *Sarah Bernhardt*. J'avais la plume toute chaude et je laissais galoper mon imagination. » Six mois s'écoulent entre le mot « fin » sur le manuscrit et le soir de la générale au théâtre des Bouffes-Parisiens.

C'est un vrai vaudeville avec tous les ingrédients du genre : l'amant, la femme et « ciel mon mari ». L'univers n'a rien à voir avec le monde habituel de Sagan sauf que les dialogues sont ciselés avec un raffinement de drôlerie qui lui ressemble bien. Une comédie « à la hussarde » où une femme d'âge mûr rencontre les plaisirs de l'amour et s'emploie à rattraper le temps perdu.

Françoise Sagan

Nous sommes en 1900 à Vienne. Une dame de la haute société a ramené dans sa couche Frédéric de Combourg, un hussard jeune, beau et riche. Le mari de ladite dame revient de la chasse inopportunément. Il n'est pas autrement fâché. Il a fini d'apprécier les charmes de son épouse, pourtant jolie. Il sait qu'il n'est pas d'une fidélité à toute épreuve. Et le premier contact avec M. de Combourg, qui occupe indûment le lit conjugal, est des plus courtois. Cependant, si on est gentleman, on n'en est pas moins un époux qui a de l'honneur et de la fierté. Aussi, Cornélius, le mari de la belle Adèle, prie l'hôte de sa femme de lui accorder réparation en duel. Ce qui ne fait pas du tout l'affaire de Frédéric de Combourg, terrorisé à l'idée de mourir ou même d'être blessé. La solution sera la sœur de Cornélius, Hanaë, vieille fille incasable, quadragénaire et vivant à Baden-Baden. Les candidats au mariage, alléchés par sa fortune, ont toujours reculé au dernier moment. Ce ne sera pas le cas de Frédéric. Elle entre en scène, elle est drôle et le sera davantage encore quand Frédéric l'aura convertie aux joies du mariage.

À la suite d'une succession de malentendus et de scènes cocasses, Hanaë croit que son mari est un homme courageux. Elle lui impose plusieurs échauffourées quotidiennes. Elle devient une nymphomane inexhaustible qui couche avec tout le village pour satisfaire ses pulsions. Un ami de Frédéric vient à sa rescousse et parvient à convaincre Hanaë de quitter la campagne et de s'installer à Vienne où elle trouvera des milliers d'hommes à sa guise. Elle rencontre lors d'une réception Konrad de Klickenberg. La passion s'empare de tous les deux, à tel point que Frédéric fait tout son possible pour ne pas les surprendre, de peur d'avoir à provoquer l'amant en duel.

Le véritable atout de la pièce est la présence de Dominique Lavanant, parfaite en cinglée nymphomane. La mise en scène de Michel Blanc dans des décors d'Alexandre Trauner est efficacement joyeuse. La critique assassine la pièce, souvent perçue comme un guignolesque vaudeville. Mais le public est au rendez-vous, trop heureux de voir certains acteurs du Splendid dans du Sagan.

Elle devrait pouvoir se relancer dans un projet et travailler en paix, mais son goût pour les substances artificielles fait de nouveau la une de l'actualité. Le 17 mars 1988, elle est inculpée d'usage et de transport de stupéfiants par M. Gilles Raguin, juge d'instruction à Lyon. Elle passe deux heures très pénibles à répondre à ses questions et il lui notifie son inculpation. Elle quitte librement le palais de justice de Lyon en empruntant une voie dérobée.

En fait le SRPJ, en étroite collaboration avec l'OCRTIS (l'Office central de répression du trafic illicite de stupéfiants), a arrêté une filière mise en œuvre par une certaine « Lola » – en fait Nicole Guigou d'Ameida – qui fournit en stupéfiants une partie de l'intelligentsia. En plus d'importantes quantités d'héroïne pure et de plusieurs centaines de kilos de cannabis, les enquêteurs ont découvert des produits de coupage, des pièces de comptabilité (dont un chèque de dix-sept mille francs de Sagan), ainsi que la liste des petits revendeurs et des clients réguliers. L'instruction révèle ainsi que l'écrivain se fait livrer chaque semaine deux grammes et demi d'héroïne et la même quantité de cocaïne. Première convocation judiciaire pour Sagan : elle ne répond pas. La seconde se termine par son inculpation.

À son retour à Paris, elle tient à se défendre publiquement et se rend aux studios de RTL, rue Bayard pour dire sa vérité : « Il m'est arrivé de prendre un peu de cocaïne comme pas mal de gens. Mais de là à me traîner devant les tribunaux, je trouve cela hallucinant. » Elle qualifie son inculpation de « dérisoire ». « Je dis tout simplement que je n'ai pas à me défendre. Je ne me suis jamais occupée de trafic de drogue (...) Il y a dix mille personnes, des gens bien plus connus que moi encore, qui ont pris de temps en temps un peu de cocaïne quand ils sont fatigués, ajoute-t-elle. Le magistrat, en effet, m'a dit qu'il m'avait inculpée parce qu'il inculpait tous les gens qui étaient sur les fichiers de la police, qu'il inculpait tout le monde et qu'il n'était pas question qu'il fasse une demi-mesure avec moi. »

Le même soir, elle apparaît au journal d'Antenne 2 et poursuit son plaidoyer : « C'est pareil à chaque fois qu'il y a des élections. On ne parle que de moi à la télévision, à la radio, alors qu'on a arrêté trente personnes, et je suis la seule dont on parle. Si le juge déclare qu'il faut appliquer la loi, il faut l'appliquer pour de bon, c'est-à-dire qu'il faut l'appliquer aussi au secret de l'instruction, qui interdit strictement qu'on dise quoi que ce soit sur l'inculpé. Et qu'on me donne des motifs qui soient réels. » En privé, elle se dit horrifiée d'avoir fait l'objet d'écoutes téléphoniques de la part des enquêteurs.

Le journal *Globe*, à l'initiative de Georges-Marc Benamou, publie un manifeste dans son numéro d'avril avec comme titre solidaire : « Inculpez-nous avec Françoise Sagan ». Trente-trois personnalités soutiennent l'écrivain et disent, elles aussi, avoir fumé un joint un jour ou avoir eu recours à la cocaïne.

Le procès s'ouvre deux ans plus tard le 5 mai 1990. Deux semaines d'audience sont nécessaires au tribunal de Lyon pour juger quarante-trois personnes dont douze sont détenues, impliquées – à des degrés très divers – dans des trafics de stupéfiants. Françoise Sagan n'est pas présente. Elle a choisi de produire un certificat médical et se déclare prête – comme le prévoit l'article 416 du code de procédure pénale – à être entendue à son domicile parisien par

Série noire

un magistrat délégué. Elle échappe donc à la tempête médiatique. Les cameramen et les photographes qui se bousculent dans le prétoire en sont pour leurs frais. Traitement de faveur, comme le remarquent implicitement certains avocats ? Retour de balancier, plutôt.

Le procès de Lyon n'est pas le procès Sagan. Loin s'en faut. Les 300 grammes d'héroïne et les 300 grammes de cocaïne qu'elle a admis avoir détenus ou transportés pour sa consommation personnelle ne pèsent pas lourd, comparés aux kilos de drogues dures importés, conditionnés, coupés et négociés par d'autres accusés. En outre, parmi les treize prévenus, sur quarante-trois, qui manquent à l'appel, beaucoup n'ont pas pris la peine de fournir une explication à leur absence, si peu crédible qu'elle soit. Dommage cependant que Sagan ne soit pas là ! Elle aurait certainement aimé le spectacle des bancs des prévenus où « Lola » voisine coude à coude avec des dealers de banlieue, des affairistes de la poudre avec des toxicos branchés et d'ex-babas rangés des seringues.

Le 12 mars, Jean-Paul Bazelaire, procureur, réclame de lourdes peines contre les responsables des quatre réseaux de trafiquants de stupéfiants. Dans le jugement rendu le 27 mars, la sixième chambre du tribunal correctionnel de Lyon inflige de sévères peines de prison aux coupables. Françoise Sagan, elle, est condamnée à six mois de prison avec sursis, assortis d'une amende de dix mille francs, pour détention et usage de stupéfiants. À l'automne 1992, elle se retrouvera à nouveau inculpée pour usage et cession de stupéfiants. Nous y reviendrons. La drogue est désormais un problème omniprésent et parfois, en pleine nuit, des amis se compromettent pour la dépanner, en espérant ne pas se retrouver à la rubrique des faits divers. Ses sautes d'humeur, ses coups de pompe, dont la drogue est responsable, la rendent vulnérable.

Mais il lui faut écrire, toujours et encore. Sa survie financière en dépend. Elle revient, pendant l'été 1988 au roman avec *La Laisse*. Six mois d'écriture pour son dix-huitième roman qu'elle donne à Christian Bourgois chez Julliard, la maison de ses débuts (Françoise Verny a quitté Gallimard pour Flammarion et Sagan ne veut évidemment pas y remettre les pieds). Bourgois prévoit une mise en place de 95 000 exemplaires pour sa sortie en 1989. Laure Adler se souvient de ses débuts aux côtés de cet éditeur : « J'ai travaillé avec Sagan sur son roman *La Laisse*. Elle était très demandeuse, aimait être lue, discutée, corrigée. Pour elle, les critiques étaient nécessaires, vitales. La forme littéraire n'était pas le fruit du deuxième ou du troisième jet mais de ce *work in progress*, ce chantier en construction. Elle réécrivait beaucoup, redemandait des relectures et corrigeait encore au moment où le texte partait à l'impression. On avait une impression de grande incertitude, d'humilité. En fait, c'était une petite fille perdue. Elle avait un rapport simple, modeste et direct avec les gens. Elle se mettait à égalité avec vous. Même si vous n'étiez rien ! » Bâclé, mal fichu, mal relu par les éditeurs, diront certains de cette œuvre ? L'affirmation est vraiment erronée.

Vincent est un jeune pianiste talentueux. Depuis sept ans, il est marié à Laurence, riche bourgeoise qui l'entretient. Lorsqu'il compose *Averses*, une mélodie qui fera son succès et le rendra riche, Vincent tentera de se détacher de cette femme qui l'étouffe. Mais Laurence, habituée à son petit chien, ne le laissera pas agir à sa guise, quitte à le priver de sa fortune. Ce n'est pas tant la situation qui fait l'intérêt du livre mais plutôt la caustique et subtile description du fossé entre ceux qui possèdent et les autres. Sagan est revenue à ce qu'elle sait bien traiter : l'analyse des sentiments, ces bleus à l'âme qui laisse ses personnages à nu. Avec des phrases courtes et sans apprêt. La critique est élogieuse et Christian Charrière dans *Le Figaro* souligne : « Sagan vibre et s'émeut derrière une classique écriture qui se fend comme carapace sur ces bijouteries mystérieuses, réussissant un roman-flèche, un roman-pêche qui infuse son suc et sa force aux lecteurs las : un roman-cure pour se réarmer. »

Depuis quelques semaines, Françoise est devenue sur Canal Plus une marionnette déjantée qui la caricature gravement, chaque soir à 20 heures en clair, au sein de l'émission *Nulle part ailleurs*. *Les Arènes de l'info* la montrent soûlarde et privée de toute cohérence par la drogue dans « Les Mardis de Françoise Sagan ». Elle ne l'accepte pas. Elle demande, en vain, le retrait de la marionnette litigieuse. Bientôt elle assigne Canal Plus en justice et réclame à la chaîne un million et demi de francs en réparation « des gravissimes préjudices » que lui fait subir « une œuvre de dénigrement systématique ». Son avocat maître Jean-Claude Zylberstein dénonce une marionnette aux propos débiles, aux gestes incontrôlés et à l'attitude bestiale lorsqu'elle n'est pas carrément répugnante et note que son personnage en latex est le seul à se voir privé de langage, ses propos se résumant « en une succession de borborygmes nécessitant un sous-titrage permanent ».

La chaîne payante est finalement condamnée par le tribunal de grande instance de Paris à verser quatre-vingt-dix mille francs pour avoir utilisé le nom de Françoise Sagan « comme titre d'une émission qui se veut humoristique mais qui donne d'elle une image dévalorisante ». Mais ce procès brouille un peu plus l'image publique de Sagan.

Elle feint de ne pas en être affectée et a toujours des rapports surréalistes avec la maréchaussée. Son fils se souvient d'une scène symptomatique : « Une nuit, nous rentrions d'un dîner à Deauville où nous avions bu quelques verres de sancerre. Devant le casino, un escadron de gendarmes nous a arrêtés pour un contrôle d'alcoolémie. J'ai tout de suite senti à l'attitude de ma mère que celui qui lui intimait l'ordre de souffler dans le ballon ne viendrait jamais au bout de ses peines. Elle avait décidé que c'était non. Et ce serait non. Elle engageait son honneur dans cette partie un peu vaine. Elle fit mine de souffler avec grand-peine, mais si peu à chaque tentative, prétextant des difficultés respiratoires, que les résultats se révélaient systématiquement inutilisables. Le gendarme, désemparé, dont l'exaspération grandissait au même rythme que son amusement, voyait son stock de tests diminuer à vue d'œil. Il nous demanda de le suivre au commissariat pour une ultime mesure avec une machine plus grosse et plus performante... Nous fûmes sauvés par le temps qui rendit caduc le résultat[1]. »

Tout va mal en cet automne 1989. Françoise Sagan a voulu mener sa vie au galop. Une vieillesse précoce l'accable. Elle se casse le col du fémur, résultat d'une ostéoporose insidieuse. Jacques Quoirez, son frère chéri, est victime à l'âge de soixante-deux ans d'un accident vasculaire cérébral. Pendant quinze jours, elle ne quitte pas son chevet, s'émeut devant son visage de vieux martin-pêcheur et il s'en va, le 21 septembre, sans avoir repris connaissance. Avec lui disparaît son complice, son confident et son compagnon de tous les instants. La fête ne sera plus jamais la même et comme il est triste cet enterrement à Seuzac où le fils rejoint son père.

Un mois plus tard, le 23 octobre, c'est sa mère Marie Quoirez qui gagne le caveau familial. Atteinte de la maladie d'Alzheimer, elle ne reconnaissait plus personne depuis

---

1. *Paris-Match*, numéro 2889.

longtemps. À toutes ces peines s'ajoute pour Françoise la mort de son chien *Banco* qu'elle adorait. Au début de l'année suivante, c'est Bob Westhoff, qui est terrassé par un cancer qui doit beaucoup aux excès d'alcool. Retour au cimetière de Seuzac où Denis semble inconsolable de sa disparition. À la fin de 1991, vient le tour de Peggy Roche. Puis celle de Jacques Chazot mort d'un cancer de la gorge en juillet 1994. Toutes ces morts, toutes ces disparitions la plongent dans cette solitude qu'elle a toujours fuie. Elle prétextera n'importe quoi pour ne pas rester seule.

La santé de Peggy se détériore vraiment au début de l'année 1990. Elle n'a plus guère d'appétit et éprouve régulièrement des nausées. Pour elle, qui a toujours exagéré sur la boisson, il n'y a qu'à se soumettre à un régime sec. Pourtant rien n'y fait : son teint jaunit et elle est de plus en plus fatiguée. Son médecin lui fait passer toute une série d'examens. Françoise est inquiète, pressentant sans doute un cancer. Elle se rend disponible pour retrouver son amie au laboratoire d'analyses médicales le jour des résultats. Mais Peggy est en retard.

Françoise convainc le laboratoire de lui donner les feuillets redoutés. À leur lecture, elle comprend d'emblée que c'est grave. L'augmentation très élevée de l'alpha-foeto-protéine traduit un processus hépatique anormal[1]. Elle demande immédiatement des explications desquelles il ressort que Peggy a un cancer du foie à un stade avancé et

---

1. Les analyses biologiques de Peggy révèlent des signes inflammatoires non spécifiques d'un cancer : anémie, augmentation franche de la vitesse de sédimentation et neutrophilie (augmentation du taux des globules blancs neutrophiles) et des signes plus spécifiques de dysfonctionnement du foie à type de cytolyse et de cholestase hépatique (augmentation des transaminases, des Gamma-GT, baisse du taux d'albumine). Le suivi du taux d'alpha-FP, qui sert comme marqueur tumoral du foie, a pu aussi alerter Sagan.

qu'il ne lui reste – au mieux – qu'une demi-année à vivre. C'est à ce moment-là que Peggy arrive. Pas question de lui dire qu'elle est condamnée à brève échéance. Françoise prend sur elle et invente un gros mensonge : elle a une pancréatite, cela n'est pas grave, elle sera bientôt sur pied... Et elles partent joyeusement déjeuner comme si de rien n'était.

Tout au long des mois qui suivent, de mars à octobre 1991, elle garde le silence sur ce cancer et entoure Peggy des soins les plus attentifs, les plus tendres. Elle fait même appel à un guérisseur qui se montre impuissant. La styliste, déjà si mince, devient une silhouette flottante qui garde le lit la plupart du temps. À la fin août, alors que les deux femmes sont à Cajarc, l'état de santé de Peggy se détériore. Bien qu'assommée de morphine, elle est percluse de douleurs insoutenables. Il faut la ramener d'urgence à Paris. Françoise loue un hélicoptère pour lui éviter de se retrouver ballottée en ambulance sur le trajet sinueux. Peggy est hospitalisée à l'hôpital Broussais. Elle est dans un état critique et Françoise craint à tout moment un coup de fil des médecins. Un soir de début octobre, c'en est fini. Sa secrétaire Marie-Thérèse Bartoli est chargée de lui apprendre la nouvelle. La romancière gémit comme un enfant et a l'air de demander : « Qui va dormir avec moi, maintenant ? »

Le jour des obsèques dans le Lot, Françoise n'entre pas dans l'église et, durant toute la cérémonie, reste loin du cercueil, comme si elle ne voulait pas le voir. Elle marche devant l'église de long en large, tirant sur sa cigarette ou discutant avec des amis qui sortent à tour de rôle, inquiets, pour lui tenir compagnie. Au cimetière de Seuzac, elle feint de ne pas comprendre, de ne pas voir le trou noir et cache ses larmes derrière des lunettes de soleil.

À son retour à Paris, elle a l'air absent et semble dévastée par le chagrin. Quelques jours plus tard, elle avale une grande quantité de somnifères mais, avant de sombrer, prévient son ami Jacques Delahaye. Elle est un fantôme d'elle-même. Bientôt elle consulte une spirite pour tenter de dialoguer avec son amie perdue. Elle en ressort extrêmement troublée car le médium lui rapporte des faits qui ne sont connus que d'elle et de Peggy. Elle y retourne à plusieurs reprises mais ces séances peinent à la réconforter.

Pour Denis Westhoff, la blessure est profonde : « Lorsque Peggy s'en alla, ce fut une part de ma mère qui disparut avec elle et ne revint jamais... Plus encore que son frère, que sa mère, que son ex-mari, à moins que ce ne fût l'accumulation de toutes ces déchirures, la disparition de Peggy fit que ma mère vacilla et ne se releva jamais vraiment. Elle avait perdu l'amour, l'attention, la tendresse, la présence, l'amitié, l'humour, le courage de cette femme presque miraculeuse qu'elle ne retrouverait plus et elle le savait[1]. » Annick Geille le confirme : « Sagan est morte de la mort de Peggy Roche. »

L'écrivain confiera à Nicole Wisniak : « Les jours où on est malheureux, on se réveille, on regarde la baignoire, on ne sait même plus si l'eau est chaude ou froide, si l'on est propre ou pas, et on s'en fiche. Il n'y a pas grand-chose à faire, il faut attendre que cela passe. On essaie de voir d'autres gens, de s'intéresser à quelqu'un d'autre. Non seulement on regrette beaucoup quelqu'un, mais on regrette aussi la personne qu'on était avant. Avant on se croyait invulnérable. C'est très difficile. »

La seule échappatoire de Françoise, son seul rempart contre les attaques de la vie, contre la mort, c'est encore et toujours l'écriture. Se laisser prendre par de nouveaux personnages constitue une forme de thérapie. Écrire pour oublier et s'oublier. Le roman comme dérobade : un faux-

---

1. Denis Westhoff, *Sagan et fils, op. cité.*

fuyant. Elle écrit justement *Les Faux-fuyants*, son roman le plus drôle, désespérément drôle.

Elle nous décrit en juin 1940 l'histoire de quatre individus qui, pris dans la tourmente de la débâcle française face aux armées du Reich, se trouvent être sur les routes de l'exode. Il y a Bruno Delors, un jeune gigolo, la riche Luce Adler, sa maîtresse, que son mari attend à Lisbonne pour la conduire en Amérique, Loïc Lhermitte, un diplomate en déroute et enfin la richissime Diane Lessing. Après qu'un avion allemand a piqué, mitraillettes au devant, sur les réfugiés, nos quatre personnages perdent leur moyen de locomotion et le chauffeur qui les accompagnait. Ils sont donc livrés à eux-mêmes et, compte tenu de leur position sociale, se sentent fort démunis devant l'inconfort. Un sort compatissant les conduit sur le chemin emprunté par un paysan qui, sans se poser de questions, se propose de les héberger le temps nécessaire pour qu'ils puissent disposer d'un moyen de transport.

Sagan sort donc ses personnages de leur milieu ouaté pour les plonger dans la France profonde. Ses grands bourgeois parisiens profondément empreints de snobisme sont contraints de côtoyer la rusticité d'une ferme et les travaux des agriculteurs. De ce quasi-choc culturel découle d'abord l'incompréhension. Ils s'observent, se refusent, s'interrogent. Puis, leurs défenses personnelles s'effondrant, ils s'aperçoivent qu'ils se sont fourvoyés toute leur vie et qu'ils se sont laissé emprisonner dans un statut social. Luce découvre le plaisir avec un jeu paysan. Diane en vient à devenir amie avec la fermière, Loïc le dandy se met à aimer les travaux des champs. Seul Bruno reste campé sur ses positions.

Le roman est enlevé et piquant. Pourtant la critique parisienne fait un peu la fine bouche. Jérôme Garcin note dans *L'Événement du jeudi* : « Un grand livre ? Non, juste une bluette, une gamme de piano dans l'herbe, un pétillement de cidre doux, un peu de soleil dans l'exode. » Mais dans l'état physique et moral où elle se trouve, on se demande où Sagan a puisé sa jubilation d'écriture et son ironie mordante.

Sans le rempart de Peggy, comme son quotidien est difficile ! À la merci de la menace toujours présente du coup de sonnette d'un huissier ou d'un créancier impatient, ces « vautours » comme elle les nomme. C'est pour mieux les fuir qu'elle décide de déménager et de prendre en location un bel appartement bourgeois au 170, rue de l'Université. Le duplex de la rue du Cherche-Midi lui rappelle trop Peggy.

Marie-Thérèse Bartoli, toujours efficace, organise la nouvelle installation et déploie une énergie folle à prévenir les banques, les maisons d'édition et les amis de son changement d'adresse. Françoise tente de reprendre ses petites habitudes. Même si son cheval Hasty Flag n'est plus qu'un lointain souvenir (un éleveur peu scrupuleux l'a fait disparaître), elle continue de jouer aux courses. Elle choisit ses chevaux dans les pages des journaux spécialisés et transmet à sa secrétaire ses paris à la dernière minute. À chaque fois qu'elle passe devant un tabac, elle tente des jeux de grattage. Peu lui importe que des clients la reconnaissent et s'étonnent de voir la romancière enrichir la Française des jeux. Son air éternel de chien battu et ses paroles inaudibles sont bien commodes pour tenir à distance les importuns ou d'éventuels admirateurs téméraires. Son coiffeur Pascal vient d'ailleurs à domicile pour lui éviter les « fans » au salon.

Trois amies sont toujours présentes pour tenter de lui remonter le moral : Florence Malraux que Françoise appelle affectueusement « Flo », Charlotte Aillaud et Nicole Wisniak. Mais tous ses proches déplorent son alimentation chaotique. Au restaurant, elle néglige la nourriture, préférant descendre de longs verres de vin blanc sec – qui lui sont pourtant interdits – et fumer entre chaque plat. À la maison, ses repas sont constitués de laitages, yaourts, fromages blancs et de glaces en abondance. Elle prise la marque Häagen-Dasz et ses compositions au rhum et aux raisins, à la vanille ou aux noix de pécan. Elle apprécie également les sorbets Berthillon et raffole des framboises. Elle a sa période *crumble* et Jacques Delahaye lui prépare même des bouillies et des purées de pommes de terre qui lui rappellent son enfance. Puis elle est capable de ne manger que de la cuisine italienne à tous les repas ou faire une obsession sur un dessert. Le Coca-Cola accompagne ses repas. Son scottish-terrier n'en perd pas une miette. Il n'y a finalement que son petit déjeuner à être sain : du thé, des toasts avec du beurre et de la confiture de griottes ou bien un bol de lait avec des corn-flakes. Mais que tous ces moments quotidiens ont perdu leur saveur sans la présence à ses côtés de Peggy !

Marc Lambron se souvient d'un réveillon improvisé chez Sagan : « Quelques coups de téléphone dans Paris, les amis et les amis des amis débarquent à l'impromptu, il y a là un mélange de gratin, de jolies filles, de cousins, quelques Rothschild, la fille de Malraux et le fils de Paul Valéry, Bernard Frank et Bernard-Henri Lévy, le jeune Frédéric Beigbeder et le toujours jeune Julien Clerc. Musique langoureuse et robes pailletées, on danse des slows et l'on se frotte dans les couloirs. » Et l'écrivain de noter[1] : « À regarder Françoise Sagan, cette nuit-là, elle m'évoquait le film d'Edmund Goulding, *Le Fil du rasoir*, où l'on voyait Somerset Maugham évoluer en retrait au milieu de ses personnages, les écoutant, les contemplant – et au tomber du rideau on comprenait que le vrai mythe,

---

1. Marc Lambron, *Carnet de bal*, Grasset, 2011.

c'était Maugham lui-même. Le vrai mythe, ce soir-là, c'était Sagan. » Elle danse encore, mais au bord du gouffre.

Pour tenter de vitaminer son compte en banque, elle donne aux éditions du Quai Voltaire l'autorisation de reproduire un nouveau recueil d'interviews qui paraît sous le titre *Répliques* où elle précise, corrige et dévoile d'elle ce qu'elle veut bien dire. Elle ment allégrement avec une sorte d'alacrité noire qui rend ses réponses toutes plus suspectes les unes que les autres. Mais, à y regarder de près, même dans ses arrangements avec la vérité, elle se dévoile encore. Quand l'inévitable question fuse : « Avez-vous peur de vieillir ? », elle répond page 120 : « Non, je n'y pense pas encore. Mais la vieillesse commence – je ne dis que cela pour me réconforter – à l'instant où l'on n'est plus désirée, où il n'y a plus de rencontres possibles. Ce n'est pas un rapport d'âge mais on a beau être une tête folle, persister à faire des bêtises, certains matins, on claque des dents. D'autres matins, on s'explique tout, on ne doute pas que la terre soit ronde et que l'univers vous appartient. C'est un phénomène qui se produit sur le tard. »

Et quand on l'interroge sur ce qui lui fait peur, elle note avec lucidité : « La maladie et la mort des gens que j'aime. Je n'ai pas peur de la mort pour moi-même... Non, pour les autres. Je me sens assez fragile par moments, vulnérable... Mais je suis rapide... Dans la fuite ! Il faut dire que je ne m'intéresse pas assez pour me supporter malade ou triste ! »

Sent-elle qu'elle n'a plus vraiment sa place dans une société préoccupée par les zones non fumeurs, les éthylotests et les ceintures de sécurité ? Les années Sagan ne sont-elles pas passées ? Les marées noires menacent les plages normandes au petit matin, les grands groupes industriels investissent dans l'édition, il n'est question que de rentabilité à tout prix et de consumérisme planétaire. L'époque tourne au vulgaire.

Plus que jamais, elle se réfugie à Cajarc et goûte les Causses interminables qui virent, le soir, du rose au mauve, puis au bleu nuit. À 6 heures, elle s'assied sur les marches de pierre, devant la maison, et regarde, bienveillante, passer les gens qui lui parlent, les chiens qui s'allongent parfois près d'elle.

En juillet, elle part rejoindre son manoir normand. Sur la route, les champs aux blés coupés sont parsemés de meules de foin de toutes sortes et elle prend des photos, comme pour mieux se repaître de leur harmonie désordonnée. Les huissiers, les aigrefins, le fisc, la brigade des stups peuvent bien tournoyer au-dessus de son corps friable, elle goûte la paix d'un été, sachant que la trêve sera provisoire.

13

OUZBÉKISTAN EN EMPORTE SAGAN

Les années défilent, puis les décennies... et, sans relâche, mine de rien, livre après livre, Françoise Sagan accumule les titres. Elle ne quitte jamais longtemps les devantures des librairies. Romans, pièces, nouvelles, souvenirs, recueils d'articles... Cette cigale est une fourmi. Modeste, la tête toujours penchée, les yeux cachés derrière une mèche immense, la voix fluette, la diction parfois incompréhensible, Sagan ne la ramène pas – mais plaît. Sa désinvolture, son allergie aux grandes phrases, son goût pour l'amitié en font plus une éternelle gamine qu'un monument littéraire. C'est le moment que choisit Guy Schoeller en publiant dans sa collection « Bouquins » les quatorze premiers romans de son ex-épouse, sa pièce de théâtre *Château en Suède* et un recueil de nouvelles. De quoi montrer, s'il en est besoin, quel écrivain est Françoise Sagan. Le préfacier Philippe Barthelet y salue ses « remarquables qualités d'analyse des profondeurs de l'âme et des passions » et une « lucidité sans défaillance ».

La voici bientôt de nouveau attelée à sa tâche, avec l'admiration affectueuse comme boussole. Son pôle se nomme générosité, ce qui se décline en d'autres mots : élégance et courage. En juin 1993, elle publie chez Julliard *... et toute ma sympathie.* Prolongement thématique, neuf ans après, de *Avec mon meilleur souvenir,* le livre est un paquet de longues cartes postales envoyées à des amis. Un portrait d'Ava Gardner, un paysage de Cajarc, une rencontre avec Catherine Deneuve, une autre avec Federico Fellini, un éloge vibrant de Gorbatchev, une pochade sur les débats télévisés, les souvenirs d'un été parisien à l'époque des blouses noires tachées d'encre, des méditations sur la nature et sur le rire, un poème sur les maisons qu'on quitte, une lettre adressée à un amour qui s'éloigne, une apologie du cheval, une préface, déjà publiée, aux lettres qu'échangèrent George Sand et Alfred de Musset.

Morceaux épars, pour ceux qui font la fine bouche ou encore œuvres de circonstance reliées et ficelées, nouvelles pièces au procès de la nonchalance saganienne, alors qu'il s'agit précisément du contraire : d'un livre soigneusement, précisément composé, d'un autoportrait, fignolé jusque dans ses blancs et ses silences, de Sagan, femme et écrivain. Le thème est joué, net, clair, à pleine voix dès les premières pages, dès le bel éloge funèbre d'Ava Gardner et de son mystère de star. Le reste du livre est fait d'une marée montante aux ondulations contraires : comment écrire et vivre tout à la fois, se livrer aux autres sans cesser de s'appartenir, se donner aux mots et à l'imagination sans rompre les amarres avec le monde ? Comment se vouloir seule, unique, singulière et éviter que la solitude vous étouffe ? Pas de dogme ici, et pas de révélation, sinon celles de l'incertitude, de la fragilité, de la fêlure... Françoise Sagan connaît trop les réponses du hasard et des solutions provisoires. Dans ces pages, tout est affaire de sensibilité et d'atmosphère.

Ouzbékistan en emporte Sagan

On ne peut pas seulement écrire des livres ; il faut bien vivre aussi, ce qui réclame d'autres aptitudes. Les blessures, les regrets, les peurs, le vertige du lendemain, le besoin de se rassurer, l'obligation de ne pas décevoir. Quelques lignes de coke sont souvent les bienvenues. C'est la drogue chic des années 1990, celle que l'on sniffe à l'aide d'une paille, qui lessive les cloisons nasales, et se propage dans le cerveau à la vitesse du son. Elle procure d'abord un sentiment de puissance, une euphorie qui dure une heure mais provoque une forte dépendance psychique. La cocaïne est l'opium du show-biz. Le budget de Sagan pour les paradis artificiels est conséquent à un moment où un gramme de coke de bonne qualité coûte environ neuf cents francs sur le marché parisien.

La chasse aux sorcières menée par le tandem policier Quilès-Broussard privilégie bientôt la répression totale en matière de toxicomanie. Le Tout-Paris est en première ligne. On enquête, on traque, on inculpe, on condamne. Un réseau de trafiquants de cocaïne est ainsi démantelé par les enquêteurs de la 6e division de la police judiciaire (DPJ) de la préfecture de police de Paris. Gérard Stolz, une figure des nuits « branchées » de la capitale est inculpé de trafic des stupéfiants et écroué. À son domicile, les policiers saisissent un carnet contenant les noms de ses clients, les dates de livraison ainsi que la nature de la drogue (cocaïne, LSD, ecstasy). Sagan fait partie de ses clients réguliers. Le 28 novembre 1992, l'écrivain est inculpée, pour usage de stupéfiants par Sabine Foulon, juge d'instruction à Paris et laissée en liberté. Elle est mise en cause pour de petites quantités de cocaïne destinées à sa consommation personnelle et à celle de son ami Jacques Delahaye. Ce même jour, six autres personnes, dont l'humoriste Pierre Palmade, sont inculpées au cours de cette procédure.

Le 9 février 1995, elle se retrouve devant la 16ᵉ chambre du tribunal correctionnel de Paris. Dans un élégant blazer bleu marine, elle se présente pour la première fois à l'audience. « Vous êtes venue aujourd'hui et c'est heureux pour vous, car vous êtes en état de récidive », lui rappelle la présidente, Béatrice de Beaupuis. La romancière indique qu'elle ne prend plus de cocaïne, mais qu'à l'époque cela « l'aidait », car « elle était KO à la suite d'un certain nombre de décès » dans son entourage, et « elle n'arrivait pas à travailler ». Pour sa défense, elle cite les droits de l'homme et Montesquieu : « Tout être humain est libre si sa liberté n'atteint pas celle des autres » ; et « les lois sont faites pour s'adapter aux hommes et non le contraire ». Le parquet requiert dix-huit mois de prison avec sursis et mise à l'épreuve, et une amende de cinquante mille francs contre l'auteur de *Bonjour Tristesse*.

Le 24 février 1995, elle est condamnée à un an d'emprisonnement avec sursis, dix-huit mois de mise à l'épreuve et quarante mille francs d'amende. Elle décide à sa manière d'échapper aux contrôles antidrogue de l'institut médicolégal et de ne pas se rendre quai de la Rapée. Marie-Thérèse Bartoli raconte ainsi comment elle subtilise sa propre urine à celle de Françoise pour les analyses. Bientôt, alors que le médecin exige un cheveu de la romancière pour être certain de sa bonne conduite, elle plaide très théâtrale : « Rien. Vous n'aurez pas un cheveu. Mon Figaro, Pascal, est si jaloux. » Personne n'est vraiment dupe, mais son aplomb passe.

Ses amis la supplient de se traiter à la méthadone et de ne plus risquer de telles humiliations, mais elle continue à consommer des substances illicites. Son budget cocaïne est extravagant. L'ennui est que les difficultés financières s'accumulent et que les créances sont désormais trop importantes pour être comblées par une seule avance d'éditeur.

Est-ce pour tenter de se refaire qu'elle va mettre le pied dans « l'affaire Elf » et ses sables mouvants et détruire sa belle image désinvolte ? Marc Francelet, entremetteur redoutable, la présente à André Guelfi, alias « Dédé la Sardine ». L'homme sert d'intermédiaire chez Elf pour l'obtention de marchés pétroliers ouzbeks. Le pays regorge, semble-t-il, de pétrole et Guelfi affirme posséder les cartes secrètes des gisements. Il est question alors de rétrocommissions pharaoniques, et Marc Francelet demande à Sagan de faire œuvre de lobbying auprès de son ami François Mitterrand. Elle va se prêter au jeu.

Grâce aux journalistes Airy Routier et Valérie Lecasble, auteurs de *Forages en eau profonde* sur les dessous de l'affaire, tentons de reconstituer la chronologie des événements. Nous sommes en 1990. André Guelfi entre en contact avec Loïk Le Floch-Prigent qui souhaite signer de gros contrats avec les Russes et surtout l'Ouzbékistan. Mais le pays est en passe de devenir une dictature islamiste et Roland Dumas, ministre des Affaires étrangères, se montre hostile et pense qu'il vaut mieux jouer la carte du Kazakhstan. Pour une affaire aussi ordinaire que l'obtention d'un permis de prospection en Ouzbékistan, il faut donc un arbitrage de l'Élysée. André Guelfi suggère de passer par la filière Francelet-Sagan pour obtenir le soutien du Président de la République. « Marco les bons tuyaux », en parfait affairiste et lobbyiste, convainc Sagan sans peine. Par amitié, par insouciance, par naïveté et par griserie, elle se laisse embarquer dans ce panier de crabes.

De fait, Sagan et Guelfi se connaissent. Parmi ses multiples facettes « Dédé la Sardine » a été coureur automobile. Dans ses mémoires, il se vante de lui avoir appris à conduire une voiture de course : « On avait sympathisé et on avait gardé un contact lointain, épisodique, mais amical. »

Pour tout contrat, André Guelfi écrit à Françoise Sagan le 2 mars 1992, une lettre dans laquelle il lui demande son aide. « Bien entendu, précise-t-il, je suis d'accord pour partager 50 % avec toi, sur ma part, déduite de mes frais. C'est toi qui régleras le problème de Marc. » Si l'affaire se fait, selon lui, le montant des commissions prévues s'élèvera à cent vingt millions de francs. Un pactole ! En septembre 1992, Guelfi écrit à François Mitterrand pour lui demander d'intervenir pour qu'Elf soit autorisé à prospecter en Ouzbékistan.

Françoise Sagan prend le relais et appuie auprès de l'Élysée la démarche de Guelfi. Il est reçu à l'Élysée. Après moult péripéties, Elf accède aux champs pétrolifères convoités. Pour remercier Françoise de son entregent, Francelet propose que Guelfi finance d'emblée les travaux de rénovation du manoir normand. Les travaux commencent. Rien de luxueux : un carrelage industriel au rez-de-chaussée, des salles de bain refaites avec des matériaux bon marché, du Placoplâtre par-ci, des raccords sur la façade par-là, une toiture neuve. En mai, un plombier s'installe à Équemauville et s'attaque à la tuyauterie. Il travaille au chalumeau et à la scie. Il quitte la maison le vendredi 17. Le 18, un incendie se déclare sur le palier du premier étage et endommage la partie centrale de la maison. Il faut tout refaire. L'assurance est censée couvrir les dommages.

Une autre fois, le 27 mai 1993, la romancière écrit au Président pour lui demander de recevoir Ulugbek Eshtaev, Premier ministre ouzbek, qui fait antichambre dans son ambassade parisienne depuis quinze jours. « Cher François Mitterrand, pardon de vous déranger, mais je sais que M. Ulugbek Eshtaev, Premier ministre de l'Ouzbékistan, attend depuis quinze jours à Paris pour vous remettre une lettre personnelle du président Karimov et un cadeau pour la France. Repartir sans vous voir correspondrait à une humiliation, peut-être même à une rupture de ce superbe contrat dont, au demeurant, Pasqua commence à se vanter à la radio. J'ignore si vous êtes au courant, et à tout hasard, je prends le risque de vous déranger. » Aussitôt, l'affaire est réglée. Deux grandes entreprises françaises s'intéressent désormais à l'affaire ouzbek : Elf, qui a dorénavant le droit d'exploiter le pétrole, et la Générale des eaux, car Guelfi, ami du président du Comité olympique Samaranch, se fait fort d'obtenir l'organisation des Jeux olympiques à Tachkent.

Bientôt, les complications de la cohabitation rendent le travail de Françoise Sagan plus ardu. Guelfi tente de l'utiliser pour que Mitterrand obtienne d'Édouard Balladur le maintien de Le Floch-Prigent à la présidence d'Elf jusqu'à la fin de son mandat. En vain. Le 7 septembre 1993, elle écrit au chef de l'État : « J'ai attendu tout l'été l'hélicoptère qui devait vous amener dans ma maison de Normandie. » Elle lui indique qu'elle a été envahie par une « clique d'hommes d'affaires en larmes » et lui demande – « pour épargner mon tapis » – de modifier son prochain voyage dans l'ex-URSS pour faire un détour en Ouzbékistan. Sagan conclut en disant qu'il s'agit de son « ultime missive à la Mata-Hari ». Est-ce cette étrange lettre qui conduit le chef de l'État à faire un détour par la riante dictature en avril 1994 ?

Philippe Jaffré succède alors à Le Floch-Prigent à la tête d'Elf. Il arrête toute prospection en Ouzbékistan comme au Kazakhstan, avant même qu'un vrai puits ait été foré. Pour André Guelfi, l'affaire est terminée. François Mitterrand n'est plus d'aucune utilité et Françoise Sagan encore moins. La romancière manipulée ne touchera rien de l'argent promis. Au contraire, Guelfi lui écrit une lettre très sèche dans laquelle il se dégage en prenant prétexte de menaces dont il aurait été l'objet.

Quatre ans plus tard et entre quatre murs à la prison de la Santé, Guelfi tient devant la juge d'instruction Eva Joly un autre langage et balance Sagan. Il dit ainsi avoir payé les travaux de restauration du manoir normand de la romancière (4 315 569 francs). Sa société suisse, affirme-t-il, a versé la somme au compte Carpa de l'avocat de Françoise, qui l'aurait reversée à la Compagnie internationale de développement (CID) en règlement des travaux de la demeure. Un montant qui intrigue, car jamais une telle somme n'a pu être dépensée au manoir. De plus, le chèque a disparu dans la nature, et les travaux ont été payés finalement par la compagnie d'assurances AGF après l'incendie accidentel de la maison. Ce qui est sûr, c'est que Sagan n'a jamais payé d'impôts sur cet argent jamais reçu. À quoi alors a servi ce supposé argent ? Où est-il passé ? Y a-t-il eu blanchiment ? La romancière s'est bien rendue en Suisse pour le récupérer mais elle a trouvé le compte (dont une autre personne possédait la signature) vide. Françoise Sagan a voulu jouer avec des voyous, mais les voyous ont été plus forts qu'elle. François Mitterrand l'avait bien prévenue : « Faites attention à ces gens-là, à ces hommes d'affaires qui sortent de terre. »

En raison de plusieurs coups fumants et combines, Francelet sera renvoyé en correctionnelle pour escroquerie et abus de confiance. Sagan lui conservera son amitié. « Si cet homme a fait du mal à une mouche, qu'elle se présente, écrit-elle même dans *Libération*. » Quant aux journalistes qui tentent de connaître sa version des faits, Sagan leur répond qu'elle trouve cette histoire « assommante », que tout cela est « un micmac invraisemblable auquel je ne comprends rien » et qu'elle n'a « jamais rien entendu aux questions financières ». Le fisc ne va pas l'entendre de cette oreille.

Dans les semaines qui suivent l'installation de Jacques Chirac à l'Élysée en 1995, Françoise Sagan, son fils et quelques proches font très spontanément l'objet d'un contrôle fiscal. Denis Westhoff n'est pas dupe : « La procédure sembla si précipitée qu'il ne faisait aucun doute qu'elle avait été lancée au moment même du départ de François Mitterrand[1]. » Il paraît évident qu'on veut lui faire payer le fait d'avoir affiché aussi ouvertement, durant les deux septennats, son amitié et son admiration pour l'ancien Président. L'« affaire Elf » joue sans doute aussi son rôle. Sagan elle-même a toujours prétendu que ses

---

1. Fin 1994, devant la nécessité ressentie par Denis Tillinac de réconcilier Chirac avec les « intellectuels », il organise des dîners avec l'intelligentsia parisienne. Et le courant entre les lettrés et le « rustre » Chirac passe, particulièrement avec les membres du cercle « Phares et balises », en janvier 1995, auquel participe Bernard Frank. À la suite à leurs rencontres, Bernard Frank va adopter dans les colonnes du *Nouvel Observateur* une ligne éditoriale clairement antiballadurienne et donc pro-Chirac. Frank va se déchaîner en janvier 1995 et y mettre en pièces, dans les règles de l'art, cruautés et injustices entremêlées : « Si Chirac est élu, ce ne sera ni la droite, ni le RPR, ni le centre qui l'emporteront, ce n'est pas la gauche non plus, on s'en doute, ce sera l'idée d'une certaine France. Ce sera la nique des Français aux états-majors des partis qui les ont déçus. Les Français, s'ils élisent Chirac, auront l'impression d'avoir leur Président. » Et de poursuivre, en dénigrant Balladur « un Cincinnatus bourgeois ». Avec sa réserve coutumière, Chirac sera sensible à cet hommage. Il apprécie à sa juste valeur le ralliement de Bernard Frank à sa candidature. Chirac connaît les liens privilégiés de Frank et de Sagan, qui, sans se prononcer, souhaite la victoire de l'éternel recalé. Dans ces conditions, comment expliquer le contrôle fiscal que subit Sagan après l'élection de Chirac ? À qui profite-t-il ? Les balladuriens sont à terre et ne peuvent engager de représailles contre Frank en visant Sagan. Chirac n'a pas d'intérêt à déplaire à ses « soutiens de gauche ».

problèmes d'impôts et de cocaïne coïncidaient avec les échéances électorales et le retour de la droite au pouvoir.

Examinant les revenus perçus par la romancière de 1992 à 1994, les limiers du fisc découvrent que les travaux de rénovation de sa maison de Normandie ont été réglés, à hauteur de 4 millions de francs, par une mystérieuse société suisse, Noblepac, dont l'administrateur n'est autre qu'André Guelfi. Or Noblepac est bien la fiduciaire qui a versé 256 millions à divers intermédiaires lors de la reconstruction, en 1992, de la raffinerie de Leuna, dans l'ex-Allemagne de l'Est. Interrogée par les inspecteurs du Trésor public, Françoise Sagan tombe des nues. Elle ignore l'existence de Noblepac, tout comme elle ignore le paiement de 4 millions de francs par cette dernière. Et pour cause, les travaux de rénovation de son manoir se sont élevés à 1 million de francs ! Comment peut-elle même expliquer la nature précise de son « deal » avec André Guelfi ? Elle semble la seule à porter le chapeau.

Des entreprises ont visiblement surfacturé leur intervention. On demande à Sagan de produire les factures. Elle comprend qu'en guise de généreux donateurs, elle est tombée sur une bande d'aigrefins qui ont utilisé les travaux de sa maison pour blanchir de l'argent. Finalement, elle fait venir des experts au manoir pour évaluer la valeur réelle des travaux réalisés et démontrer qu'elle est très inférieure à ce qui est prétendu. Lors du procès en 2002, l'avocat général lui-même s'interrogera sur cette hypothèse. Mais le fisc finit par sortir un protocole avalisant les travaux paraphé par Sagan. Or cette dernière jure que c'est un faux (la cour ordonnera une expertise graphologique qui lui donnera raison).

Elle est cependant condamnée le 26 février 2002 par le tribunal correctionnel de Paris à douze mois d'emprisonnement avec sursis et 50 000 euros d'amende pour dissimulation au fisc de 838 469 euros de revenus pour l'année 1994. La presse retient surtout de la plaidoirie de son avocat, maître Pierre Haïk, que « Françoise Sagan ne sait pas à ce jour faire la différence entre cent francs et cent mille francs ». Denis Westhoff tire une conclusion cynique de tout cet épisode : « Ma mère fut au bout du compte condamnée pour avoir détourné des sommes dont personne ne sut, pas même elle, si elle les perçut réellement ou non. »

Comment, avec tout ce stress, arrive-t-elle encore à écrire en cette année 1994 où nous reprenons notre récit, entre les descentes de police, les séances chez son avocat et le ballet des huissiers ? Ses problèmes financiers sont permanents, tous ses droits d'auteur passent dans le paiement de ses arriérés d'impôts. Même le paiement de son loyer pose problème chaque mois. Elle signe pourtant un contrat pour trois livres chez Plon où l'élégant Olivier Orban l'accueille avec enthousiasme. Elle écrit en quelques mois un court roman *Un chagrin de passage*. C'est l'histoire de Mathieu, quarante ans, marié sans enfant mais doté d'une jeune maîtresse, aimant la vie qui le lui rend bien. Il apprend de son médecin qu'il a un cancer et n'a plus que six mois à vivre. Matthieu va passer sa journée à consulter ses amis, ses femmes, ses pensées et son passé. Tout lui renvoie un reflet de lui-même qu'il ne connaissait pas. En fait Matthieu veut bien mourir mais pas sans avoir été aimé, pas sans la certitude d'être pleuré : il attend un cri, il n'entend que des chuchotements. Peut-être Mathilde, la seule femme qu'il ait vraiment aimée, pourrait modifier la piètre image qu'il a soudain de lui-même ? À la fin du livre, Matthieu apprend par son médecin qu'il ne va pas mourir et que la médecine entière s'excuse du malencontreux diagnostic.

Comme elle aime à le faire, Sagan nous entraîne dans les méandres intérieurs d'un jeune architecte condamné à mourir. Le narrateur se veut ici à la fois tendre, poétique, miséreux et attachant. La plume de Sagan incise et révèle les sentiments cachés, les secrets désirs d'un homme dont la vie lui échappe et qui comprend l'importance des liens qu'il a (ou non) tissés tout au long de sa vie. Jean-Louis Ezine souligne dans *Le Nouvel Observateur* : « L'écrivain réussit dans *Un chagrin de passage* un éblouissant exercice de psychologie et donne là, sans jamais martyriser une plume connue pour la frugalité de sa touche, le plus grave de ses romans. » Angelo Rinaldi massacre le livre dans *L'Express* en notant : « À aucun moment, Mme Sagan, qui ne sait sur quel pied danser, ne parvient à éclairer de l'intérieur son Matthieu. Elle a l'air d'exécuter une commande avec ennui... Mme Sagan, phénomène de l'édition, brillant élément du décor parisien, est une piètre romancière au vocabulaire indigent. » Renaud Matignon, lui, décrète dans *Le Figaro* : « Mme Sagan a perdu toute grâce d'écriture. » Françoise Giroud, elle, pense, qu'une fois de plus, Sagan a bâclé son livre : « C'est son péché mignon ! »

À peine remise de cette douche écossaise, elle se replonge dans le travail pour tenter d'éloigner les huissiers et entame la rédaction du suivant, *Le Miroir égaré*. En 225 pages, l'histoire de deux jeunes gens, Sybil Delsey, traductrice et journaliste, et de son amant, François Rosset. Pour faire jouer la pièce d'un auteur tchèque qu'ils viennent de traduire, ils rencontrent une directrice de théâtre, une certaine Mouna Vogel, veuve d'un richissime industriel allemand, qui va bouleverser leur vie amoureuse et contrarier leur projet commun. La pièce qui était tchékhovienne devient une farce à la Feydeau. Sybil et François vont évidemment rompre pour avoir égaré quelque part dans un miroir leur vérité intime.

Ouzbékistan en emporte Sagan

Sagan ne change pas : elle joue toujours sa mélodie feutrée, mélancolique, légère et paisible. *L'Express* est enthousiaste : « Avec une minutie de chirurgien, Sagan, l'air de rien, déshabille les âmes de leur gangue d'idées reçues, de leurs oripeaux ordinaires, pour en révéler la nudité. Ne reste plus, alors, qu'une huile essentielle de sentiments. Bons ou mauvais. L'autre charme de ce texte – et ce n'est pas le moindre – tient à son gai désespoir. Françoise a pour le lecteur des attentions d'un autre temps : elle nous offre un ciel d'été à l'orée de l'hiver, un Paris aux subtils parfums de nostalgie et, ici ou là, quelques baisemains furtifs, sans ostentation aucune. Sagan ou l'élégance absolue. » *Le Figaro* est au diapason : « Le dernier roman de Sagan est un éblouissement. Éblouissement qui fait mal et qui enchante. » C'est un succès de librairie mais ses tirages d'antan sont désormais lointains.

Le 8 janvier 1996, François Mitterrand meurt. C'est un choc pour elle, d'autant qu'elle a raté leur dernier rendez-vous. En juillet 1995, six mois avant sa mort, il a prévu de venir prendre l'apéritif chez la romancière. Mais elle n'est pas bien. De son lit, elle a donné l'ordre à sa femme de chambre de ne pas ouvrir la porte. Il est midi, le Président sonne. Personne ne daigne ouvrir. Il insiste. Le scottish-terrier de Françoise signale sa présence par des aboiements furieux. Finalement, le Président fait demi-tour et repart chez lui. Le remords de sa désinvolture l'accable un peu et elle lui écrit une longue missive pour s'excuser. Ils ne se reverront pas et elle tente de lui rendre une ultime visite sur son lit de mort mais reste au pied de l'immeuble, avenue Frédéric-Le Play, et rebrousse chemin. Elle se rend néanmoins à Jarnac pour ses obsèques le 11 janvier.

Elle ne se déplace plus qu'entre son appartement parisien et son manoir normand (dont elle ne paie plus la taxe foncière) et, l'été, réserve quelques semaines pour Cajarc. Pour Paris, elle utilise une Civic et, pour la route, une Mercedes qui a dix-huit ans. À Paris, la bibliothèque est l'endroit où elle vient s'allonger pour lire devant la cheminée. Le salon abrite le piano Pleyel qu'elle a depuis 1970 et sa chambre est décorée de tableaux de Hespel. Le samedi, elle aime encore aller au marché aux puces de Vanves et y dénicher des tableaux de facture impressionniste. Elle paie en liquide, les brocanteurs la connaissent. Elle aime accrocher ses nouvelles trouvailles dans la maison, les décrocher et varier le décor. En dépit des ennuis d'argent, la maison est toujours fleurie et elle aime les bouquets colorés. « Ma mère, se souvient Denis Westhoff, ne supportait pas les espaces clos, les maisons figées sans couleur et sans vie ; elle passait son temps à ouvrir les fenêtres, les portes, à faire entrer l'air et la lumière. »

C'est l'époque où elle travaille avec Luc Bondy à une adaptation de *Bel Ami* de Maupassant pour le cinéma. Malgré deux versions du scénario, le projet n'aboutit pas. Elle écrit aussi plusieurs textes brillants pour la revue de luxe *Égoïste* dirigée par son amie Nicole Wisniak et rencontre ainsi Isabelle Adjani. La star a évoqué pour *VSD* leur amitié : « Nicole avait l'intuition que Françoise ferait partie de mes protections, parce qu'elle avait ce don et cette générosité rares, pour une artiste, de comprendre les autres artistes. Cette ouverture qu'elle avait, plus sur les autres que sur soi, est unique. Nous nous sommes souvent revues, lors de soirées mondaines, mais aussi chez elle, dans des moments qui n'allaient appartenir qu'à nous. Sagan était un ange protecteur, capable en toutes circonstances, avec son intelligence tendre et excentrique, de dédramatiser les souffrances humaines. Je me souviens des quelques jours que nous avons passés ensemble à Belle-Île pour des photos de Richard Avedon, destinées à *Égoïste*. Avec le temps qui n'avait plus prise, nous étions entre parenthèses. C'était au début de l'hiver, il ne faisait pas beau, un hôtel avait été ouvert rien que pour nous, c'était comme un joyeux dortoir, nous étions seules dans ce grand lieu silencieux brisé par nos éclats de rire, seules sur cette île, à vivre des instants précieux. J'adorais la manière dont on n'arrivait pas à l'embrasser, elle avançait son visage comme un bélier timide, et, au lieu d'un baiser sur les joues, on recevait un coup de tête. »

Inès de la Fressange se rappelle aussi les joyeuses vacances au Pilat dans la maison d'amis en commun : « Il n'arrêtait pas d'y avoir des drames bien parisiens chez les invités. Sagan était là, ultra-sympathique et gaie. Je me souviens d'elle en train de faire un shampooing à mon chien, où nous étions toutes les deux trempées et couvertes de mousse, bien plus que l'animal. Je la revois adorable au quotidien, drôle, intelligente et surtout bienveillante. »

Le fisc a beau l'accuser de dissimulation de revenus, l'accabler d'amendes et la menacer de prison, elle conserve une once de détachement philosophe dans l'épreuve. Marie-Thérèse Bartoli, dans ses mémoires, raconte une scène symptomatique : « Un jour, alors qu'elle descend l'escalier vers mon bureau pour me donner une lettre, elle croise dans le couloir un agent du fisc, la fleuriste qui vient présenter sa facture, et, dans le salon, un huissier qui détaille de près le piano. Françoise s'arrête, les salue poliment puis remonte dans sa chambre, se heurtant pratiquement au plombier devant la porte de la salle de bains ! Le soir, avant de partir, je vais la saluer et, sans même me demander l'identité de tous ces visiteurs, elle laisse échapper d'un air désabusé : "Mon appartement, c'est un vrai hall de gare !" »

Elle est abattue par sa situation mais affiche un front vaillant face à toutes ces épreuves matérielles. Elle surmonte ses douleurs silencieusement. C'est sa politesse suprême, même si elle reste des heures dans le noir sur son lit avec Fouillis, pensive et impuissante face aux événements. Une chose étonne ses proches : elle emporte dans chacun de ses déplacements une tonne de médicaments. Ses fioles, ses pommades et ses cachets sont là pour parer à toute éventualité. Son cardiologue, le docteur Philippe Abastado, est toujours à portée de téléphone (elle a une relation si proche avec lui qu'elle le convaincra d'écrire et de publier) et SOS médecins arrive parfois, la nuit, pour apaiser ses souffrances. Elle ne s'endort qu'avec deux comprimés de Stilnox et trois Atarax qui la laissent parfois vaseuse au matin. La tachycardie est son pire ennemi.

Sa secrétaire Marie-Thérèse Bartoli se souvient ainsi d'un déjeuner pénible avec l'éditeur Hubert Nyssen, le créateur d'Actes Sud. Françoise n'est pas dans son assiette et tient des propos parfois incohérents au long du repas. Cela ne l'empêche pas de lui souffler un projet de livre : se promener dans le paysage de son œuvre et commenter les événements de sa vie personnelle. Le projet lui paraît si intéressant qu'elle lui piquera l'idée et sortira en 1998 chez Plon *Derrière l'épaule*.

Elle annule de plus en plus souvent ses rendez-vous à la dernière minute sous des prétextes improbables. Certains se vexent de son attitude cavalière. Elle est plus que jamais imprévisible. Elle se sent parfois si mal et si angoissée qu'elle ne veut pas infliger son état à quiconque, hormis Florence Malraux, qui ne la juge jamais. Bernard Frank est en disgrâce. Sa sœur, divorcée de Jacques Defforey, vit avec son nouveau compagnon à Bruxelles, si loin. Marie-Hélène de Rothschild est morte le 1er mars 1996. Comme sa garde rapprochée semble se réduire et le paysage devenir mélancolique.

Ouzbékistan en emporte Sagan

Françoise doit bientôt quitter son appartement de la rue de l'Université dont elle ne peut plus payer le loyer exorbitant. Elle se replie dans cinq pièces plus modestes au 73, rue de Lille. Les cendriers sont vite pleins dans son nouveau bivouac. Charlotte Aillaud se souvient : « On se rencontrait encore de loin en loin, elle préparait à dîner sur une petite table de jeu... Aucun besoin de se réajuster l'une à l'autre, nous retrouvions naturellement le ton d'autrefois. » Françoise veille à une chose : toujours se repoudrer le museau après le repas. Les amis qui l'entourent encore la voient à la fois maigre et massive, le visage aux aguets, portant un collier de perles dans l'échancrure d'un chemisier de soie, un maquillage appliqué cachant sa pâleur diaphane. Une allure usée mais sur ses lèvres rosies glissent encore des mots d'esprit.

14

L'OMBRE D'ELLE-MÊME

Juliette Gréco se souvient de ces années difficiles : « Elle me téléphonait de temps en temps, je la faisais rire, mais son rire avait des accents mélancoliques. » Quelque chose est définitivement cassé. L'insouciance est une façon de vivre qui appartient au passé. Elle n'a plus la moindre énergie. Sagan trouve sa situation injuste. Elle n'arrive plus à écrire un roman dans le stress permanent. « Quand on est dans son manuscrit, on se sent protégé par une armure immatérielle, un bouclier de mots. Il est rare qu'un auteur meure avant d'avoir fini son livre », a-t-elle reconnu un jour. Elle commence plusieurs manuscrits dont aucun ne prend forme.

L'ostéoporose[1] commence son insidieux travail de sape. Elle se casse bêtement la jambe et passe trois mois en consultations, radios et scanners. Elle part se réfugier à

---

1. L'ostéoporose touche plus d'un tiers des femmes ménopausées. À plus forte raison si l'alimentation n'apporte pas suffisamment de calcium et de vitamine D. Sagan n'a jamais ménagé son corps et en paie les conséquences. Ses fractures sont la traduction d'une ostéoporose avancée.

Cajarc sur les rives de son enfance pour tenter de rafistoler un corps qui ne la soutient plus. Dans l'ancienne mercerie, au 65 du Tour de Ville, elle est aux premières loges du spectacle estival.

Olivier Orban chez Plon l'a convaincue de passer à un texte autobiographique, *Derrière l'épaule*, comme si sa biographie se confondait avec la liste de ses romans. L'exercice est nostalgique, voire cruel, même si Sagan y applique son ironie malicieuse et une absence totale de prétention. De fait, elle déteste se raconter et avoue une mémoire défaillante. Mais elle relit consciencieusement tous ses romans et se penche sur sa vie, rythmée par l'écriture. Des livres comme jalons immuables d'une existence tumultueuse sur lesquels l'écrivain porte un regard lucide, parfois désabusé. Elle n'est jamais aussi imaginative, subtile, juste et émouvante que lorsqu'elle se laisse aller à écrire sur elle-même.

Elle nous parle pêle-mêle de ses relations orageuses avec ses différents éditeurs, de son rapport conflictuel avec l'argent, de ses démêlés avec la justice, des lieux où elle a aimé écrire. Mais tout cela par touches légères, sans jamais s'appesantir. Entre les lignes, on devine une vie trépidante, hachée de nombreux coups de cœur et de gueule. À travers ses silences, se profile une femme plus complexe qu'elle ne veut le montrer, paradoxale même, où tous les contraires coexistent. Témoin, son formidable appétit de vivre, doublé de son si puissant mal-être.

Elle se relit pour la première et la dernière fois. Elle ne s'attarde pas. 233 pages pour évoquer vingt livres et les années où ils furent écrits. On ne risque pas la surcharge, mais bien plutôt les regrets et les mélancolies de la fugacité. Elle se relit comme s'il s'agissait de quelqu'un d'autre, avec l'objectivité tranquille d'un critique qui détaillerait pour ses lecteurs les mérites et les insuffisances de chacun de ses opus. Elle raconte l'intrigue, elle esquisse les personnages, elle juge la construction, l'écriture, le rythme. Elle est spectatrice de son œuvre. Elle s'égare, remonte sa propre trace, se regarde avec la précision d'un entomologiste.

Parfois, assez souvent, elle avoue avoir passé un agréable moment à lire Sagan. Aucun narcissisme, cependant. La complaisance n'est pas son rayon. Parfois aussi, la lecture l'énerve et la navre. Comment a-t-elle pu écrire une chose pareille ! Son roman *Un profil perdu* passerait volontiers à la trappe. Elle a certes des excuses pour signer un livre décevant : le besoin d'argent inexorable, la paresse, l'habitude, l'ennui ou la panne d'inspiration. Pourtant, elle n'est pas paresseuse. Elle souligne ainsi certains livres dont elle a recommencé jusqu'à trente fois les premiers chapitres. Pour obtenir ses bonheurs d'expression, il faut d'ailleurs davantage que les facilités du talent. Sans compter les moments rageurs où la verve créatrice part faire l'école buissonnière et où il faut guetter son retour capricieux.

Son livre est une malle aux souvenirs où le lecteur glane des pépites, les bonheurs de Sagan, ses chagrins, la chaleur des nuits, l'épuisement du travail, l'électricité des rencontres, l'ivresse des petits matins, le temps qui passe inexorablement. Un mot revient souvent dont elle dit qu'il envahit sa prose comme le mildiou, la vigne : bref. Sa vie, c'est imaginer des héroïnes et des héros, inventer des histoires, se colleter avec la langue et sa grammaire. Elle jubile presque en se projetant dans l'avenir. Mais son ouvrage a aussi des allures de testament littéraire.

À l'automne 1998, toute la presse encense *Derrière l'épaule,* même si certains regrettent qu'elle passe en revue ses romans au pas de charge. Le jeune Frédéric Beigbeder lui déroule le tapis rouge dans sa chronique hebdomadaire de *Voici* : « Il serait temps de s'apercevoir que vit chez nous un grand écrivain pas vaine. Une dame décoiffée, à la voix inintelligible à l'oral car elle préfère parler à son stylo, et dont la légende ne se résume pas à quelques amourettes tonkinoises et/ou gestapistes. Une folle éperdue et perdue, une bourgeoise rebelle, une star depuis quarante ans. Ladies and gentlemen, please welcome... Françoise Sagan. »

Désormais cent pour cent de ses revenus font l'objet de retenues à la source par les différentes et nombreuses trésoreries qui détiennent des créances : le 6e, le 7e et le 13e arrondissement de Paris et la trésorerie de Honfleur. Les retards et les majorations rendent la dette de plus en plus menaçante. Bientôt, elle ne peut même plus utiliser sa carte bancaire Gold. Seul un livret B de la caisse d'épargne de Honfleur semble échapper aux foudres de l'administration fiscale (et au contrôle de la Banque de France). Le manoir du Breuil est hypothéqué. « Elle a dû vendre ses bijoux et les plus beaux cadeaux qu'elle avait reçus dans sa vie », se souvient Massimo Gargia.

A-t-elle un seul instant le regret de n'avoir jamais su jouer avec les chiffres et d'avoir été un panier percé d'une générosité extravagante avec ses proches et tous ceux qui lui demandaient de l'aide ? Comme il est douloureux, le souvenir de ce train de vie qui appartient au passé ! Le jeu, les chevaux, les voitures de sport, les procès, la drogue, les multiples escroqueries dont elle a été victime ont tout épuisé. Les artistes qu'elle a financés. Et les impôts enfin. « Je suis indifférente à l'argent, dit-elle à un journaliste. On sait bien que je ne suis pas cupide ni malhonnête. En fait, je me demande ce qu'on me reproche le plus. Si c'est d'avoir gagné de l'argent ou si c'est de l'avoir dépensé. J'en ai eu beaucoup mais je n'ai jamais été riche. C'est mieux ainsi. Il me faut une contrainte pour travailler. »

Mais les ennuis de santé s'accumulent. Six opérations en quatre ans l'obligent à rester souvent allongée et la font

L'ombre d'elle-même

souffrir au point d'être incapable de penser à autre chose : « Je suis tombée sur le fémur, une première opération a été mal faite par un soi-disant crack de la Pitié, raconte-t-elle. La rééducation n'a servi à rien. Après la seconde opération, une infirmière m'est rentrée dedans avec son plateau. J'ai des kilomètres de fer dans le corps. Il faut attendre que ça se soude. On a découvert un peu de diabète. Bref, c'est la barbe. » Ce diabète fait suite à sa pancréatite chronique éthylique et s'aggrave car elle s'alimente mal et n'a pas la rigueur nécessaire pour respecter les doses d'insuline prescrites.

Tout ceci n'améliore guère son moral en berne. Elle rédige son testament, histoire d'apprivoiser la mort et évoque l'éventualité de sa disparition. Elle précise même à sa secrétaire d'une voix presque enfantine : « Pour mon enterrement, j'aimerais qu'il y ait beaucoup de fleurs et qu'on pleure beaucoup ! » À son fils, Denis, qui se marie dans la petite mairie de Barneville-la-Bertran, elle explique qu'elle ne préfère pas y assister, de peur d'être photographiée avec des béquilles.

Sa survie va bientôt dépendre totalement d'une amie qui finira par l'héberger avenue Foch car, même dans la dèche, Sagan fait preuve d'adresse pour sauver les apparences. Massimo Gargia lui présente en effet, en 1996, Ingrid Mechoulam. Mariée en secondes noces au milliardaire israélo-mexicain Félix Mechoulam (de quarante-huit ans son aîné), Ingrid est une riche jet-setteuse qui partage sa vie entre son appartement de l'avenue Foch, sa maison aux Baléares, un pied-à-terre à New York, une villa à Beverly Hills et une propriété à Acapulco. Félix, né en 1905, possède aussi le Grand Hôtel Quisisana à Capri, la villa Lysis et un yacht ancré sur l'île, le *Black Swan*, jumeau du *Créole* de Stavros Niarchos.

« Un soir, je suis passé avec Françoise au pied de l'appartement de Félix et Ingrid, se souvient Massimo Gargia. Il devait être 2 ou 3 heures du matin, mais les lumières étaient encore allumées. J'appelai à tout hasard. Ingrid décrocha : C'est Massimo. Puis-je passer ? J'ai une surprise pour toi. » Sa surprise, c'est Sagan en chair et en os. Ingrid avouera par la suite que cette rencontre impromptue l'a terriblement intimidée et que, dans son émoi, il lui semble avoir passé le plus clair de la visite à narrer ses problèmes familiaux. En les raccompagnant, elle se dit que Sagan ne voudra jamais revoir une femme à la conversation aussi ennuyeuse. Elle se trompe : Françoise l'a trouvée vive, drôle et, somme toute, assez fantasque. Le décor de cet appartement aux murs d'émeraude, ponctués de statuettes précolombiennes, l'a fascinée. Les deux femmes vont vite conjuguer leurs extravagances et Ingrid faire sienne la légende de Sagan, la fête, les cocktails, les paradis artificiels. « Elle aimait infiniment Françoise à qui elle pouvait offrir tout le confort qu'elle pouvait désirer », résume une de leurs amies.

Ingrid pourrait figurer parmi les personnages désœuvrés d'un roman de Sagan. Elle est intelligente mais sans esprit, dépensière sans générosité, belle sans charme, dévouée sans bonté, agitée sans entrain, envieuse sans désir. Elle est médisante sans haine, fière sans orgueil, familière sans chaleur, et susceptible sans vulnérabilité. Elle est puérile sans enfance, plaintive sans abandon, bien habillée sans élégance, et furieuse sans colère. Elle est directe sans loyauté, craintive sans angoisse, bref un curieux cocktail féminin.

Ingrid s'ennuie surtout dans le sillage de son vieux mari richissime et considère l'arrivée de Sagan dans sa vie comme un don du ciel. Elles fument ensemble, elles boivent scotch et tequila, complotent au diapason, se disputent au gin-rami ou au backgammon. En 1996, Françoise,

L'ombre d'elle-même

accompagnée de sa secrétaire et de son mari, passe un long séjour dans la propriété de Majorque d'Ingrid. Au retour, Ingrid a mis à la disposition de Sagan sa voiture et son chauffeur pour les conduire à l'aéroport. Sans doute la romancière a-t-elle pris un remontant ? « Je veux conduire ! Je veux conduire », assène-t-elle en grimpant dans le véhicule. » Françoise démarre sec comme à son habitude et roule à toute allure, faisant des brusques embardées et se rabattant sur les voitures en les frôlant. De tous côtés, les automobilistes furieux la klaxonnent, mais elle refuse de ralentir. Dans l'avion vers Paris, elle se lève toutes les cinq minutes, apostrophe les voyageurs, tente d'ouvrir la porte du fond et inquiète tant le personnel de bord que sa secrétaire et son mari doivent la placer de force entre eux et la tenir ceinturée.

C'est une période où elle est nerveuse, tourmentée, épuisée par les problèmes d'argent. Peu à peu, le sentiment de sa misère, de son malheur, de l'énormité de ce malheur, la laisse impuissante. Bientôt, Félix Mechoulam disparaît et Ingrid, en veuve énergique, commence à tout régenter chez Françoise. Elle licencie sa gouvernante et entend faire de même avec la fidèle secrétaire Marie-Thérèse Bartoli, complice et bienveillante : « Elle révélait une nature entreprenante, exclusive, une certaine raideur qui venait peut-être de ses origines nordiques et qui s'opposait forcément à notre nonchalance plus latine, comme sa volonté de fer à notre laisser-faire conciliant[1] », se souvient-elle. Ingrid la prive d'abord de tous ses instruments de travail, puis scelle son départ, sans que Françoise s'y oppose vraiment. Ce départ est une catastrophe pour la romancière.

Quand l'état de santé de Françoise se dégrade, elle vient s'installer avenue Foch chez Ingrid, dans les marbres et

---

1. Marie-Thérèse Bartoli, *Chère Madame Sagan*, Pauvert, 2002.

les dorures. « Son isolement allait grandissant, se souvient Massimo Gargia. Non contente de l'héberger, Ingrid jouait auprès d'elle le rôle d'amie et presque celui d'infirmière car Sagan n'aimait guère voir de nouveaux visages autour d'elle. Ingrid s'occupait donc d'elle avec le fidèle docteur Philippe Abastado. » Certains prétendent toutefois que celle-ci a isolé Françoise, l'a coupée de ses amis. Massimo Gargia s'en insurge : « Le dévouement d'Ingrid était tel qu'elle alla jusqu'à céder sa propre chambre à coucher à son amie, qui n'aimait que les grandes pièces, pour se replier dans une petite chambre d'amis. Par amitié pour Françoise, elle renonça également à recevoir les amis de son passé mondain, que Sagan ne supportait plus, ainsi qu'à ses voyages à New York et à Acapulco. »

Certains épisodes laissent toutefois penser que Sagan semble vivre des moments psychologiques issus de son roman *La Laisse*. Plusieurs fois, elle s'engueule avec Ingrid et se réfugie à l'hôtel Lutétia, où la famille Taittinger, propriétaire de l'établissement, l'héberge presque gratuitement (Thierry Taittinger a en effet épousé Patrica Quoirez, la fille aînée de Jacques). Tout pour échapper à la voix impérieuse de son amie : « On s'est souvent disputées, reconnaît Ingrid Mechoulam. Françoise pouvait être aussi autoritaire qu'insupportable. Nos séparations duraient quatre ou cinq jours. Une fois, on s'est tellement engueulées que Françoise a claqué la porte de l'avenue Foch en hurlant : "Elle me casse les pieds, je n'en peux plus." Elle avait emporté un sac de voyage, qui s'est vidé dans l'escalier. Dans son sillage, les voisins ont trouvé une petite culotte au quatrième, un soutien-gorge au troisième, etc.[1] »

Un autre soir de fâcherie, Sagan se retrouve dans la rue avec cinquante francs en poche et une vieille voiture sans

---

1. Article de Fabrice Gargnault, *Marie-Claire*, juillet 2008.

L'ombre d'elle-même

suffisamment d'essence pour rejoindre le manoir du Breuil. Il est 1 heure du matin lorsqu'elle arrive chez son ami Gérald Nanty, au Mathi's Bar, dans le 8ᵉ, et avale un whisky. Il lui propose de la loger dans l'hôtel au-dessus, mais l'acteur Édouard Baer, présent et trop heureux de rendre service à l'auteur de sa jeunesse, l'embarque dans sa voiture. « Elle ne voulait pas dormir, se souvient-il, et tenait absolument à me faire la conversation. Nous arrivons en Normandie au petit matin, et je me couche dans une chambre voisine de la sienne. Quelques heures plus tard, je me levai et remontai dans ma voiture pour faire le trajet retour. »

Mais le manoir est en passe de ne plus devenir qu'un souvenir. Il est finalement vendu à l'encan par le fisc. Un million cinq cent mille francs. Ingrid le rachète illico presto et le remet à la disposition de Sagan. La gouvernante, Marie-Thérèse Le Breton, va même racheter la literie des chambres dans la salle des ventes de Lisieux, le tout pour mille huit cents francs. Pour faire fuir les huissiers, Mme Le Breton appose son propre nom sur la sonnette de l'entrée, au bout de la grande allée. La romancière est toujours chez elle mais elle n'est plus chez elle. Quel inconfort que cette dépendance pour une femme éprise de liberté !

Françoise reste longtemps, l'après-midi, dans la salle de jeu du manoir, dans sa lumière bleutée orange typique de la Normandie. Tous les soirs, un grand lapin noir avec de longues oreilles provoque les chiens vers 18 heures, au bout de l'allée, vers le petit bois. Lorsque Oscar, le berger allemand, Salomé, le labrador, et Fouillis, le scottish-terrier, arrivent à sa hauteur en courant, le lapin fait à chaque fois volte-face et ils ne réussissent jamais à l'attraper. Peut-elle, elle, échapper à tous ses créanciers ?

18 heures, c'est le moment de la journée où, à la grande époque, elle allait parfois faire un tour au casino de Deauville. Elle n'en a évidemment plus les moyens. Elle souffre

un peu, et tant de gens de ces années-là ont disparu à la vitesse des nuages qui passeraient trop vite. Dehors, il commence à faire frais. Elle s'installe dans le salon, sur un canapé. Elle pose ses béquilles bleues. Elle fait semblant de travailler à un roman. Titre : *Le Cœur perdu*. L'histoire se déroule à Tours où elle n'a jamais mis les pieds. Mais l'inspiration se dérobe, le manuscrit n'avance pas. Il ne sera jamais terminé. Et si elle allait jusqu'au bout, à quoi bon, puisque le fisc lui prendrait tout ! Elle se sent coincée, elle s'enferme dans un désenchantement élégant.

Retour à Paris, avenue Foch dans son atmosphère d'aquarium de luxe. Elle ironise parfois sur sa prison dorée. Ingrid lui compose de somptueux plateaux-repas qu'elle apporte dans sa chambre. Françoise peut passer des heures dans son lit, bouquinant les romancières anglo-saxonnes – Jean Rhys, Iris Murdoch, Katherine Mansfield – ou les volumes de la Série noire, son éternelle Kool à la main. Elle demeure pudique et coquette et se remaquille le soir, si un invité de dernière minute est annoncé. L'attaché de presse Jean-Paul Scarpitta, devenu metteur en scène d'opéra, passe parfois pour la distraire et jouer les gardes du cœur. Laure Adler qui vient la voir pour un projet de biographie est frappée par sa fragilité : « Elle était affaiblie et bouleversante. Elle marchait à petit pas, mettait un temps fou à ouvrir la porte. Je venais pour écrire un livre sur elle mais je n'osais pas prendre de notes. Je me souviens de conversations sur des sujets profonds, comme la religion. À la fin de la journée, elle continuait à parler dans l'obscurité, elle n'allumait même pas la lumière. »

Comment faire comme si de rien n'était quand la totalité de vos comptes sont saisis ? Devant cette descente aux enfers d'une femme seule et qui fut pourtant si entourée à l'époque de sa gloire, ce réveil frileux après des nuits torrides, cette fin de l'existence au terme de la grande vie,

L'ombre d'elle-même

la chute de la maison Sagan émeut certains de ses confrères. Au printemps 2002, plusieurs écrivains et critiques littéraires se mobilisent et publient une pétition en sa faveur : « Sagan doit de l'argent à l'État, mais la France lui doit beaucoup plus : le prestige, le talent, un certain goût de la liberté et de la douceur de vivre. Nous demandons aux autorités concernées d'adopter une solution rapide et décente aux problèmes fiscaux de Françoise Sagan, pour lui permettre de retrouver sa tranquillité d'esprit et de se consacrer à son œuvre. Sous tous les régimes, la France a su respecter ses écrivains. Il serait dommage de créer une exception pour de vulgaires raisons matérielles », écrivent les pétitionnaires. Parmi eux figurent Philippe Tesson, Olivier Frébourg, Marc Lambron, Patrick Besson, Jean-Marie Rouart, Daniel Rondeau, Geneviève Dormann, Jérôme Garcin, Stéphane Denis, Frédéric Vitoux, Patrick Rambaud et encore Frédéric Beigbeder. Bernard Frank s'est évidemment associé au mouvement.

Curieusement, certains médias en profitent pour se déchaîner devant cette détresse BCBG et ironiser sur le sort de la romancière. Philippe Bouvard résume bien ce sentiment de malaise en notant : « Sagan doit payer parce qu'elle a encaissé et parce que, durant des décennies, elle a mieux vécu que ses contempteurs. Qu'elle soit aussi fragile que ses héroïnes ne change rien à l'affaire. Qu'entre deux escapades dans les paradis artificiels elle ait été grugée par des escrocs ne lui vaut nulle circonstance atténuante. Il s'agit d'une tragédie des beaux quartiers, c'est-à-dire d'un demi-drame noyé dans des spiritueux huppés par des grossiums qui, sachant écrire, auraient dû savoir aussi compter. » Bercy ni la rue de Valois ne semblent répondre à la détresse de la romancière, ni tenter de desserrer l'étau qui l'asphyxie complètement.

Guillaume Durand essaie de l'intéresser à un projet de livre d'entretiens. Elle le reçoit avenue Foch. « J'habite nulle part », lui lance-t-elle avec une ironie lucide. L'euphorie due au scotch est de courte durée. Elle parle de sa situation financière désastreuse. Les battements de son cœur s'accélèrent. Ses doigts tremblent, elle casse deux allumettes avant de réussir à en enflammer une et tire une longue bouffée de sa cigarette. Elle sent poindre une crise de tachycardie. Une flambée de haine monte en elle quand elle évoque les misères que lui fait subir le fisc. « Je deviens de plus en plus indifférente à l'extérieur, glisse-t-elle. Je me cramponne aux petits détails qui ponctuent mon quotidien. Grâce à eux, je me sens encore vivante ; il m'arrive même de rire des pitreries des chiens, de m'attendrir face à la beauté du paysage ou d'admirer le chant des oiseaux. Mais j'évite de regarder dans le miroir pour ne pas avoir à subir la vue d'un visage terne au regard triste. » Lorsque Guillaume Durand prend congé, il a l'impression qu'elle a les yeux rougis, comme si elle avait pleuré à l'intérieur. Il ressent toute sa fragilité et elle lui offre sa tête dont il embrasse les cheveux. Il tentera de revenir plusieurs fois, mais elle ne le recevra plus. Elle ne veut pas exposer son malheur cruel.

Marc Francelet lui fait vendre une chanson à Johnny Hallyday : *Quelques cris* dont les paroles scandent :

> *L'éclat du succès me fit peur, me fit peur ;*
> *Si aujourd'hui, je ne crie plus*
> *C'est qu'une autre a pris le dessus*
> *Elle parle peu, elle parle bas*
> *La solitude brise ma voix.*

Mais les impôts ont aussi bloqué ses droits à la SACEM. Sa santé est plus que jamais chancelante. Son généraliste d'Équemauville et son cardiologue parisien peinent à suivre toutes ses pathologies, qu'elles soient organiques (diabète de type I), ostéoporose, BPCO tabagique (broncho-pneumopathie chronique obstructive par inflammation de la muqueuse broncho-pulmonaire secondaire due à un tabagisme et une cocaïnomanie excessive) ou psychiatriques (addictions multiples, syndrome anxio-dépression). Le meilleur médecin du monde ne peut rien si son patient refuse les soins. Sagan aurait dû cesser de fumer, aurait dû se donner les moyens de réussir ses sevrages opioïques, aurait dû veiller à équilibrer son diabète, cesser de boire de l'alcool et s'alimenter correctement.

À la mi-juin 2003, elle fait un coma diabétique et passe dix longs jours pénibles à l'hôpital Georges-Pompidou, le temps de rééquilibrer correctement et durablement les glycémies. Quelle ironie de passer son soixante-huitième anniversaire dans un centre hospitalier qui porte le nom d'un ancien ami ! À sa sortie, Ingrid veille à tout. Injections pluriquotidiennes de doses d'insuline adaptées. Avenue Foch, comme elle est longue la nuit quand le sommeil ne vient pas ! Le Stilnox ne fait plus aucun effet. Des heures s'écoulent dans l'immobilité et le silence. Postées un peu partout dans la chambre, des pendulettes grignotent le temps à petits coups de dents. Une lueur laiteuse coule à travers la fente des rideaux. De la rue monte un bruit de poubelles heurtées. Françoise se dit avec amertume qu'elle est toujours ancrée à Paris, chez Ingrid, la si indispensable et parfois agaçante Ingrid et qu'une nouvelle journée va commencer pour elle, avec ses ombres et ses obsessions.

Départ estival pour le manoir où la fidèle Mme Le Breton la chouchoute avec le dévouement d'une sœur. Elle lui prépare des purées, des soupes de potiron, des gratins de pâtes. Avec elle, tout est calme, habituel, facile, apaisant. La Normande va même jusqu'à la baigner et la shampouiner. Françoise quitte de moins en moins le fauteuil roulant. Souvent, le midi, elle étale ses cartes sur un plateau et fait des patiences. De temps en temps, Ingrid l'empêche de se concentrer et intervient même effrontément dans le jeu, en pointant un doigt :

— Ton dix de pique, là, pourquoi ne pas le placer sur le valet de cœur ? Ça dégagerait tout !

— Laisse-moi, je t'en prie, c'est *ma* patience !

— Si je t'aide, c'est que tu n'y vois pas très clair, rétorque Ingrid avec un ton sec qui n'admet pas de réplique.

— J'y vois aussi clair que toi, rétorque Françoise, agacée de cette omniprésence et la toisant presque.

Elles ont le chic pour se disputer au sujet d'un rien. « La relation qui liait les deux femmes ressemblait à celle des protagonistes de *Qui a peur de Virginia Woolf ?*, assure une de leurs proches. Insupportable et obsessionnelle. » Mais comment la romancière pourrait-elle se passer de la main secourable de la blonde au regard clair alors qu'elle est ruinée, faible et malade ? Massimo Gargia défend Ingrid : « On est possessif, quand on est amoureux. Ingrid l'a quand même soutenue des années jusqu'à la fin. »

Parfois Denis Westhoff, qui poursuit sa carrière de photographe, vient passer le week-end. Entre la mère et le fils règne toujours une douce et affectueuse complicité. Mais il est impuissant et furieux contre le tournant proprement grotesque qu'a pris la situation financière. Il en veut particulièrement à Jacques Chirac et à Thierry Breton, le ministre des Finances : « Aucun d'eux n'a cru bon d'intervenir afin de lui laisser un revenu minimum suffisant qui lui aurait permis de vivre dignement sans avoir à demander autour d'elle de quoi vivre. »

La situation est toujours précaire, mais on se bouscule pour écrire sa biographie, ce qui est un hommage offert à une minorité d'écrivains vivants. La première des biographes,

L'ombre d'elle-même

Sophie Delassein, propose à ses lecteurs, non sans talent – mais sans l'autorisation de Sagan –, des révélations un peu trop croustillantes à son goût. L'autre, Alain Vircondelet, plus pudiquement, revendique le droit des écrivains à leur part d'ombre... et on reste évidemment sur sa faim, d'autant que le récit s'arrête aux années 1960. Sagan fulmine contre le côté « livre non autorisé » de la journaliste du *Nouvel Observateur* et les allusions à son amour des femmes mais elle n'a pas l'énergie ni les moyens de faire un procès pour atteinte à la vie privée.

Comme son destin est presque pathétique et sa chute vertigineuse. Elle aimait sa vie au galop, elle se déplace en fauteuil roulant. Elle aimait le soleil, elle vit dans l'obscurité. Elle claquait ses millions, elle doit quémander ses cigarettes. Elle était une star de la littérature mais elle n'est plus à la mode. Son nom à l'affiche d'un théâtre attirait les foules, elle n'est plus jouée dans aucun théâtre.

Heureusement, il lui reste son manoir. Toute une journée sous les pommiers ou les cerisiers, à disputer les fruits aux oiseaux. « Les jardins sont comme les êtres, dit-elle, ils ont des états de grâce imprévisibles. » Cet été 2003 est pluvieux. Les arbres sont magnifiques, l'herbe haute, la symphonie des verts sans défauts, les volumes d'une harmonieuse perfection.

15

LE CŒUR IMMOBILE

Faut-il y voir un signe funeste ? Mme Le Breton trouve, un matin, un geai mort sur la pelouse du manoir, la poitrine couverte d'un duvet rose-gris, les rémiges ornées de dessins noirs, blancs et bleus. Il est étendu, à moitié absorbé déjà par la terre molle sous laquelle fouille un essaim d'insectes. Françoise insiste pour qu'on l'enterre, avant l'arrivée d'Ingrid, près du tilleul centenaire où reposent les chiens et les chats défunts.

Quand elle est là, Ingrid régente tout. La maison ressemble de plus en plus à un Relais et Châteaux. Tout est rangé impeccablement. La blonde ne connaît pas un instant de répit : toujours quelque chose à vérifier, à fermer, à assujettir, à éteindre, à ramasser. Elle est une terrible videuse de cendriers. Le ramassage des verres constitue aussi une de ses spécialités. Dans le parc, volets, feuilles mortes, trous dans le gravier, fleurs sèches – tout ce qui se fixe, se gratte, s'égalise, se met en tas, en état, en ordre – lui appartiennent bientôt.

Ses crises d'efficacité lassent Françoise. Même les chiens se sentiraient coupables d'entrer et sortir en jappant. Elle,

elle enlèverait les dessous de verre sur les meubles, laisserait les courants d'air s'établir, les volets battre sans être fixés à leurs crochets, les tiroirs des commodes à demi repoussés, les livres oubliés dans le jardin, les gâteaux abandonnés aux guêpes et les lampes allumées toute la nuit. Elle regrette son manoir d'antan, sa nonchalance, ses coussins froissés et ses pochettes de disques rangées n'importe comment.

Ingrid s'absente de plus en plus souvent, comprenant que leur tête-à-tête ne doit pas être étouffant et prônant pour son amie un optimisme à toute épreuve : « Tu n'es pas ici en vain, Françoise. Le destin saura bien défaire les nœuds qu'il a serrés ; passe donc outre aux soucis. Tiens-les pour fantômes ! » Rendons justice à Ingrid Mechoulam : elle respecte les lubies de Françoise, elle estime qu'il faut lui passer ses crises de dépression, ses impatiences et ses entêtements. Elle pourvoit à tout, lui assure un cocon attentif. Elle lui permet de finir ses jours dans un écrin de luxe.

Une infirmière vient quotidiennement lui donner son insuline et elle a obtenu qu'on y ajoute de la morphine pour apaiser ses douleurs incessantes. Faute de pouvoir se mouvoir facilement, sa chambre est désormais celle du rez-de-chaussée. Elle laisse rentrer les senteurs du jardin par les deux grandes portes-fenêtres. Elle reste des heures à lire dans le lit de cuivre, un cahier et des feutres Paper Mate à pointe Nylon à portée de main au cas où l'inspiration viendrait. Sur sa table de nuit, toujours des roses ou des fleurs de saison. Une fois, un lis tigré trône dans un vase. Alors qu'elle le contemple, les six pétales et les six étamines tombent d'un seul coup, tel un vêtement d'apparat dont on le dépouillerait impitoyablement, et seul reste le pistil desséché. Elle a la nette intuition, à cet instant, de ce qu'est la force qui brise ainsi cette fleur.

Le cœur immobile

Des amis font le voyage depuis Paris pour lui rendre visite, la distraire de cette immobilité qui la cloue dans un fauteuil roulant. Brigitte Bardot lui téléphone régulièrement. Certains proches craignent qu'elle ne développe un cancer broncho-pulmonaire, en ayant fumé et bu plus que de raison. Malgré tous ses abus, rien en ce sens ne nous est connu. De même, elle a cumulé tous les facteurs de risques l'exposant à un accident cardio-vasculaire. Avec son style de vie, un homme serait mort prématurément d'un infarctus du myocarde ou d'un accident vasculaire cérébral. Pas elle. Depuis toujours, elle a décidé de ne rien épargner à ce corps qu'elle n'aime pas, et les recommandations médicales qui lui ont été prodiguées à maintes reprises sont tombées dans l'oreille d'une sourde. Elle s'en est moquée comme du reste. Maintenant, elle touche le fond.

Son fils Denis passe parfois à l'improviste comme un baume bienfaisant. Une fois, il vient la voir avec une petite Smart cabriolet. Il perçoit un pétillement dans son œil. Malgré sa fatigue et bien qu'elle ne marche presque plus, il lui propose de faire un tour, histoire de se griser tous les deux : « Je voulais que nous partagions encore ces sensations délicieuses de vitesse, d'air et de soleil sur le visage », explique-t-il.

Massimo Gargia vient lui rendre visite, trois mois avant sa mort. Elle est sur son lit et il comprend vite en voyant sa pâleur, et sa maigreur surtout, que ses mois sont comptés. Malgré sa faiblesse, son esprit est toujours vif et alerte. Elle a dans l'œil un éclat ironique, plein d'intelligence. C'est une presque jeune fille dans un corps de vieille femme grabataire. Jean-Paul Scarpitta passe fidèlement prendre de ses nouvelles et embrasser ce visage émacié dont les méplats sont devenus des creux. Il est frappé par sa lucidité et l'intelligence de ses propos. Elle relate sans nostalgie appuyée des faits minuscules, des détails pittoresques dont elle se souvient. Il aime ses mots révélateurs, ses réflexions colorées. Elle parle de ses dernières lectures et met en relief la singularité d'un fait, l'étrangeté d'un personnage, la cocasserie d'un trait. Son intelligence n'est pas éteinte.

La morphine fait pourtant de moins en moins d'effet. Sa hanche recommence à la faire souffrir. Sa jambe aussi. Et son bras. Tout le corps est comme perclus de douleurs lancinantes. Elle n'est pas douillette mais ne quitte plus son fauteuil roulant. Devant Marie-Thérèse Le Breton, elle laisse tomber tout masque de stoïcisme. Elle a même griffonné au feutre bleu, sur la page de garde d'un polar de sa bibliothèque, cet avertissement comme un appel au secours : « S'il m'arrivait un accident de plus, tuez-moi, s'il vous plaît. » Ses dernières semaines, elle les passe dans son manoir du Breuil, sans grande compagnie. Elle ne sort guère, ses divers problèmes de santé – son ostéoporose responsable de fractures multiples et mal consolidées, ce diabète qui requiert des injections d'insuline à horaires fixes – l'astreignent à une sédentarité qui ne lui sied guère.

Elle n'a certes rien changé de sa vie. Alcool, café, tabac et cocaïne figurent encore à son menu quotidien pour le rendre moins morose. Manger équilibré et boire de l'eau ne sont évidemment pas des occupations suffisamment passionnantes pour qu'elle s'y intéresse. Au soir de l'été 2004, Sagan est cachectique, ne pesant guère plus de 47 kilos, fatiguée de tout. Plus aucun exercice de marche salutaire dans les jardins du manoir. Or, par l'effet de la simple gravité, le sang tend à stagner dans les veines des jambes. Cette stase s'accentue lorsqu'on est déshydraté et que l'on bouge peu. Le diabète et l'excès de tabac abîment les parois des vaisseaux sanguins et la cocaïne favorise l'agrégation des plaquettes sanguines à l'origine des caillots.

N'en jetez plus. La coupe déborde ! Du pur Sagan. Ne jamais rien se refuser. Toujours aller au bout des choses.

Le cœur immobile

Une phlébite s'installe donc, en ce début septembre 2004, dont elle ne verra pas la fin. Le thrombus s'étend et remonte la circulation veineuse jusqu'au cœur, pour s'en aller obstruer les artères pulmonaires.

Le 5 septembre, elle est hospitalisée en urgence à l'hôpital de Honfleur dans un état de décompensation cardio-respiratoire, en état de choc cardiaque : une embolie pulmonaire massive. Quelle funeste et ultime négligence de Sagan à soixante-neuf ans ! Une embolie pulmonaire, si importante soit-elle, est la conséquence d'une succession d'événements qui n'auraient pas dû passer inaperçus. Les a-t-elle sciemment minimisés, voire occultés, usée par tant d'affaires qui ont pris le pas sur son activité littéraire et décidée à en finir dans son manoir normand aux murs de lierre et volets blancs qu'elle aimait tant ? Personne n'a-t-il constaté une thrombose veineuse profonde des membres inférieurs, cette phlébite pourtant si caractéristique ? S'est-elle plainte d'une douleur lancinante du mollet ou de la cuisse ? Ce n'est guère dans ses habitudes. Mais c'est très probablement là que le caillot sanguin a dû se former pour migrer progressivement jusqu'à obstruer les artères pulmonaires et causer la défaillance cardio-pulmonaire fatale.

Le diagnostic est posé et le traitement immédiatement instauré. Mais les injections d'héparine censées réduire, voire détruire, le caillot obstructif et l'oxygénothérapie devant permettre, autant que faire se peut, d'améliorer une ventilation précaire ne peuvent malheureusement plus rien sur cet organisme épuisé par tant d'excès. Cela va durer dix-neuf jours. Dix-neuf longues journées et autant de nuitées angoissantes. Parfois, elle retrouve toute sa lucidité mais elle sort de moins en moins souvent de cette absence dans laquelle, de loin, des bribes de conversation lui parviennent. Son fils Denis est là, qui la veille affectueusement, ou la fidèle Mme Le Breton. Ingrid est absente, au chevet de sa propre mère qui vit ses derniers jours.

Le temps se bloque, se plaque, sa trame est de plus en plus serrée. Le vendredi 24 septembre 2004, Françoise Sagan s'en va finalement rejoindre ses merveilleux nuages. Elle s'éteint à 19 h 35. « J'étais sorti quelques courts instants prendre l'air dans la cour de l'hôpital, dit son fils. Il faisait beau, comme souvent en Normandie au début de l'automne. Tout à coup, j'ai remarqué que les oiseaux s'étaient tus. Plus un bruit, un silence total. J'ai tout de suite compris. Je suis retourné immédiatement dans la chambre de maman. Elle était morte. C'en était fini ! »

Le destin a œuvré, qui a voulu que cette petite provinciale que Sagan est finalement toujours restée rende son dernier souffle au cœur de cette Normandie qu'elle aimait tant. Mme Le Breton, noyée de chagrin, vêt Sagan de son ultime tenue, des vêtements griffés Peggy Roche : un chemisier de soie blanche rayé de beige rosé et un pantalon noir.

Il y aura ceux qui iront le 29 septembre à l'enterrement à Seuzac. Pierre Bergé affrétera un avion privé. On donnera une messe à l'église Saint-Roch, où Frédéric Mitterrand et Anna Gavalda prendront la parole. Les autres, loin des caméras et des photographes, se réuniront au Mathi's, l'établissement de Gérald Nanty, pour mieux évoquer le souvenir de Françoise. Dans le bar-boudoir tendu de velours rouge, sous le regard attristé des serveurs, Cyril et Olivier, Régine, Frédéric Beigbeder, Frédéric Botton, Florian Zeller et Gérald Nanty confronteront leurs souvenirs les plus joyeux sur la romancière. Chacun inscrira sur un petit papier une phrase ou deux sur le sentiment douloureux de sa disparition. Pierre Palmade sera le plus inspiré, notant sur son billet doux : « La mort ne lui arrive pas à la cheville. »

Le cœur immobile

Françoise Sagan ne sera jamais devenue une vieille dame. Une de ces dames d'œuvres complètes qui régentent la vie littéraire. Elle ignorait les récriminations, les ressentiments et l'amertume, les rides qui les accompagnent. Elle est morte à soixante-neuf ans, éternelle jeune fille frêle, incapable de se résoudre à s'ennuyer et à faire la raisonnable. C'est d'ailleurs en incarnant la jeunesse qu'elle est rentrée dans les classiques. Et ce *Bonjour Tristesse* qu'elle claironna au monde, à dix-huit ans, ne fut jamais le sien, car elle a tout fait pour la fuir, la tristesse... brandissant l'étendard de la révolte contre la froideur des conventions, refusant les jours de spleen qui, immanquablement, succèdent aux heures de gloire, réinventant une forme de romantisme moderne un siècle après. Elle a tant aimé « tout ce qui perd, et permet donc de se retrouver ». Elle s'est brûlée, non pas pour égaler sa légende (elle s'en fichait), mais par amour de l'existence.

La seule religion de Sagan, c'étaient les battements de cœur. On l'accusait de cynisme sentimental et d'avoir tous les culots. Elle répondait avec une modestie non feinte qu'il lui manquait le génie. Elle aurait voulu être Stendhal ou Proust. Tant pis, elle est restée Sagan, celle qui excellait dans la peinture du cœur, celle qui écrivait des livres courts comme des amours d'été. Ils murmuraient aux femmes que leur seul destin n'était pas le mariage, que la désinvolture d'aimer et les aléas de la passion primaient tout, qu'il ne fallait jamais transiger devant le désir. Sagan n'a pas écrit des symphonies, peut-être, mais sa petite musique était celle de nos rêves. Un air de rien qui était l'air du temps.

Généalogie de Françoise Sagan

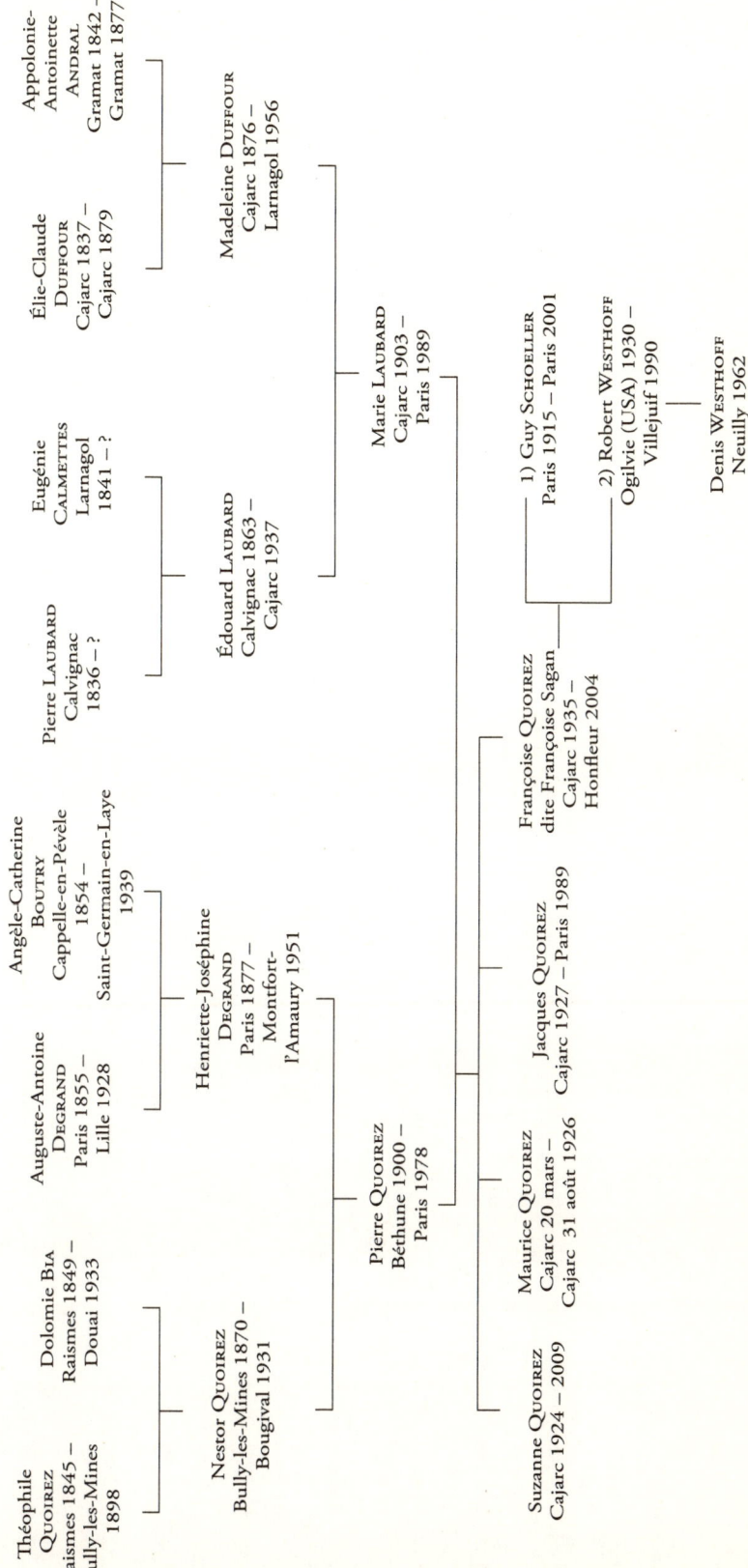

REPÈRES CHRONOLOGIQUES

25 juin 1900 : naissance à Béthune de Pierre Quoirez.

5 septembre 1903 : naissance de Marie Laubard.

3 avril 1923 : mariage à Cajarc de Pierre Quoirez et Marie Laubard.

21 juin 1935 : naissance à Cajarc (Lot) de Françoise Quoirez.

1940-1944 : la famille passe les années de guerre à Saint-Marcellin et à Lyon. Retour à Paris après la Libération.

1952 : obtient son baccalauréat à la session d'octobre.

1954 : publie *Bonjour Tristesse* qui reçoit le prix des Critiques et rencontre un immense succès.

1955 : voyage aux États-Unis et y rencontre Tennessee Williams. Publie son deuxième roman, *Un certain sourire*.

1956 : fête ses vingt et un ans dans la cave de L'Esquinade à Saint-Tropez.

1957 : accident de voiture spectaculaire de son Aston-Martin sur la route de Milly-la-Forêt. Publie son troisième roman, *Dans un mois, dans un an.*

1958 : se marie civilement avec l'éditeur Guy Schoeller, dont elle divorce en 1962.

1959 : achète le manoir du Breuil, publie *Aimez-vous Brahms..* et termine la pièce *Château en Suède* qui rencontre au théâtre de l'Atelier un triomphe en 1960.

1960 : signe une pétition pour le droit à l'insoumission en Algérie, le fameux Manifeste des 121.

1962 : se marie avec l'Américain Robert Westhoff, dont elle a un enfant, Denis Paolo.

1963 : Danielle Darrieux triomphe dans *La Robe mauve de Valentine*.

1964 : accueil mitigé pour sa pièce *Bonheur, impair et passe*.

1965 : vote de Gaulle à la première élection présidentielle au suffrage universel. Son roman *La Chamade* fait battre tous les cœurs.

1971 : signe une pétition pour la liberté de l'avortement.

1972 : la critique salue son livre *Des bleus à l'âme*.

1974 : soutient François Mitterrand à la présidentielle.

1980 : Jean Hougron l'accuse de plagiat à propos de son roman *Le Chien couchant*.

1981 : publie un volumineux roman se passant lors d'une croisière musicale, *La Femme fardée*.

1984 : fait son entrée chez Gallimard avec les textes autobiographiques de *Avec mon meilleur souvenir*.

1985 : en voyage avec Mitterrand à Bogota, tombe dans le coma et est rapatriée d'urgence sur Paris.

1986 : les affaires de stupéfiants se suivent et se ressemblent dans sa vie, comme autant de mauvais polars.

1987 : publie une biographie sur Sarah Bernhardt.

1988 : est interpellée pour usage de stupéfiants.

1989 : publie chez Julliard *La Laisse*.

1990 : est condamnée à six mois de prison avec sursis pour détention de stupéfiants.

1991 : publie *Les Faux-fuyants*.

Repères chronologiques

1993 : publie ... *et toute ma sympathie*, une série de portraits chez Julliard.

1995 : nouvelle condamnation (un an avec sursis) dans une autre affaire de drogue.

1998 : publie avec *Derrière l'épaule*, son 43ᵉ et dernier livre : à la fois livre de souvenirs et essai d'autocritique littéraire.

2002 : comparaît devant le tribunal pour avoir dissimulé au fisc près de 5,5 millions de francs reçus d'André Guelfi dans le cadre de l'affaire Elf.

24 septembre 2004 : mort à Honfleur d'une embolie pulmonaire à 19 h 35. Est inhumée le 29 septembre à Seuzac dans le Lot, auprès de son frère, de ses parents, de Robert Westhoff et de Peggy Roche.

BIBLIOGRAPHIE

ŒUVRES DE FRANÇOISE SAGAN

Bonjour Tristesse, roman, Julliard, 1954
Un certain sourire, roman, Julliard, 1956
Dans un mois, dans un an, roman, Julliard, 1957
Le Rendez-vous manqué, ballet, Julliard, 1958
Aimez-vous Brahms..., roman, Julliard, 1959
Château en Suède, théâtre, Julliard, 1960
Les Merveilleux Nuages, roman, Julliard, 1961
Les Violons parfois, théâtre, Julliard, 1962
La Robe mauve de Valentine, théâtre, Julliard, 1963
Toxique, journal (illustré par Bernard Buffet), Julliard, 1964
Bonheur, impair et passe, théâtre, Julliard, 1964
La Chamade, roman, Julliard, 1965
Le Cheval évanoui, suivi de *L'Écharde*, théâtre, Julliard, 1966
Le Garde du cœur, roman, Julliard, 1968
Un peu de soleil dans de l'eau froide, roman, Flammarion, 1969
Un piano dans l'herbe, théâtre, Flammarion, 1970
Des bleus à l'âme, roman, Flammarion, 1972

Françoise Sagan

Il est des parfums (avec Guillaume Hanoteau), éditions Jean Dullis, 1973
Un profil perdu, roman, Flammarion, 1974
Réponses, entretiens, éditions Jean-Jacques Pauvert, 1974
Des yeux de soie, nouvelles, Flammarion, 1975
Le Lit défait, roman, Flammarion, 1977
Il fait beau jour et nuit, théâtre, Flammarion, 1979
Le Chien couchant, roman, Flammarion, 1980
La Femme fardée, roman, éditions Jean-Jacques Pauvert, 1981
Musiques de scènes, nouvelles, Flammarion, 1981
Un orage immobile, roman, Pauvert-Julliard, 1983
Avec mon meilleur souvenir, mémoires, Gallimard, 1984
De guerre lasse, roman, Gallimard, 1985
La Maison de Raquel Vega, éditions de la Différence, 1985
L'Excès contraire, théâtre, inédit, 1987, éditions Stock
Un sang d'aquarelle, roman, Gallimard, 1987
Sarah Bernhardt : le rire incassable, biographie, Robert Laffont, 1987
Au marbre, chroniques 1952-1962, éditions La Désinvolture, 1988
La Laisse, roman, Julliard, 1989
Les Faux-fuyants, roman, Julliard, 1991
Répliques, entretiens, Quai Voltaire, 1992
... et toute ma sympathie, mémoires, Julliard, 1993
Un chagrin de passage, roman, Plon, 1994
Le Miroir égaré, roman, Plon, 1996
Derrière l'épaule, mémoires, Plon, 1998

BIOGRAPHIES ET ALBUMS SUR FRANÇOISE SAGAN

BARTOLI Marie-Thérèse, *Chère Madame Sagan*, Pauvert, 2002

Bibliographie

Bieber Hélène, *Étude sur Françoise Sagan*, Ellipses, 2007
Delassein Sophie, *Aimez-vous Sagan ?*, Fayard, 2002
Durand Guillaume, *Il était une fois Sagan*, Jacques-Marie Laffont, 2005
Geille Annick, *Un amour de Sagan*, Fayard-Pauvert, 2007
Goyer-Marvier, *Bonjour Françoise*, Le Grand Damier, 1957.
Hourdin Georges, *Le Cas Françoise Sagan*, éditions du Cerf, 1958
Lamy Jean-Claude, *Sagan, une légende*, Mercure de France, 2004
Lelièvre Marie-Dominique, *Sagan à toute allure*, Denoël, 2008
Lignière Jean, *Françoise Sagan et le succès*, éditions du Scorpion, 1957
Louvrier Pascal, *Sagan un chagrin immobile*, Hugo, 2012
Moll Geneviève, *Madame Sagan*, Ramsay, 2005
Moll Geneviève, *Françoise Sagan*, éditions de la Martinière, 2010
Mourgue Gérard, *Françoise Sagan*, Éditions universitaires, 1958
Poirot-Delpech Bertrand, *Bonjour Sagan*, Hersher, 1985
Séchan Thierry, *Le Roman de Françoise Sagan*, Romart, 2013
Vandromme Pol, *Françoise Sagan ou l'élégance de survivre*, Le Rocher, 2002
Vircondelet Alain, *Sagan, un charmant petit monstre*, Flammarion, 2002
Westhoff Denis, *Sagan et fils*, Stock, 2012
Westhoff Denis, *Françoise Sagan ma mère*, Flammarion, 2012

Françoise Sagan

MÉMOIRES ET DOCUMENTS

AZOULAY Claude, *François Mitterrand, un homme président*, Filipacchi, 1987.
BARILLET Pierre, *À la ville comme à la scène*, De Fallois, 2004.
BERGÉ Pierre, *Les jours s'en vont, je demeure*, Gallimard, 2003
BLONDIN Antoine, *Ma vie entre les lignes*, La Table ronde, 1982
BOTT François, *Femmes de plaisirs*, Le Cherche-Midi, 2007
BRENNER Jacques, *Journal de la vie littéraire*, 1962-1964, Julliard, 1965
BUFFET Annabel, *Saint-Tropez d'hier et d'aujourd'hui*, Sylvie Messinger, 1981
BUFFET Annabel, *D'amour et d'eau fraîche*, Sylvie Messinger, 1991
BRIALY Jean-Claude, *J'ai oublié de vous dire*, XO, 2004
CATHRINE Arnaud, *Nos vies romancées*, Stock, 2011
CHANTAL Suzanne, *Le Cœur battant*, Grasset, 1976
CHAPSAL Madeleine, *Les Écrivains en personne*, Julliard, 1960
CHAPSAL Madeleine, *Envoyez la petite musique*, Grasset, 1984
CHAZOT Jacques, *Pense-bêtes*, Raoul Solar, 1964
COCTEAU Jean, *Le Passé défini*, tome IV, Gallimard, 2005
CONTE Arthur, *Un provincial à Paris*, Plon, 1999
DELMARD Michael, *Sans vous aimer*, Scali, 2007
GALEY Mathieu, *Journal*, deux tomes, Grasset, 1987 et 1989
GARCIN Jérôme, *Littérature vagabonde*, Flammarion, 1995
GARGIA Massimo, *Jet-Set*, Michel Lafon, 1999
GARGIA Massimo, *Nos amies les stars*, Flammarion, 2005
GRÉCO Juliette, *Je suis faite comme ça*, Flammarion, 2011
LAMY Jean-Claude, *René Julliard*, Julliard, 1992
LAMY Jean-Claude, *Et Dieu créa les femmes*, Albin Michel, 2011
LANDAIS Georges, *Cajarc, un village d'enfance*, éditions du Laquet, 1998

Bibliographie

LEJEUNE Jean-Hugues, *Un vieil ami, Bernard Frank*, Robert Laffont, 2006

MILLAU Christian, *Au galop des hussards*, éditions de Fallois, 1999

QUIN Élisabeth, *Bel de nuit, Gerarld Nanty*, Grasset, 2007

RABAUDY Martine de, *Une saison avec Bernard Frank*, Flammarion, 2010

VERNY Françoise, *Le plus beau métier du monde*, Olivier Orban, 1990

WILLIAMS Tennessee, *De vous à moi*, Baker Street, 2011

ZYLBERBERG Régine, *Moi, mes histoires*, Le Rocher, 2006

ZYLBERBERG Régine, *À toi Lionel, mon fils*, Flammarion, 2010

*

Site web officiel créé par Denis Westhoff :
www.francoisesagan.fr
Association Françoise Sagan
164, bd Péreire
75017 PARIS

REMERCIEMENTS

L'auteur remercie Noëlle Adam-Reggiani, Brigitte Bardot, Cécile Defforey et Michel Déon.

Ce livre n'aurait pu être écrit sans l'aide du docteur Philippe Nahy qui m'a patiemment déchiffré les ordonnances de Françoise Sagan, aidé à comprendre ses addictions, ses derniers jours d'hospitalisation et son amitié avec les Pompidou.

Je remercie enfin Denis Westhoff de m'avoir offert son soutien en 2009-2010 dans la recherche de plusieurs nouvelles et textes inédits de sa mère, dont ceux qui composent le volume *Un matin pour la vie et autres musiques de scènes*. C'est dans cette quête que j'ai trouvé mon élan pour raconter ce destin si émouvant.

L'auteur exprime sa gratitude à Colette Allstadt, Frank Guillou, Jean-François Bernard (maire de Barneville-la-Bertran), Jacques Borzo (maire de Cajarc), Anne Davis, Jean-Loup Debionne, André Duran au *Comptoir littéraire* et Valérie Martin.

TABLE

Introduction 9
  1. Famille Quoirez.. 13
  2. Graine de Sagan.. 41
  3. Coup de grisou 65
  4. Des vagues à l'âme 97
  5. SLC, Sagan les copains 123
  6. Une certaine allure 153
  7. Extrasagante... 183
  8. Bonheur, un père et passe 211
  9. Burn-out... 233
10. Peggy.. 259
11. Vague rose et poudre blanche 283
12. Série noire.. 307
13. Ouzbékistan en emporte Sagan 327
14. L'ombre d'elle même 345
15. Le cœur immobile 361

Annexes
  Généalogie de Françoise Sagan................................ 369
  Repères chronologiques 371
  Bibliographie.. 375
  Remerciements 381

Du même auteur (suite)

Biographies

La Véritable Maria Callas, Pygmalion
Première Dame, éditions Bartillat
L'impératrice Indomptée : Sissi, Pygmalion
La véritable Ava Gardner, Pygmalion
Cocteau-Marais : les amants terribles, Pygmalion
La Comtesse Tolstoï, Payot
Oona Chaplin, Pygmalion
Marie Laurencin, Pygmalion
Majesté, Pygmalion
12 couturières qui ont changé l'histoire, Pygmalion

Cet ouvrage a été achevé d'imprimer en mars 2014
sur les presses de Normandie Roto Impression s.a.s.
61250 Lonrai
N° d'impression : 1401264
N° d'édition : L.01EUCN000429.N001
Dépôt légal : avril 2014

Imprimé en France